La plus belle histoire de la philosophie

最美的哲学史

［法］吕克·费希
［法］克劳德·卡佩里耶　著

胡扬　译

上海书店出版社
SHANGHAI BOOKSTORE PUBLISHING HOUSE

目录

第一时期

古典时代

世界的和谐秩序（赫西俄德，柏拉图，亚里士多德）

第二时期

犹太—基督时代

上帝和信仰的拯救

第三时期

第一次人文主义

来自人类历史和人类进步的拯救

第四时期

解构的时代

第五时期

第二次人文主义爱的革命

推荐序

没有学究气的哲学史，告诉你
什么人生值得过

张汝伦

经常有对哲学感兴趣的非专业人士希望我给他们推荐哲学的入门书，这个简单的要求却不容易满足。在我看来，对于对哲学知之甚少的普通读者来说，适合他们的哲学入门书几乎没有。坊间流行的哲学概论之类的书，往往对哲学本身并无真切的认识，只人云亦云地谈些哲学就是爱智之学之类的套话。你要再问什么是爱智之学，那便云山雾罩、不知所云了。读这样的书，只会使人离哲学更远。

我深信哲学就是哲学史。哲学史最好最具体最直接地显示什么是哲学，并且使我们对那些哲学概论之类的入门书有一定的免疫力。但我读过的数十种哲学史，几乎都不适合作为初学者的入门书。黑格尔的《哲学史讲演录》就不用说了，即使对于一些专业读者，都不太容易消化。文德尔斑的哲学史论深度当然不能和黑格尔的哲学史比了，但也太专业了些。劳特莱奇哲学史规模庞大、不够精炼，不适合没有哲学基础的普通读者。梯利的哲学史中规中矩，只会将各个哲学家的主要思想一一陈述，缺乏灵气和心得。罗素的哲学史流传广泛，文字花哨有魔力，但对哲学的理解不尽如人意，且有缺陷，难称是一部可靠的哲学史。国人写的哲学史多是教科书的路子，基本只是介绍，缺乏自己的理解和判断，且文字呆板。这样非哲学的哲学史，读过后也不一定就能明白哲学的真谛。

法国哲学家费希的《最美的哲学史》引进中国后，我们有了一部很不错的哲学入门书。费希是法国第七大学的哲学教授，当过法国的教育部长，是一位真正的哲学家，而不只是哲学教授，是世俗人文主义的代表人物。《最美的哲学史》以普通读者为目标，告诉我们什么样的人生是有意义的、是值得过的，哲学的终极目标是让我们用纯粹的人类理性去应对人生意义的挑战。

我最欣赏和认同的不是此书写得异常好读，而是此书以哲学本身为目的，以让读者明白哲学的本质为目的。为此，作者不像一般哲学史的作者那样，按照编年史的先后顺序，一个个哲学家讲过来，而是先给哲学正名。古人云，名不正则言不顺。只有先给哲学正名，才能写出一部哲学的哲学史。

费希不否认哲学包括知识论、道德问题和政治问题，及美的问题等研究领域，但认为"好生活的问题是哲学的终极问题，这个问题会多多少少隐含地左右其他问题，同时又不排斥其他问题"。旨在斯言。这就是说，好生活的问题，及人生的意义问题是哲学的终极问题和核心问题，其他的哲学问题，是以这个问题为依归的。如果说哲学史是一部波澜壮阔的史诗的话，那么这部史诗的主题就是好生活，"所有伟大哲学都毫无例外地在回答什么是好生活的问题时达到顶峰。"这些关于哲学的定义，用在中国哲学，也恰如其分。

根据对哲学的这样理解，费希将从古到今的西方哲学史分为五个阶段或五个时代。这五个阶段或时代的确有编年史时间顺序，但费希却是根据它们对好生活问题的回答来安排它们的，他把它们理解为五种不同类型的对好生活问题的回答。费希对这五个类型的回答进行了言简意赅、深入浅出的阐述，轮廓鲜明生动地勾勒他心目中的哲学史。费希的目的不是面面俱到地挨个叙述古今西方哲学家的思想概要，而是以哲学史来历史而哲学地说明哲学的要义。因此，这部《最美的哲学史》根据它的哲学理解，来选择所论述的人物和所论述的思想。你可以说它非常片面，例如，叔本华占了很大篇幅，而英国经验论哲学家几乎只是一带而过；以好生活为论题，居然不谈苏格拉底。但是，它有片面的深刻：西方人对好生活问题的思考历史，提纲挈领，尽收眼底。

与我之前读过的英美和德国学者写的哲学史相比，这部《最美的哲学史》的确写得美，毫无学究气，文字清晰流畅，非常好读。费希的文字风格更接近他崇拜的启蒙巨子卢梭、伏尔泰，非常法国，不像萨特、阿尔都塞或德里达，简直就是用法文写作的德国人。虽然好读，却决不肤浅。费希不是客观介绍西方哲学对好生活的种种回答，而是批判性地展示它们各自的内在理路和彼此的复杂关联。费希的论述极具挑战性，有心的读者会接着进行自己对这些回答的思考。

不过，和世界上的许多事情一样，《最美的哲学史》的优点也是它的缺点。它在将哲学的主要问题定位为好生活的问题时，遮蔽了哲学的另一个主要问题，即超越之天（存在的意义）的问题。我认为中西哲学都可以理解为天人之学。哲学不但要回答人生的意义，也要回答超越（天）的意义。哲学不能蔽于天而不知人，也不能蔽于人而不知天。不幸，现代哲学正是蔽于人而不知天，作为一位现代哲学家，费希的《最美的哲学史》自然也就理直气壮地将从前苏格拉底哲学家开始的宇宙论问题，从赫拉克利特和巴门尼德开始的存在问题和形而上学问题，一概不予论述。海德格尔值得一说的也只是他对技术的思考，而不是他对存在的追问。而作者心安理得地把自己的世俗人文主义（爱的哲学）作为哲学史的第五个时代，恐怕也只有他自己才会觉得合适。

但不管怎么说，我觉得这是我见过的一部比较适宜普通读者的哲学入门书，虽然它只涉及西方哲学，却将哲学的一个最主要问题，以哲学的方式凸现在我们眼前。哲学为何能引起人自发的强烈兴趣？哲学为何重要而不可或缺？相信读罢此书，好学深思者不难找到答案。

前言

　　世界冲突频发，竞争逻辑在全球化中大行其道，似乎所有人都在盲从，无论是权杖撑天的政府首脑，还是跨国公司的商界精英，没有人可以改变这种逻辑的运行。于此，哲学愈发引来人们的目光，它也许是找回我们存在的价值和意义的希望。与那些传统观念、宏大叙事（宗教的，爱国主义的，革命的）相比，想要从宿命感里逃脱的欲望更加强烈地占据着我们；前者曾启迪我们如何生活，如何更有价值地生活。然而如今的事实是，它们已经失去了地位，它们严重地丧失了信念应该具有的力量。既然我们不再充分服膺于那些传统观念和宏大叙事，我们没有其他选择，不在某种怀旧情绪中自我陶醉，就得寻找另一个捍卫精神的舞台。在我们看来，是什么使生活值得一过？既然死亡无可避免，那么要如何辩护那些我们必须为人生付出的努力？在这一背景下，人们重拾对哲学思考的好奇心，也就并不奇怪了。

悖谬的是，尽管会一时兴起，然而对于大多数外行，甚至是博学善文的外行来说，哲学显得太过高深莫测了。而且，作为我们文化传统的重要领域，也许唯独哲学，哪怕是给它一个大致的定义，都让我们大多数现代人费尽了心思。就连哲学家们自己也经常给人这样的印象：他们没有元哲学观[1]的共识。

这就是为什么在讲述哲学故事——人类的潜在力量让这番哲学故事充满迷人的探索，它们给生活赋予意义——之前，我们必须预先回答一些问题：什么是哲学？我们对它有何期待？其"用处"何在？我们是否还需要它？如果答案是"需要"，那么在一个不断推崇技术革新以及经济谋略——海德格尔所说的"技术世界"——的时代，当一切都在献身于创造**手段**，无人关心人类所能憧憬的**目的**时，哲学如何帮助我们摆脱这种状况？让·弗朗索瓦·勒维儿在他著名的小书《为什么要有哲学家》里提出了这个问题，我们将看到一个不容小觑的回答。

因为哲学完全不是我们经常想要还原成的"批判思维学

---

[1] 原文可以直译为"对哲学学科的一般理解"，意思是如何看待哲学本身是什么，"元哲学观"简洁地对应着这层意思。——译者注

校"。如果哲学仅仅是这个东西，就像帕斯卡尔说的，哲学不值得我们花"一小时功夫"。再者说，科学家、技术工作者、法学家、商人、农民，这些人当中，我们能在谁身上看到他们诉诸哲学是为了有个批判性思维呢？相反，科学发现，技术发明，政治改革和艺术创作，尽管这些积聚了茂盛的精神财富，然而它们并不会告诉我们，我们可以达到哪种真理，它们不足以辩护我们的道德价值，它们也满足不了我们对好生活的追问；**好生活**，它属于我们必有一死的人类，它能够拯救我们无足轻重的存在，那种无足轻重感预示着人类的短暂和偶然。用纯粹的人类理性去应对这个挑战，这绝对是哲学的终极目标。

这就是我们将追踪的线索，哲学史沿其不断推进，我们可以感受到哲学的多次复兴，"哲学之船"在历史海角处蔚为壮观的转舵，也可以发现那些改变我们世界观的新颖思想。沿着时代引线，我们将看到在众多关键时刻哲学面临的挑战，它们令红极一时的观念突然贬值，也引领最伟大的哲学家们开辟出常常出乎意料的新的思想航线，这些航线是如此具有洞见，照亮了我们通向遥远时代的大道。

虽然哲学道路会有唐突曲折，然而哲学史所揭示的，即使不能算作一种逻辑，也至少是时间线上的进步形式，这里的进步关乎两幅互补的哲学图景。一方面，起初我们对好生活的追寻都根植于外在或超越人性范畴的地方（宇宙的和谐，神性），这种追寻方式在人类经验世界的重大时刻（先是理性，再是自由，最后是我们的亲身经历和情感）受到愈来愈多的深刻批判。另一方面，哲学将致力于一步一步整合那些曾被遗忘，被边缘化，被压制的存在维度（性欲，男性的女人味，女人的男子气，幼童期，人类的兽性以及本性，无意识，经济决定论等等）。

在哲学的这场演变中，我们将划分五个伟大的时代，本书将它们依次展开。我们将重温那些伟大哲学家们思想作品的起源和发展，从中会发现他们每个人所带给我们的东西都是不可替代的。重温的过程就是讲述一段我们最美历史的过程：这段历史里，人类逐步深入地构建起自我意识，渐渐懂得什么是值得过的生活。

对人类自身的这种渐进挖掘，显然也在我们这个时代进行着。这就是为什么还需要顾及当代背景以及哲学家们为这个时代做出的新回应，以此完整我们的伟大故事。其中，那些为"存在的理由"提供正当性的原则道理将得到揭示。"存在的理由"如今看来问题重重，然而我们却好像从未需要过这种理由一样。

启程

准备旅行

简 明 最 美 哲 学 史

第一章

哲学是什么

哲学不只关乎道德

克劳德·卡佩里耶：追溯哲学史是一场伟大的历险，而在启程前，我们需要准备一番，选好地图，带足装备。虽然哲学家们自己好像都没法统一界定他们的专业领域，但是我们最好对这场哲学之旅做到心中有数。与我们的道德准则，政治观念和"智者"的教诲相比，哲学到底有何不同？

吕克·费希：要弄明白这个问题，必须要对价值做一个重要区分。这个区分常常被掩盖，被错误地解释。[1]毫无疑问，

---

[1] 我的老读者们已经对此习以为常，然而在这里回顾一下还是有必要的，毕竟也有很多人并不知道我在上一集里说了什么。

自从人类诞生，两大价值领域就介入了我们的生活，它们之间有根本的不同，然而在公共辩论甚至在哲学界，它们几乎总被混淆：一方面是道德价值，另一方面是我所谓的"精神性的"或"存在性的"价值。如果我们真的想弄清哲学到底是什么，厘清这两者就是关键。

— 那么，两者区别何在？

— 当然，我们可以用整本书来定义道德价值，不过取其精要，这里几行就够了：无论在斯多葛学派和佛教那里，还是在耶稣和共和国教育之父们那里，全世界所有崇高的道德观里都有两点重要的道德要求：尊重和行善。与他人交往，我们说你的行为是道德的，一方面需要你尊重他人（今天，人权宣言已经把尊重落实了下来），另一方面，为了不让尊重流于形式，你还需要在尊重里尽可能地考虑到仁义、友爱、善良和慈悲。是的，尊重和行善，其实我还没见过有哪种道德观推崇暴力、歧视和恶行！这些其实已经稀松平常，然而刚才提到的另一个价值领域必须在这里强调一下。这一价值领域涉及到精神性的问题，但此处的"精神性"并不涉及宗教意义，我们需要把它放到黑格尔所谓的"精神生活"这个层面上去理解："精神生活"反映了"我们—世界"的这个结构，也体现了我们赋予人类存在的意义。

— 为何精神性的或者存在性的领域就如此特别地属于哲学的研究对象呢？

— 想象一下：假如我们有根魔法棍，它让人与人之间的道德关系从此臻于完善，人们彼此尊重，仁善友爱存于近亲、流传远邻，乃至所有他者。您会觉得人类的命运由此被彻底改变了：不再有战争，屠杀和种族灭绝；对强暴和偷窃的恐惧不复存在；军队、警察和监狱的历史划上了句号；一切社会不公，至少是那些显而易见的社会不公都将终结。这里，您马上会看到道德价值和精神性价值的区别：即便道德传说真的实现了，仁善友爱的确降临人间；然而，人还是会老！人还是会死！爱人逝去，珍爱离别，面对如此悲伤境遇，道德魔法无计可施。人类寻求"道德魔法"的非凡功效，到头来只是徒劳。纵使道德魔法在手，爱人不会因此起死回生，生命不会因此从头再来，那些曲终人散的爱情故事不会因此改变结局；纵使道德魔法在手，单调的日常生活依旧无聊乏味，在堆积如山的情感和道理里沦陷的我们，还是感到空虚。就在此时，那些我所谓"精神性的"或"存在性的"价值显现了，它们直面必有一死的生命如何过上好生活的问题。道德价值一定程度上可以深刻地调解人与人之间的关系，但是要想赢得生活，道德价值还远远不够。

— 因此道德价值和精神性价值不可混淆……

— 您非常清楚，死亡的问题和道德问题并不是一回事儿。我们可以是伦理世界中了不起的典范，与此同时，我们也会在某天晚上接到警察的通知：您的孩子出车祸了。失去孩子的遭遇里当然掺杂着那些不可摆脱的价值考量，难以抑制的强烈情绪，以及深无止境的追问；然而无论哪一点都与道德问题根本不相关——您清楚地看到了这两种价值的区分得到充分辩护的理由。进一步，实质上不在道德范围里的，还有：爱。如果爱融合了一些尊重他人和与人为善的价值，那么这种爱只是展开在其他维度上的爱。现代文学史，从《克莱夫公主》到《斯万的爱情》，途径维克多·雨果的那本伟大的"爱恋"之书《海上劳工》，故事里不乏这样的人物：他们耕耘伟岸的道德，他们收获爱情的不幸。不过，没有人会真的怀疑爱是价值的载体，即使对于那些在我们眼中最崇高最神圣的价值而言。然而，看不出这些崇高神圣的价值和道德有很大关系。不只是爱，关于存在的其他方面，那些我们最为看重的方面，情况也是一样的。再举最后一个例子吧，关于生活的平庸以及平庸生活里藏匿的那份负担，无聊引发的负担。这仍然不是一个伦理问题[1]：我们可以做一个好人，身上缝满美德口袋，然后无聊至死！每个夜晚，在同一张床上，拥有同一个女人或者同一个男人；每个白天，在办公室或者工厂，看到那些同样的身躯上挂着同样的面孔。长此以往，这些将变得出奇得无聊乏味。面对循规蹈矩的空虚，面对"地铁—工作—睡觉"的生活境况，有谁不会像兰波一样去想"真正的生活在别处"？有谁从未梦想过另一种存在方式：另一个国家，不同的爱人；像茜茜公主一样，扬帆周游世界，在岛屿间跋涉冒险等等？

— 实际上，道德原则使健康的人类社会关系成为可能，但是（如果道德是必要的），在这一框架下，道德并没有真正告诉我们生活的核心意义：爱、存在的力度和广度、对死亡这一悲剧的直视。

---

[1] 我愿意明确一点，我在这里不做"伦理"和"道德"之间的区分。两个词词源上完全同义，只是"伦理"源于希腊语，"道德"源于拉丁语。如果坚持要在两者间区分，我们可以做，但是这会十分抽象和刻意，在这儿我不需要这些东西。

— 完全是这样。不同的生活节点、死亡、所爱之人的逝去和爱情中所存在的问题，子女教育的问题，平庸和无聊的问题，所有关于存在的重要问题都展现在德国哲学所谓的"精神生活"当中，精神性：换句话说，这些问题是哲学的根本问题，是关于终归一死的人类如何过上好生活的问题。

对于必有一死的人类，什么是好生活？这是所有伟大哲学的终极问题，您会看到没有哪门哲学会逃避这个问题，它们都给出了不同的、强有力的回答。就像刚才的道德传说带给我们的启示，存在意义的问题远超越于道德范畴。后者的确是好生活的必要条件，它可以调解人与人之间的关系，但是它并不充分。我们可以在一个道德世界里过着不太幸福的生活，这里并没有什么矛盾。确切地说，只是在道德缺失的时候，我们才会想到它。如果一个国家硝烟弥漫，那么为了能早日摆脱战争泥潭，最重要的恐怕就是尽可能地维护、修复或者树立对人权、对他人的尊重。相反，在如今的和平社会，人权仍然会得到充分尊重，然而与"到底是什么赋予了我们存在的意义"——哲学家们叫做"好生活"——的问题相比，道德问题是次要的。

哲学不是宗教信仰

—— 当我们在注定死亡的命运里寻找人类生活的"救赎"时，或者，至少当我们寻找那些这一命运不可摧毁的、给人类生活赋予价值的东西时，我们当然会想到宗教带给我们的答案。我认为，现在是区别哲学和宗教的时候了。

—— 面对死亡的命运，好生活的问题实际上存在两类回答：一类来自上帝，并建立在信仰之上——这就是那些伟大的宗教；另一类则相反，它标识出关于我们存在的"心脏"，它以简明清晰的思想甚或理性为依据，思想和理性是连死亡都无法击垮的价值源泉——这就是那些伟大的哲学。

如何为必有一死的我们找到"圆满"？为解答这个问题，那些伟大的宗教有着非凡的尝试：我们需要走进圣·奥古斯汀所说的"真福生活（vie bienheureuse）"[1]当中，然而这种生活的代价就是理性和个体自由的服从：外在方面，两者要臣服

---

[1] 所谓"真福（bienheureuse）"：接受了罗马天主教廷宣福礼的人所获得的品质和资格。——译者注（参考 Bienheureux, http://fr. wikipedia. org/w/index. php? title=Bienheureux&oldid=105608158 [Page consultée le mars 26, 2015]）

于上帝的超验意志；内在方面，两者要顺从于信念、信仰的力量。面对神启示的真理，理性最终必然屈服。哲学与宗教的共同点是，它也试图界定好生活的条件，然而与宗教相左，它要用现有的资源，即通过自主的理性和清醒的意识到达这一点，而两者都是人类自身所具有的独特能力。当然了，这并不影响一些哲学家将上帝观与他们的学说相融合，有时候上帝观甚至在他们的学说中占据核心位置，不过这也没什么大不了，因为无论怎样，哲学的方法与宗教的进路，它们的寄身之处并不相同。准确地说，哲学的思想贡献并不以信仰和经文的权威性为依据，它依靠的是理性思考的自由施展。我们也看到，在一些年代里，我们试图将哲学贬低为"宗教的仆人"，并通过强行限制其反思领域做到这一点；不但禁止哲学批判教条，还禁止其从事人类宿命、灵魂救赎、智慧，以及最为重要的问题——好生活的问题的思考工作，宗教曾想垄断对解答这些问题的权威。

世俗的精神性

— 或许还有一个误解需要在这里澄清：很多哲学著作讨论其他主题，并不处理好生活的问题，特别是关于知识的界限，真理的定义，以及道德、政治、美学体验的基础等主题，然而这些工作还是哲学工作。

　　一 不可否认，哲学研究包括很多领域：知识（什么是真理?），道德和政治（什么是公正?），美的标准问题，以及最后，如何拯救必有一终的生活的问题（什么是好生活?）。我没有忘记哲学还关心甚至会首先关心以下问题：客观知识何以可能，定义公正的伦理学反思、政治理论，或者美学体验的来源。我也没有忘记有些哲学家无可置疑地倚重思想史，并伏案多年潜心研究这些主题，甚至是某一个主题。比如马基雅维利，除了关于政治生活的问题，他对其他东西毫无兴趣，可没人怀疑他的工作在哲学史上的地位。我想说的是，对于必有一死的我们，好生活的问题是哲学的终极问题，这个问题会多多少少隐含地左右其他问题，同时又不排斥其他问题。比如，斯宾诺莎或者斯多葛学派发展了一套"决定论"的知识理论，而这一理论的目的其实是为了最终界定智慧：他们把智慧理解为与世界的和解以及现实的爱——我向正在阅读本书的非专业读者保证：我们还会回来，对这里点到为止的相关问题再进行解释。所有伟大的哲学都会问："智慧是什么?"甚至在最为反对理念哲学的哲学家那里，甚至在强有力的解构主义者（尼采或者海德格尔）那里，都无一例外。在斯宾诺莎哲学中，我们也清楚地看到这一点。斯宾诺莎断言，如果追随其名著《伦理学》中所筑建的道路，我们就会抵达"永恒的快乐"：因此他的哲学理想不仅仅是建构哲学理论，也不仅仅是认识真理，而是获得好的生活（显然，获得好的生活一定要从真理出发，而不是要你去歪曲真理）。我坚持以下这点，这点非常关键，可惜它没有被囊括在中学哲学教育的课程中：所有伟大哲学都毫无例外地在回答什么是好生活的问题时到达顶峰，这个问题永远或隐或显地和战胜恐惧的问题，尤其和死亡问题、人类的有限性问题联系在一起。就个人来讲，我们当然不必整天焦虑，反正生命是短暂的，即使你和斯宾诺莎一样，认为"哲学是沉思生活，而不是沉思死亡"，对于有始便有终的生命现实，你也必须要有个态度：如何过好这一辈子？与他人，与所爱之人，与自己有限的生命。

鉴于此，哲学以我所谓的"世俗的精神性"得到确立。这个道理十分简单也异常深远：我们需要为生活赋予有价值的意义——斯宾诺莎、叔本华甚至非常明确地这样说过——为生活赋予死亡也摧毁不尽的意义，尽管我们没法避免生活的那些意外和偶然。哲学试图界定过上有意义的生活的那些条件和方法，然而这种哲学努力并不诉诸于上帝或者信仰，它展现的完全是人类自身的能力：我们的理性，我们的思想和我们的清晰头脑——凭借于此，在欧洲思想史的道路上，哲学在宗教面前表现出的是强大竞争者的姿态。

第二章

五大哲学回答

— 所以，过上好生活，给我们的存在赋予意义，为必有一死的我们界定什么是好生活：这是所有伟大哲学试图回答的问题。您把这些哲学描绘成带有"世俗的精神性"的哲学，这样的哲学探索不需要上帝和信仰，它们靠的是思想和人类理性。但是，就像我们稍后会看到的，为什么这些哲学在历史长河中会发生变化？在何种意义上我们能说，尽管哲学不断变化，但是那些最古老的哲学其实仍旧向我们"诉说"着什么？一方面我们很容易理解诸多宗教在这里存在的价值，它们对应着不同的宗教体验和信念，并以此支撑着自己的地位，然而问题是，另一方面我们也有名目繁多的哲学，在关于好生活的问题上，它们分别都利用理性推演出各自的标准！我们要不然就期待哲学在理性指引下给我们一个标准答案，要不然就像科学的模式一样，哲学不断进步，它所提供的答案没有最完善，只有更完善——而在第二个假设下，那些过去的哲学就不会再引起我们的兴趣了，但是事实并非如此：哲学史上每一次更新换代，都能为解答好生活的问题带来新鲜血液，而那些过去的哲学也并没有被丢弃，它们历久弥新。

一 实际上，这是一个非常有意思的问题，这也是在我们讲述哲学故事的第一道关口。话说回来，这一难题源自哲学中的怀疑论：对真理问题、道德问题的解答不一而足，同样，我们对好生活问题的解答也有很多，对这些答案保持怀疑态度，难道不是非常明智的吗？我们经常说"真理只有一个，唯独谬误千奇百怪"等等。如果我们引用这条谚语，那么哲学本身的多样性不也为怀疑论供应着分量实足的论证吗？如果我们的哲学家发现了真理，早就应该为人所知，不是吗？这样我们就不再需要那么多哲学，有那个发现真理的哲学就够了啊！因此，如何回应这个论证？如何一方面承认哲学的多样性，又避免怀疑论陷阱？我会在我们开始哲学故事的时候，给出自己的答案，稍后我将具体论证。相比科学史，哲学史更像是艺术史。在美学领域，我们可以拥有完全不同的世界图景，比如我们可以喜欢古典的，浪漫主义的，古代的和现代的艺术。我们将会看到为什么各种不同的哲学观也能够并肩同行，我们也会看到那些对好生活问题的解答，如何以不同的方式适用于我们并流传至今。但是要想理解这一点，就不能老停留在前言里啦！赶快离开这些一般性的考察，进入那些更鲜活的主题吧。

—— 好吧，那我们抓紧时间……不过在开始我们的哲学旅行之前，再研究一下我们的路线……在前言里我们提到过从古典时代开始，哲学史有五个重要时期……

—— 对好生活问题的五大哲学解答，划分出西方思想史的几大重要时刻，但是在其他文明那里，特别是在东亚，印度和中东地区，他们对这个问题的回答会有不同的形式。我先向您很快地介绍这五个哲学解答的大致轮廓和要点，随后我们将更加深入地对它们进行阐述。

答卷一

宇宙秩序的和谐

我们的第一个答案出现在古希腊时期，它首先隐藏在希腊神话故事中（比如赫西俄德写于公元前七世纪的《神谱》以及公元前八世纪荷马的《奥德赛》）。随后，古希腊哲学家们，尤其是柏拉图，亚里士多德，斯多葛学派（这里先把我们一般称作"反正统文化"的那些哲学家搁在一边，比如智者，原子论者和伊壁鸠鲁学派），通过理性的论证和世俗化的概念，重塑了隐藏在神话中那些关于好生活问题的解答，这些答案中不再有神。关于好生活问题的第一份哲学答卷基于这一观念之上：世界不是一团混沌、无章可循，相反，世界本身就是一个完满和谐的秩序，希腊人把它称作"宇宙"（cosmos）。因此，宇宙本身既公正又美好，其中，根据不同的自然气质，宇宙层级里的每一个存在都会有一个自己的位置。

与世界的卓绝秩序保持一致

在这一宇宙观背景下，好生活在于和世界秩序保持一致，或者说，生活要与宇宙的卓绝秩序保持一致。为此，我们首先要通过理论（théion orao "我凝视卓越"，这也是"理论"这个词可能的词源之一），知识以及对宇宙卓绝秩序的凝视来与宇宙的和谐有序相接轨，保持在属于自己的角色上，发展自己特有的才能。在这个过程中，我们会看到理论哲学（产出知识）

是如何为实践哲学（为好生活开良方）铺路的。所有真正的价值来源于且形成于卓越永恒的和谐宇宙，越是强烈地感觉到我们介入其中，我们就越不惧怕死亡——这就是那些我们谈到的哲学家所许诺的：可以说，我们自己就是宇宙永恒性的碎片、整个宏伟宇宙的部分。这种世界观让死亡不再可怕，死亡只是夺去了个体存在中最无关紧要的部分；死亡无法终结我们的生命，因为生命法则与宇宙法则相一致，光辉且永恒。

因此，我们可能犯的最大错误就是"妄自尊大"；这种极度骄傲让我们忘记了自己在宇宙中的角色，同时也威胁着宇宙的和谐：希腊神话和悲剧时刻提醒着我们，对于那些想破坏宇宙和谐的自不量力者，其最终下场是多么可怕，有多少神灵为了维护宇宙和谐，让破坏者付出了沉重的代价。斯多葛学派的宇宙和谐概念要特别说一下，荷马和赫西俄德的作品其实早先也有相似的叙述；斯多葛学派把和谐的宇宙比作统筹精良的生命有机体，其中各个器官相互作用，这些器官既能维持个体完好的生命机能，又兼顾到生命物种的延续。各个器官有自己的位置以及在有机体中的独特功用；相类似，人类也有自己的专属角色以及在整个宇宙中的不二地位。亚里士多德将这一范例应用于各处，当然物理学首当其冲：如果重物朝低处坠落，没有什么东西会阻碍这个过程，因为重物趋向于重返大地中心，这是它的"自然本位"，同样，烟火是轻盈之物，它们自然归属于天空，它们会升起来。更宽泛地说，真正幸福的好生活一定是这样的：在宇宙秩序中，各自找准自己的定位，各自站稳自己的领地。这就是统治古希腊世界的观念，而奥德赛的故事是这一观念的完美典范。

奥德修斯的回归

特洛伊战争让奥德修斯难返故土。悲惨遭遇伊始，他的所有努力都是为了能重归由他统治的城邦，在那里，有他的人民和他的家。十年的战争以及十年的返程之旅，在这期间，他遭遇的艰险是难以想象的。用一句话来概括奥德修斯的命运：奥德修斯是一个从战争乱象重返平静和谐的英雄，也就是从坏生活走向好生活的英雄。他从恨到爱，从流亡到归乡，从离别自己的人民和家人到复兴自己的世界，在自己的世界里，真正的生活彻底回来了。

同样，赫西俄德的《神谱》一开始，也是写世界的混沌不堪；就像"神谱"这个词所提示的，这部长诗讲述了诸神诞生的故事。赫西俄德同样将故事如此安排：从混沌到秩序，从战争到和平，从开始的乱象到重归的和谐。《神谱》还讲述了提坦神与奥林匹亚诸神之间的战争。战争结束之后，在宙斯神盾之下，一个安宁、正义、美好的世界得以重建，宇宙的和谐得以恢复，人们最终能够在复归的宇宙和谐中找到自己的位置。

傲慢带来的威胁

— "宇宙和谐"告诉人们这样的世界观，每个人都有自己的位置，这是不可逾越的，也就是这一点指引着奥德修斯，他拒绝了卡吕普索，也拒绝了让自己不朽。如果奥德修斯让自己成为神，就意味着对"必有一死"这个人类属性的背叛，使这一属性变得可有可无。与做一个恶神相比，他更愿意成为一个好人。人之作为人，他比谁都明白一个真正的人是什么样的；如果是神，用一个平凡但是贴切的说法，他们"为所欲为"。

— 为所欲为，这是一个不错的提法，您的表述恰如其分。它实际上刻画了那些不能驻守自己位置的人，毫不夸张地说，这些人在混乱中漂泊、流浪的同时，也给和谐的宇宙带来不安。这的确就是古希腊人所说的"妄自尊大"，这种极度的傲慢导致了坏生活。妄自尊大，这不只是德性的短板，也是智慧的缺失（从词源的角度看，哲学就是爱智慧，也就是追寻智慧，而这种智慧是获得好生活的条件）。深入到"妄自尊大"这个概念的要害之处，请您回忆一下众所周知的坦塔洛斯的传说。他自以为与众神平起平坐，抬高自己，贬低诸神，对宇宙的和谐实施双重冒犯：坦塔洛斯认为诸神并不通晓一切，他设下圈套试图揭露这一点。他家宴诸神（这是他傲慢的第一个表现，因为有死的人类是不能对奥林匹亚诸神发出邀请的，他们所能做的仅限于谦卑地去神庙朝拜），随后，为了证明诸神的洞察力不比人类更加敏锐，他偷偷地烹杀了自己的亲儿子珀罗普斯供不朽的诸神享用，并相信诸神不会察觉。但是，这！可！都！是！神！他们立马识破了坦塔洛斯的伎俩，毫不迟疑地离开了这场可怕的宴席。罪犯在行凶处遭到惩罚：他被打入地狱，永受饥饿干渴之苦，珍馐美酒尽收眼底却不可品尝。这就是坦塔洛斯受到的酷刑。酷刑里还有一个意味深长的细节：他头顶上悬着摇摇欲坠的岩石，时刻都有压碎他的危险，这是让他记住：自己的生命永远濒临死亡，别想从这种境况里逃脱。

德尔斐的阿波罗神庙上刻着"认识你自己"和"不可过分"，这两条著名箴言最为恰当地表达了同样的观念，即我们必须忠于自己的位置——这就是拒绝"妄自尊大"的方式。认识自己，明白自己到底是谁，确定自己在宇宙和谐中的角色，做事为人张弛有度，避免自以为是。否则，我们自身以及宇宙的平衡都会面临威胁。

面对宇宙的层级，这种对世界，对和谐，对各得其所的看法渗透在希腊罗马时代社会生活的所有领域当中；它也展现在一种关于好生活的概念里，这一好生活的概念为我们必死的存在赋予了一个永恒的维度。这种宇宙观激励着古代世界，它的影响可能一直延续到法国大革命，或者至少到文艺复兴时期。比如，它为罗马法提供了基本的立法精神，"给予每个人应得的部分"——这是对以下观念的司法表达：每个人必须用其所长持守自己的本位，并且清楚自己的界限。这就是刻在阿波罗神庙上的箴言"不可过分"告诉我们的。

活在当下

一 现在，我们理解了和谐宇宙观的原则和它的用意。它将我们的存在放进这一神圣的秩序里，使我们赢得一些不朽。但是所有这些仍然比较抽象；如果我们依照这一观念而活，那么，在推进这一和谐宇宙观念的思想家看来，我们的生活会有什么变化呢?

— 您再次提到了关键之处：好生活问题的第一份哲学答卷，它的最终目的是什么？这儿需要提醒大家的是，在古希腊人眼里，过去和未来就像两大顽疾，压迫着人类生活。过去总妨碍人们活在当下：要不就是过去无比幸福，我们把自己扣留在怀旧陷阱里；要不就是过去无比不幸，我们沉沦在斯宾诺莎所谓"伤感的激情"、懊悔、内疚、羞耻和罪恶感之中，我们放弃行动，禁锢头脑，萎靡不振，以致难以享用生活，难以生活在当下。于是，人们尝试另一条路，在这条路上，可以通向未来和希望。然而，古典哲学特别是斯多葛学派认为，这种对未来的期待只会把我们引向衰亡：它不仅破坏我们与当下现实的关系，而且它掏空当下现实中的价值，使我们耽入对未来的遐想，但是未来是不确定的。以为如果未来我们有新车，新发型，新鞋子，新朋友或者所有我们想拥有的东西，生活就会更美好，这种想法在古希腊罗马人眼里只是幻觉而已。无论是伤怀过去，还是希冀未来，它们实际上只是虚无，因为过去已不再，未来仍未来。过去和未来向我们展示的只是些虚构的可能，这让我们丧失了唯一真实的时间 ——当下。对当下的丧失，让我们几乎等于白活。如果我们一直沉浸在过去或者未来里，对于伟大的罗马斯多葛主义者塞内卡来说，就是"生活缺席了"。我们还可以联系上贺拉斯的"Carpe diem（抓住现在）"这句名言，也就是说：抓住当下，别让自己松手，即使明天有惶恐，即使昨日有忧愁。这就是尼采——罗马帝国的皇帝哲学家马可·奥勒留的思想继承人——会提到的"l'amor fati"，所谓眼前之爱，命定之爱。当然，之后我们会看到，尼采在他自己的哲学里转变了古典时代的一些观念，他打破了所有关于宇宙和谐的思想。只是在"当下"以及时间的问题上，他继承着古希腊罗马人。我们之后还会多次看到一些哲学家回到古典观念，并在另一个语境中复兴或者革新这些观念：这就是那些伟大思想的繁殖方式。

恐惧——智慧的敌人

但是，我们暂时先回到奥德修斯的征程上来。奥德修斯的归乡之旅完全展现了我们刚才讲到的一副哲学图景：他先是征战沙场，随后踏上回家的路，他要重新回到自己的故土，回到妻子佩涅罗珀和儿子忒勒玛科斯身边。在这一路上，他怀念与其离别的城邦和自己的爱人，满怀重新回到他们身边的希望，因此奥德修斯永远处在对过去的感怀和对未来的希冀之中，对于当下之爱，他采取了放弃的态度。然而我们会发现，奥德修斯的困境实际上深刻地涉及死亡问题：只有当人类回到自己的"自然本位"，他才会感觉到自己是宇宙的一部分，是永恒的一部分。依照亚里士多德，这里的"自然本位"是指在宇宙和谐秩序中找到自己的位置，就像是身体器官在有机体中都有自己固定的位置一样。于是，死亡不再是从一种状态到另一种状态的通道。明白这个道理的智者会战胜恐惧，并告别对死亡的恐惧重新开始人生，任何困难都不会再阻挡他们泰然自若地活在当下。

因此，古希腊人认为恐惧是智慧的头等敌人。简单讲，死亡让我们变得既笨又坏。变得笨，是因为恐惧的缘由常常是不理性的，或者是非常愚蠢的：当我们焦虑不安时，我们被一种精神分析学家所谓的"恐惧症"所控制（对水下藻类植物的恐惧，对小蛇、小老鼠、癞蛤蟆的恐惧，或者对突然发生故障的电梯的恐惧），显然这种惊慌失措太过头太荒谬了。有的谚语也说，恐惧是个"坏顾问"。另外，恐惧还会让我们以自我为中心，对别人关上大门：被恐惧所支配，你只会想到你自己，为了逃避危险，你会无所不用其极，把危险推给他人，甚至牺牲他人。与这种懦夫完全相反，智者能够战胜恐惧，于是，他可以自由思考，爱他人，向他人敞开自己。您清楚地看到我们已经有一个关于好生活问题的答案了（即使这不是我的答案，我还是会随后对其展开更详尽的说明以避免误解）。我还想再加一句，如果我们把视野放大到世界其他地区，而不是只关注西方哲学，那么佛教给我们的答案与我们这里的答案相当接近，它也强调不要沉溺于过去和未来，活在当下，战胜对死亡的恐惧。

答卷二

犹太—基督的信念

—— 第一份答卷里的哲学努力给我们留下了深刻印象，它不借助任何神性力量，为我们能过好当下生活开辟思想道路，同时，个体存在的不朽性通过世界秩序得到实现。但是我们也发现，古典哲学家许诺的这种不朽性，并没有对个人实实在在的具体生活有所助益；获得不朽，就意味着我们的存在需要被搁置到一种秩序中，而这一秩序完全外在于个人生活，我们的生活也仅仅是这一秩序的碎片而已。在我看来，我们必须要用一种极为思辨的方式，去发现一些东西，它们能平复对死亡的恐惧。当然，如今我们极为珍视的主体性或存在性的视角对于古希腊人来说有不同的意义。古希腊人最看重的是成为英雄的那份荣耀，因为这份英雄的荣耀才能够让自己的子孙记住他们，以他们为荣；实际上古希腊人认为只有这份荣耀才会体现自己的崇高价值，才会让后代子孙永远地记住他们在世界秩序中的位置，而问题是，随着人的个体性得到越来越多的重视，古希腊罗马的智慧似乎并不令人满意。

一　实际上这就是需要新答案的理由之一。这一答案来自基督教。公元五世纪，在希腊哲学倒下之后，基督教统摄了整个中世纪的欧洲。在某些历史时期，基督教信众越来越多，进而取代了发展到巅峰的古希腊罗马哲学，成为思想的主宰。出现这种情况的原因之一，就是基督教向信众们允诺了一种模式更为个体化的好生活。希腊哲学里，个体被高于人类的宇宙秩序吸收了，因此，个人所能获得的不朽性是局限的，是缺乏个体意识的，是盲目的；而基督教信仰恰恰相反，它在观念上试图唤醒个体的"灵与肉"，个体的灵与肉具有唯一性：我们以个体的名义得到拯救，不再是无足轻重的宇宙碎片。与犹太教相同，基督教创设了一种更为个体化的好生活，这种好生活能够真正战胜死亡。耶稣基督向信众允诺的，是"死亡本身的死亡"，即世界末日来临之时，在永恒天国，所有死去的亡灵都将醒来，所爱之人重新回到我们身边，我们会团聚，个个都像是最真实的存在。

灵与肉的拯救

在关于"如何得到拯救"的思想广场上，如果非要我对各路答卷给个态度，那么我会说，与古典哲学开出的药方相比，基督教所倡导的永恒生活更具吸引力。但是公正地说，我们必须承认，过这种生活要付出两个代价：理性再次臣服于信仰；选择好生活的决定权不再属于人类而属于上帝。这里复杂得超出想象：基督教的答案一方面比希腊罗马人的更加人性，因为其中考虑到更多具体的人的因素，同时，由于希腊人那里的理性被基督教的神启和信仰取代了，因此，基督教的答案又更不人性。

福音书中，特别是拉撒路之死的情节，非常清楚地展现了上述关于拯救的教义。情节凸显了一种张力，即一方面耶稣为朋友的死而哭泣，他爱自己的朋友，另一方面他却有意延迟去复活友人的时间：在拉撒路的尸体已经腐烂并气味儿四溢的时候，耶稣才去复活拉撒路。这其实为复活奇迹赋予了最大的意义，至上的"荣光"。当然，根本上说，这是为了说明上帝的爱比死亡更有力量。上帝的爱拯救了生命，让我们不朽。我们不再是宇宙秩序中无名氏的碎片，而是独一无二的个体；上帝之爱，也就是圣·奥古斯丁所说的芸芸众生在上帝中得到爱（在那些所有将我们与上帝联系起来的东西里），这份爱让个体不朽。诚然，这与主体性的现代价值还有很大的距离。因为最要紧的问题仍然是拯救所有值得上帝去爱的人，这其中存在与"荣耀之躯"这一观念相关的问题：这一观念一般被理解为，在永恒天国，我们将与我们所爱之人团聚，他们的面庞、目光、声调，总之，所有我们曾依恋的爱人的身体都会完完整整地回来。

您可以清楚地看到存在于两个观念之间的重要联系：1. 上帝对拯救身体和心灵的许诺；2. "唯独上帝之爱才可拯救"的断言。八世纪的伟大神学家托马斯·阿奎那（Thomas d'Aquin）强调，实际上基督教精神的关键是上帝之爱。"爱"（agapè，也就是上帝之爱）为其他两个超性德行"信"和"望"加冕，同时可以替代后两者。"信"实际上只是一个暂时的支架，它支撑着尘世间的我们：当所有亡者和复活之躯到达永恒天国，面对真实显现的上帝，信仰将失去所有意义，信仰自身会消失，因为"信"已经不再必要，我们已经在上帝这边了！同样，"望"也会终结，因为"望"已

29

得到满足。相反，"爱"则永远驻留，这个意义上，由上帝之爱而获得的不朽生活，就是好生活。我们还需要知道，上帝之爱凭借什么拯救我们，拯救了什么等等。这将是我们必须回答的问题。

所谓进步……

—— 讨论到现在为止，关于人类历史进程中好生活的观念，我们有了某种双重的进步：首先是关于好生活的本原，起初我们认为好生活源于外在或超越人性的东西，紧接着，那些关于生活的体验的东西逐渐得到彰显，越来越多的涉及人类经验的视角融合了进来。其次，基督教的启示在这条路上又标识出第二重推进：起初，上帝的拯救针对个体的灵与肉，并使之达至永恒，之后，每个个体与上帝的关系得到更多的强调，这种关系要优先于个体意识的自由、无所顾忌的个人意愿、施爱的能力。然而可以说，为这种进步所付出的代价，其实又使我们退步了：希腊哲学家是自由理性的缔造者，而与此相比，理性对宗教信仰的屈从让我们看上去又后退了。

—— 注意，我觉得必须澄清"进步"和"后退"这些概念，因为这些概念很容易迷惑人。哲学类似于艺术，其本身没有必然的进步，更多的是观点相殊。这些观点在人类历史进程中相继而来，而对这些观点进行分类或评价，恰当的评价标准是必要的。我们的标准是历史中呈现出的一条基准线，这条基准线并不来自于主观臆断，并且，它延续在人类生活境况不断改善的方向上。坦白地说，这条基准线会一直清晰地绵延在我们的哲学故事里，至少对于人文主义者，我们会给这条基准线一个积极的评价，因为在回答什么是好生活的问题上，它反映了人文主义的逻辑。请看一看：在古希腊人那里，我们向死而生的命运何以得到永恒？是非人格化的宇宙；在基督教那里，我们终归天国的生命何以得到救赎？是上帝，然而上帝的形象是人的形象，上帝是一个已经人格化的上帝。在我看来，这是一个进步，因为我们至少朝着之后会谈到的现代人文主义方向迈进了一步。但是对现代人文主义充满敌视的也大有人在，我们可以认为它太过傲慢，全是"妄自尊大"的东西，于是更倾向于古典时代的观点——我们再一次看到在何种意义上，哲学史更像艺术史，而不像科学史。

也就是说，人类历史里，人文主义观是显而易见的，古希腊人那里其实就已经有了。古希腊人所谓"神圣的"（théion），其实就是宇宙，整个世界的永恒秩序，而关于宇宙的哲学理论，就是"凝视—沉思"。准确地说，希腊诸神，特别是第一代诸神，并不是一些"人"，他们并没有被个体化，这些神所代表的只是宇宙的某些部分和力量：盖亚代表的是大地，乌剌诺斯代表天空，蓬托斯代表波涛，波塞冬代表大海，塔尔塔罗斯代表地狱等等。鉴于此，赫西俄德的《神谱》讲述的不仅仅是诸神的诞生，也是整个世界的诞生，因为两者实际上是一回事儿。我们已经看到，古希腊人借助这种宇宙观来阐述对生活意义的看法。

在基督教那里，情况正好相反，我们接触到的是和蔼可亲的人格上帝。基督道成肉身，既是神也是人。这一事实告诉我们，关于好生活问题的基督教答卷比古希腊人的宇宙观答卷更有人味儿。因此，基督教的答卷为人文主义精神的彰显注入了双重动力：可以说是神的人格化和人的神圣化。

······所谓退步

但是从世俗哲学的角度来看，在信仰和理性（fides 和 ratio 分别是对应的拉丁语词源）的关系这件事上，我们又确实可以说，基督教与希腊哲学相比确实是退步了。基督教那里，信仰和理性之间没有平衡可言，即使理性没有被牺牲掉，它也被戴上了口罩（当然，理性在宗教中有自己的位置，我们会在圣·托马斯那里看到这一点），至少被框在了宗教教义里，降低到从属于信仰的地位上。十一世纪教皇身边的神学家皮埃尔·达米安（Pierre Damien）[1]宣称，哲学必须是"宗教的仆人"。哲学仅限于阐明圣经，听从和解读教廷的标准释义和教廷使用的哲学概念。哲学的作用在于帮助我们更好地领悟和理解神以及神创世界的荣耀壮丽，以及基督使用的寓言的含意。总之，哲学家不准触及那些终极问题，比如关于智慧、关于救赎、关于好生活的问题，这些问题都变成了神学的专属研究领域，如果哲学家有所不从，则会被逐出教廷，甚至有遭受死刑的危险。

就在这个意义上，基督教与古希腊的柏拉图、斯多葛学派以及亚里士多德的理性主义相比确实是退步了。它禁锢了批判反思的自由，借助宗教的神秘气质，使我们始终保持一种对神启真理的崇拜状态；换句话说，理性代替不了神启真理。如同一句家喻户晓的宗教格言所说："credo ut intelligam"，意思是

---

[1]　皮埃尔·达米安（Pierre Damien，1007—1072）：十一世纪的隐修教士，后成为主教、红衣主教。1828 年被封为教廷博士——译者注（参考 Pierre Damien, http: //fr. wikipedia. org /w /index. php? title = Pierre ＿ Damien&oldid = 112811847 [Page consultée le mars 26, 2015]）

信仰先行，理解随后。先去相信，才有理解的必要，如果信仰终止，就没什么可理解的了；面对"三位一体"学说，我们的态度就是这样，先相信，后理解。

人文主义观

— 循序渐进中的人文主义接连汲取不同的世界观养分，然而这些不同世界观背后的社会文化根源也彼此之间差异巨大，甚至完全对立。这可以解释，即使同一时代的哲学，它们也难以同步前进：我们已经指出，昔日希腊哲学拥有的理性自主，在基督教那里被丢弃了不少。那么，宗教救赎的人文气息与理性的自主，两者之间如何和解？这个问题会带领我们进入哲学旅行的第三个时期。

— 第三个时期起始于文艺复兴。文艺复兴要为人的存在意义重新奠基，无关乎宇宙或者上帝，人的存在意义来自于人类自身，来自于他的理性、自由，来自于一个信念——在其他生灵甚至动物身上都不具备人类独有的才能，因此，人类可以成为自己命运的主宰者，甚至一定会成为这种主宰者。这也是第一次，拯救向死而生的生命再不用诉诸于那些脱离人类的外在现实或超验现实，拯救只取决于人类自身。如果说，是十五世纪的一些重要思想家开启了人文主义主题（诸如皮科·德拉·米兰多拉，我们会在后面回到他的杰出著作），那么十七世纪的笛卡尔则为这种人文主义的世界观贡献了坚实的第一基础。笛卡尔还为进一步开拓人文主义的生活意义观迈出了决定性的一步。

笛卡尔的怀疑

我们知道，笛卡尔的哲学思考建立在著名的普遍怀疑方法论之上。这种方法认为世间一切成见都需要被怀疑，所有的信念、外在世界、父母、学校、传统等。如此怀疑的目的就是要看看，我们是否可以找到一个明晰的基础，它经得起普遍怀疑。《谈谈方法》中 "Cogito ergo sum"（我思故我在）就是这个坚实基础。而在之后的《第一哲学沉思录》里，笛卡尔有一个新的表达，这个表达里缺少了因果连词"故"，我将为您准确地引出这一句："'我是—我在'这一命题必然真，不论是在我说出它，还是在我在脑中想到它的时候。"第一个版本中"故我在"的问题在于它实际上假设了一个由连词"故"引发的推理，而笛卡尔在《第一哲学沉思录》阶段的反思已经不能认可这个推理的合法性了。在没有"故"的第二个表达式里，我们得到的是一种直觉上直接的确实性，这种确实性告诉我们，我们思考着，与此同时，我们存在。这一命题表述了第一个免于怀疑的观念（至少对于笛卡尔是这样），这一观念也是我们重建科学和哲学大厦的基石。笛卡尔所谓的"明晰性"来自于拉丁文"video"，即"我看见"：在思中我看见自己，即使外部世界不存在，即使我所感知的和理解的东西都是由"恶魔精灵"一手捏造的，总之，只要我确实在思，无论是否被欺骗，我就确实存在。

这一系列论证并不总能说服笛卡尔身边的那些哲学家，我们稍后还会回到这个论证，但是我们已经澄清了这一论证的目的。然而如果我们把该命题看成是怀疑论的相对主义，那么我们就完全错了；恰恰相反，笛卡尔提出这一命题的目的，是在人类经验的有限性中为绝对真理找到一个基础，在此基础之上，我们通过人类自己的方式重建一个关于客体世界的观念。这里的要点在于，批判性的精神活动不能毫无拘束地展开，关于外部世界的一些定见，我们若不对其加以怀疑地审视，就要拒绝接受。这里的根本要求是："思"要通过思本身获得基础。

白板

面对过去的种种观念，笛卡尔抛出了一种极具革命性的"白板论"：他清扫了所有过去的那些观念和成见，直到他把外部世界的存在也置于怀疑之下。以下是笛卡尔著名的梦境论证：梦里，我会觉得我正醒着，正在写作，其实我正"光着身子在床上"。因此，清醒明晰的生活说不定只是一场梦，这场梦为我们创设了一个存在外在现实的幻象。再一次，笛卡尔的计划是从这种普遍的不确定性中抽离出来，他要用独一无二的人类理性力量，揭示一种无可置疑的真理直觉，在《谈谈方法》中他这样写道："我认为必须把我所能想象的最不容置疑的东西也悬置起来，把它们当成是绝对错误的，然后，我们看看是不是什么也不剩了。"

—— 笛卡尔在一场了不起的思想历险中勇敢前行，这是一种难以置信的勇气，而不是疯子般的冒失，他要把人类过往文明的一切遗产都扔在一边，只为找到一种绝对的确实性，并且他要通过"分量充足的观念"来到达这一点，他强调，所谓分量充足的观念就是人类思想真正介入世界的那些东西。他也把人性从曾经难以避免的束缚中解放了出来，对于生活意义的源头，我们不再去寻求宇宙秩序或者上帝的荣光，人类自身就是可挖掘的意义源头：如他所说，人类能够最终成为"自然的主宰和所有者"。

— 对的，完全是这样。好生活的问题不再诉诸于宇宙或者上帝，我们从人类自身出发去寻找答案。如何去找呢？如果笛卡尔的首要目的是希望能从人类自身寻找恒常真理的可能性，就像他所写的，以此"在科学里构建坚实和确定的东西"，那么他的方案就会自然联系上人类世界和历史，这段历史里，我们从自然或社会的束缚中解放出来，人类个体的意志和目的取代了自然或社会的强加观念。说到自由，它是批判精神的重要特质（笛卡尔自己称之为"伴随着自由的精神"），因此，我们可以回过头去反抗传统，对历史说"不"，抛开一切过去遗留至今的成见，去践行今天一些人所说的"清算的权利"。就像伟大的革命家拉博·圣蒂利安（Rabaut-Saint-Étienne）所言，"历史并不是法典"。换句话说，自由可以把沉睡在传统中的人们唤醒，于是，为了进入崭新的历史，我们开始批判传统以求变革和进步；而获得崭新的历史，既可以通过逐步改良也可以通过强力革命。托克维尔敏锐地捕捉到了时情的变化，

《论美国的民主》一开始就有一段精彩的概括，他大概这么说：雅各宾党人是笛卡尔主义者，他们离开校园，走向街头。笛卡尔用他的普遍怀疑方法论，对过往观念摆出了一副"白板"姿态，这种姿态甚至在具体的公共事务空间也大显身手，最终导致了针对人类宿命论和社会政治制度的大革命。

从这种新哲学的视角出发，现代人文主义的好生活观具有两个特点：首先，知识、文化和教育的作用受到重视，这些人性和人类文明的要素使我们通向康德所说的"扩展的思想"。其次，我们坚信，我们自己就能为好生活辩护；向死而生的我们得到拯救，靠的是我们自己的文学、艺术才华或者伟大的实践，这些才华和实践推动着历史进步，为人类发展添砖加瓦，为全人类的美好未来孜孜以求。就是在这个意义上，我们会给学校里学生讲到那些"科学家和实践家"，如巴斯德、雨果、茹费理或者居里夫人（没敢说到政治，否则，饶勒斯[Jaurès][1]和戴高乐的名字也会在列），他们的才华、他们的付出和他们的意志，这些都是奉献于人类福祉和进步的典范。此后，这些伟岸人物的名字被镌刻在大理石或者写在路牌上，

---

[1] 让·饶勒斯（Jean Jaurès，1859—1914）：法国政治家，社会党议员。他是法国社会主义运动的主要发起者，拥有和平主义立场，并反对发动第一次世界大战。

我们还会为他们刻文立碑，其中一些人的骨灰还会被请进先贤祠……在这些表达纪念之地，我们与这些伟大的亡灵重新获得一种关系，也就是说，在人类通向更自由、更公正、更博识的美好未来之路上，那些曾经的杰出贡献会在现世得到延续，成为永恒。我们把他们的名字写进历史，放入图书馆，或者刻在纪念碑上，就好像我们也具有了那一份永恒。在世俗的和人文主义的领域，甚至有时在无神论那里，此处的"永恒"是基督拯救的替代物。就这样，人文主义让我们逐渐进入一个"世俗化宗教"的年代，其中，马克思主义将"世俗化的宗教"概念发展到高峰。

因进步而得救?

—— 一方面是人性重获新生叫人印象深刻，而另一方面，人类关于不朽的信念在这时候显得非常脆弱：往好里去想，我们只是推动人类进步的无数齿轮中的一个而已，我们还必须认识到从死亡中得到拯救的生活是不足挂齿、微不足道的（最好不过的，也只是留下我们的名字和关于某些作品的回忆），而我们还需要诸多思想努力和自由勇气去明白，人类在未来只能依靠自身的力量去发现生活意义的源头以及生活的最终目的，这还远不足以为我们进献溢美之词，因为面对人类个体生活的丰厚广博，个体又沦为微小的无人称的碎片。于是，出乎意料的事情发生了：古希腊哲学的困境是把人吸收进了宇宙秩序之中，相类似，人文主义观经过上述分析好像也陷入了同样的困境。

一 在古希腊宇宙论里，人类作为宇宙碎片得到拯救，与此相当，现代人文主义让人类作为历史进步车轮的零部件得到拯救，人只在大理石上留下了名字。特别是，当我们拿来与基督教比较时，就更令人不满了；起码在基督教那里，我们是作为一个人被上帝爱，被拯救的，同时我们还将在永恒天国重逢那些我们爱的人！为什么现代人文主义难以请走欧洲乡村的基督教信仰，两者只能勉强共处？因为在这种关于进步的现代哲学中——我所谓的"第一次人文主义"——个体的那些人性部分——人的品性、人的感觉和人的爱，总之那些不可磨灭的人性——与个体一道都被抹煞了。我们又一次看到，在好生活的问题上朝着人文主义道路不断进步的同时，对人本身的考量却在退步。

当然，在笛卡尔那个时代，知识、道德和救赎已经不在宇宙或者上帝那里扎根了，它们植根于"思"和"主体性"：对应哲学的四大类问题（真理、公正、美和好生活），具有主体性的人类变成了"真理"、"公正"、"美"和"好"的合法性的唯一源泉。这一点体现了与过往时代的大决裂。这种人文主义建立在人类的理性和自由之上，它伴随着启蒙运动得以充分成长，从根本上说，它是权利、科学和人类历史的人文主义。然而这种人文主义是抽象的人文主义，就像我们在《人权宣言》中看到的，它是政治道德纲领里的点睛之笔：只要是人，他就有权利，他就必须受到保护和尊重，这种对人的保护和尊重要抽离掉所有不同共同体之间的差异。无论语言、文化、种族、国别和信仰，只要为人，就必须得到尊重，这里的"人"不属于某个共同体，他代表着作为整体存在的人类。世俗共和主义诞生在这种人文主义的背景之下，同时宗教社群主义也难以再为共和国制定律法了。

人性的新观念

此外，在反革命者清高虚幻的眼睛里，人的概念太过抽象，因此他们把批评和嘲讽都集中到了这个概念上。从法国大革命开始，法国的政治生活就一直呈现出两幅对立的观念图景：右翼们的社群主义和文化差别主义者认为人的价值有根可循，我们其实都是民族、地域和传统的产物，相反，共和主义势力倾向于抽离的人文主义，他们认为人性的伟大恰恰体现在个人有能力从自然、文化或者社会的规约中抽身而出。我们稍后会回到这里。

实际上，人文主义并不纯粹为人类存在提供基础和目的，它其实道出了一种关于人性的新观念（这一观念表明人为何如此特殊，其地位不可取代）。也就是说，人文主义将人类的自主能力以及自由理性的自我实现放到最为崇高的位置，这在以前还未曾有过。人文主义引发了人类文明史上的诸多变革：创造美好明天的意愿取代了对过往岁月的留恋，这些过往岁月常常被理想化；展望未来取代了墨守成规；对自主性的渴望逐渐取代了对宇宙秩序和宗教戒律的服从。然而，这场革命也有缺陷，过于局限的人性观遮挡了人类存在的多重面相。的确，人文主义有意为之，因为它聚焦在人类那些抽象和普遍的特点之上，每个人无一例外地蕴藏着理性和自由，并且，自由理性的发挥可以确保我们越来越紧地抓住自己的命运。然而事实是，被如此颂扬的人类形象在某种意义上是不完整的。人毕竟是具体的，有肉身的，而这种人文主义把这些人类面相甩在了生活意义的边角之处，那么被扔在边角处的人类面相我们要怎么处理？这个批判性的问题带我们进入哲学史的第四个时期，解构的时期。

关于解构

—— 将生活的意义归结为我们对理性和美德的拥有，结果在法国大革命时期，雅各宾专政的悲剧让这种看法的不充分性暴露无遗。因此，为了充分理解人类存在，我们必须去找回那些被冷落的人类面相。曾经人们自负地以为它们无关痛痒，于是专政的悲剧就此发生。吊诡之处在于，十九世纪，启蒙运动的人文主义观已经渗透在不少国家的政治生活中（特别是鼓动着英国的民主，并且非常直接地影响着法国的共和主义），然而这时期最伟大的思想家（叔本华、尼采、马克思）却专注于解构那些奠基在宗教或者人文主义之上的思想观念！这是我们第四时期的哲学史。这些哲学家的解构哲学希望把我们从"意识形态"的紧箍咒里解放出来，同时把人类存在中那些曾被遗忘、被遏制、被压抑的维度揭示出来，比如无意识和我们身上的动物性。

—— 我们从这第四时期哲学史的开路先锋讲起。尼采为这一时期哲学的发源、目的和动力做了发人深省的分析，他的著作是理解这段哲学史的关键线索。我们当然还会走得更远，接触到其他一些结构主义者——特别是叔本华、马克思和海德格尔，但是在故事的开头，尼采将是我们的向导，因为他是这一时期哲学思想的领军人物。

用铁锤思考的哲学家

实际上是尼采发明了解构概念，远早于海德格尔和德里达（我们常常忘记两个人在这个概念上对尼采的感恩戴德）。尼采说，他要的是"用铁锤思考的哲学家"，他们用铁锤除掉那些"偶像"，而这里的"偶像"指的是在宗教和古典形而上学里的那些宏大观念，以及以理性、美德和历史为名的"进步主义"意识形态；这些思想观念的偶像试图将生活全盘塞进那些所谓的"至高的理想价值"里——共产主义、民主、人权、社会公正，等等。尼采的另一本主要著作的书名告诉大家，他要带来《偶像的黄昏》。尼采开启了另一种研究方式，借此我们可以全方位揭露"理念论"隐秘的动机：他的批判足以掀开那些虚假的智慧面具，推翻那些表面上坚不可摧的推理论证，理念论的所有隐秘之处也因此大白于天下。这种批判方式是尼采所谓的"谱系学"，他对此概念的使用要远早于精神分析学家；就像前文所说，"谱系学"揭示的是那些思想偶像造成观念幻像的原因。那么，他是如何运用这种批判方式的呢？

铁锤哲学并不讨论理念论的论证是否有效，而是要揭露对方自身表现的矛盾，打破那些理念论者捏造的浮华幻像，对之剪草除根。在尼采的另一本书《朝霞》的前言中，他同时扮演了启蒙运动的继承者和反对派，或者更准确地说，尼采要表达的意思毋宁是：因为继承，所以反对。尼采先夸耀了百科全书派继承笛卡尔的批判精神，但是又在最后的哲学结论中对这种批判精神有所发挥，使它峰回路转走到启蒙运动的对立面上去了，于是，对古典形而上学的批判就此停滞。尼采要揭露的恰恰是，百科全书派尽管猛烈批判形而上学，然而他们并没有意识到那些人文主义培植的观念偶像本身就残留着形而上学气息。迷信进步，崇拜科学、民主和人权，这些在尼采看来其实都是宗教的特征，因为来自人间的救赎仍然是宗教式的：像所有宗教信念一样，这些人文主义观念想要证明的是，我们理应为它们牺牲，理应鞭挞那些不信奉这些观念的人，理应把这些观念当作人类存在意义的唯一正当的源头，并强加给所有人。总之，这些人文主义观念被假设为一种真理，这种真理既高于生活又掌控生活，而对于一切不符合这些观念的东西，我们要一并清除。

所有理念否定了生活

那些被当作超越生活的理念否定了生活，由此，尼采认为它们是虚幻的，危险的，邪恶的：虚幻，是因为我们本身就"坐落"在生活里，我们不可能用脱离生活的东西去恰当地评价生活；危险，是因为这些理念削弱我们，侵蚀我们的生命意志；邪恶，是因为这种对人类天性的扼杀使我们甘心为它们付出辛劳，甘心为这些具有欺骗性的价值裹上最典雅的道德外衣。

就此来看，所有超验的理念，也就是那些启蒙运动中打着人文主义招牌的进步理念，对于尼采来说都是对生活的歪曲和否定。尼采把这些理念叫做"虚无主义"，需要注意的是，尼采意义上的"虚无主义"与我们日常对这个概念的理解非常不同。在如今的日常语言中，虚无主义者意味着什么都不相信的人（比如那些众所周知的朋克标语"没有未来"）；而在尼采眼中，虚无主义者的形象完全相反：他们是盲目地信奉那些超验价值的人。如果我们再回顾一下尼采对那些超验价值的看法，这种词义变化就不会那么奇怪了。在尼采那里，超验价值以所谓的超验理念为名否定生活，否定我们内在的生命意志，简单讲，就是以天马行空否定脚踏实地，以彼岸否定此岸。

人之死

比如我们像斯多葛学派那样，认为生活的意义来自于宇宙，那么在尼采眼里，这是彻头彻尾的虚无主义：我们想象了一个在现实生活中完全不存在的和谐宇宙的理念，然后我们趋之若鹜，渴望通过这一纯粹的虚构去解决关于人类存在的问题。同样，在基督教那里，我们信仰上帝，恪守戒律：这是在把我们的生活推给"另一个世界"，而这"另一个世界"最终将摧毁所有现世价值。当然，启蒙运动和工业革命带来的进步宣布了上帝之死，我们迎来了祛魅的世界和世俗的现代社会；然而尼采认为，如果就此便认为我们的批判任务完成了，那么这是相当幼稚的。因为在和谐宇宙和上帝之后，我们又创造了具有人文主义气质的人类，人类"主宰自己也主宰天地万物"，就像是高乃依笔下的奥古斯都皇帝一样，所有的一切都是为了培育理性和美德的种苗，让理性和美德在追求进步和幸福的道路上自由施展。尼采认为，这种理想化的人类历史观，至少对于那些为历史进步添砖加瓦的人来说，取代了传统意义上的宗教，却同时虚构了生活的意义，虚构了一种貌似用得上的理念，虚构了甘愿为之牺牲的伟大理由。人类由此取代了上帝和宇宙，却落入了虚无主义的窠臼。鉴于此，在杀死上帝之后，我们还要杀死带着人文主义气质的人类！于是，米歇尔·福柯会举起死亡判决书，他是尼采的忠实信徒，他宣告"人之死"；这里的"人"当然指的是从启蒙运动中诞生的理想人类，他们没有无意识的时候，他们觉得自己完全能够认清自己，他们是绝对的、统一的主体；对于那些并非意志力所能控制的东西，比如夹杂矛盾的冲动、生命意志和社会约束，这样的人类能够将它们按倒在理性意志之下。

所有这些尼采意义上的虚无主义（古希腊宇宙观、宗教、启蒙之下的人文主义）都存在一种二元结构，即以天马行空否定脚踏实地，以彼岸否定此岸，以理想否定现实。但是，用铁锤哲学砸烂这些观念偶像，并不只为了认清那些观念，也不仅仅是为了把我们从这些观念牢笼中解救出来；因为解构的目的是最终解放我们的天性，释放我们被抑制的潜在性，让我们过上一种更有强度和更丰厚的生活。

更具强度的生活

在《善恶的彼岸》里，尼采认为生活里最深刻的东西是生活的强度。这就是为什么他的所有哲学努力都朝向一个终极目标：不同生命力量之间合理的共存，这种共存必须能够让生命力量以更主动的方式释放出来，个体的生命力量之间既不相互抑制也不相互破坏。这里的方式，其实是杰出艺术家的创作方式，他们的作品最大限度地挖掘创作资源的丰厚度和强度，这些创作资源在作品中得到平衡配置，并直接成为作品本身呈现出来，无需拐弯抹角，也无需推理证明。从这一视角出发，当尼采拒绝诉诸于超验理念的时候，他通过一个极为深刻的悖论为生活意义的问题给出了一份新答卷。那些观念偶像已被摧毁，绝对的观念、外在于或超越于现实的维度不存在了，因此，对生命力量的评估和划分已经没有了标准。然而，就在此刻，我们看到了尼采哲学的"智慧"。也就是说，尼采把核心问题变成这样：如何通过生命力量的释放，让我们过上一种最有强度最自由的生活。

因此，我们不再从自成一体的超验理念中去寻求好生活问题的答案，我们也不再需要它们去评判和歪曲生活，好生活就寄居于生活本身。然而我认为没有多少人明白好生活的问题其实与死亡的问题也高度相关：如果说好生活来自于生活本身，那么我们要如何面对必有一死的生命现实？尼采哲学中的"永恒轮回"观念把两者联系了起来，在"永恒轮回"这一表达式中，我们非常清楚它阐述了与永恒观念有关的东西。其实，永恒轮回观念要说的是生命获得永恒的最终标准是什么的问题，这个最终标准是：让往生重复上演的愿望。生活由无数片断构成，而永恒性的视角会投射到每一个生活片断上，以此让这些生活片断获得不朽，让它们比死亡更加强大。尼采在《快乐的科学》中写道："你应该爱你自己、爱你的生活到什么程度，才会让你下决心去再过往生呢？"实际上，永恒轮回观念是在要求我们去把握住那些真正自由、真正有强度的生命时刻，那里没有束缚，没有削弱我们生命力量的东西。

所有快乐都要永恒

尼采的好生活观植根于他的"快乐"概念，他精彩地概括到："所有快乐都要永恒"。当我们感受到那些极为强烈和自由的生活瞬间，比如当我们陷入疯狂的爱恋之中，或者当我们创造出不曾被世界和人类所知晓的伟大作品，我们就会体验到尼采所谓的"舞者的轻盈"，这种当下获得的满足感使得我们不得不去期待这些瞬间的持久和永恒。这些瞬间与当下充分契合，此时，我们毫无保留地抓住当下，既不去缅怀过去，也不去憧憬未来，于是眼前的这些瞬间不再因为回忆和期待变得相对和短暂，永恒的种芽被埋在了当下，被埋在了此刻。这就是永恒轮回。永恒轮回把我们从对死亡的恐惧中解救出来。在这些与当下融合的瞬间，生命获得永恒，恐惧随即消散。从另一个角度来看，这是尼采与古希腊人彼此相通的地方。

— 我们或许可以说，永恒性从两个方面表现出来：一方面，那些快乐的瞬间在某种意义上说是完满自足的，它们的价值不需要参照其他东西，凭此，永恒性展现在每一个快乐瞬间；另一方面，由于这些快乐的瞬间绝对完满，我们会期待这些瞬间永恒往复地出现。在这里，我们不再需要参照那些理念中的永恒性，离开世俗生活或者脱离日常生态；毋宁说，真正让我们的存在拥有内在永恒性的恰恰就来自于世俗的生活和那些日常生态。

— 的确，这就是尼采的大致想法。通过尼采，我们跨进了哲学史的新时期。自尼采开始，我们的好生活有了新的模样：好生活就寄存在日常的你来我往之中。如果过上"有强度的生活"，意味着获得一种封存在"枯燥生活"里的永恒性，那么这其实就是生活的本来面目。一方面，好生活取决于我们的生命力量完美和谐地释放，另一方面，生命力量的失控和冲突，浪漫主义激情的分裂，让坏生活自我枯竭。(浪漫主义的英雄引以为傲的是他们甘愿失去感觉和爱，然而内心中的复杂纠结和优柔寡断又白白地折磨和消耗着他们)。最终，那些外在于和超越于人性的价值被搁置起来；这其实就是解构哲学的基本哲学观，它反对一切形式的超验性，无论是永恒宇宙、上帝，还是之前的人文主义观念。

解构哲学要让我们从一系列超验价值中抽身，同时，它又把人类存在的另外一些维度解放出来，这些存在维度曾经被超验"理念"的光环所掩盖，特别是：冲动，无意识和非理性。对这些存在维度的思考、探索和利用也随即在解构哲学中展开。此外，尼采还开辟了现代艺术之路（即使他非常仰慕高乃依 [Corneille][1] 和法国的经典作家，但是在他眼中，这些作家和自己的立场并不相同，他们反对生命力量的强烈而有序地释放）。阿波利奈尔在评论立体派画家时引证了尼采，他认为尼采就是一个立体主义者，而在阿波利奈尔之前，波西米亚主义作家也会谈及尼采。在二十世纪，我们解构绘画具象，解构音乐调性，解构文学、戏剧、舞蹈、电影等等的传统规范，

---

[1] 皮埃尔·高乃依（Pierre Corneille, 1606—1684）：十七世纪法国剧作家，诗人。——译者注

而尼采是这一切解构行动的鼻祖。如此一来，我们将拓展出那些"学院派们"(先锋派们给那些人的称谓)视野之外的人性维度：性，身体，暴力，人类的动物性，性欲，女人的男子气，男子的女性化。于是乎，当好生活被界定为一种具有强度和自由的生活时，"人性材料"最终全方位地介入这一界定中来。我们一方面战胜了那些试图刻画生活意义的超验理念，另一方面，解答生活意义的问题也从没像现在这样，把那些与人类肉身相关的因素作为根本出发点。

怀疑主义的哲学家

—— 摒弃所有的超验理念，并解放人类存在的全部维度，如果这两方面印证了在人文主义道路上我们获得的进步，那么新的问题又来了。尼采一路上想的是所谓的"基础的危机"到底会造成什么后果；或者换个词儿，"普遍主义的危机"的后果是什么。此危机在二十世纪深深地波及到数学、实验科学，还有道德领域，而对于哲学，它则是哲学家们的中心议题。若像尼采所说："没有事实，只有解释"，那么我们将不再相信真理会有一个颠覆不破的基础：因而每个人都会竭尽所能证明自己的观点。但是对于铁锤哲学家来说，这并没什么大不了，因为这恰恰是他们要去辩护的人文主义观。于是，一个难以接受的矛盾马上就出现了：费尽心思自顾自地维护、发展自己的观点会有一个危险，这就是让我们再次屈从于自然条件和社会条件的种种限制；比如，性别差异这件事儿，人们会从自己的文化和伦理"背景"出发去看这个问题，并封闭在自己的观点之中。人类存在的全部维度展现出来了，问题在于我们的生命如何从中受益；也就是说，如果每个人只禁锢在自己的视野里来看待这些维度，缺乏一种普遍性的方法的话，我们好像很难从中受益。

— 我对基督教思想的评论，在这里其实也适用于尼采：尼采那里既有进步也有退步。如果我们从人文主义观念的逻辑出发（这意味着对超验观念的解构以及对人类存在维度的完整展现），尼采的铁锤哲学带来的是真正具有实质的进步，在我看来，他的哲学洞见已经告诉我们不可能有回头路了。在这一点上，我绝不吝啬自己对解构主义者的褒扬，然而，不得不说他们还是走进了死胡同，这让我们又不能停滞不前。

就我而言，虽然我不是尼采主义者，但是尼采的确巧妙地解构了笛卡尔的"Cogito"（我思）以及广泛意义上的启蒙思想，而更一般地说，这种解构来自于保罗·利科所谓的"怀疑的哲学家"，显然尼采就是其中之一。他们全面揭示了那些我们必须面对的人类境况。比如，对于我们来说，至少就我自己看来，"我们可以完全清晰透彻地认识自己"——这就是一个明显的错误；叔本华、马克思和尼采对无意识的种种挖掘，以及此后的弗洛伊德对无意识的动因和效应的探索，都为我们揭示了关于人类的一些重要真相，它们构成了我们如今对自己的认识。于是，我们已经无法像笛卡尔在《第一沉思录》里一样去想象一个透彻清晰的"Cogito"（我思）。在稍早一些的叔本华，以及尼采那里，他们对"Cogito"的怀疑看上去无比恰当，这里毋庸赘言。他们认为意识只不过是冰山一角，在海面下蠢蠢欲动的庞大部分才是我们需要着手去探索的。于是，缺少无意识部分的主体概念被彻底抛弃。从这个角度来讲，解构完全胜利了。可是这又引发了两个根本问题。一方面，道德被解构了，尼采竟开始赞美战争，批判人们的恻隐之心，批判我们今天所说的"人道主义"，他对人道主义的批判有时候几近疯狂：比如，尼斯（Nice）是尼采居住和喜欢的一个城市，然而，有一次这个城市发生了地震，他却无比高兴地走上街头，当他发现并没有死多少人的时候，他竟然感到非常失望——他在信里对这件事儿的描述令人瞠目结舌！我们当然可以认为尼采惊世骇俗的言论源于他的谵妄症，然而另一方面，他对真理的批判推着他走上了极端相对主义的道路，他的这种激进是让人无法忍受的。当他宣称"没有事实，只有解释"的时候，他如何走向了荒谬的修正主义？一直以来，尼采的思想仰仗着这样一套说辞：当我们说有绝对确定的事实（比如纳粹屠杀犹太人的毒气室这件），而尼采马上说这些绝对事实只是幻象；我们对世界和他人进行道德评判，他马上又说所有道德都是虚无的等等。总而言之，我们的所作所为总会让他咬牙切齿。

相对主义的泥潭

尼采的以下两句话极好地概括了他的极端相对主义："需要证明的事情并不重要"，因为真正有强度的、深刻的、丰厚的东西是自足的，它们自身就像是贵族统治的绝对权威，或者像我们不明就里地喜欢一件艺术作品一样，因此我们接受这些东西不需要任何理由；另一句话我们已经提到过："没有事实，只有解释"，因为所有的说明和论证毫无用处，就连真理概念也是一个幻象。如果我们认真对待尼采的这两个观点，而不把它们当作修辞游戏，那就需要好好想想它们的思想后果，看看尼采的这些观点是如何迅速地走向荒谬。如果引证尼采的观点质疑毒气室的存在，那么我要如何回应？如果认为"没有事实，只有解释"，那么观点的合理性还如何可能？如果没有事实真理，那历史真理呢？我们在刚才提到的那封信可以看到，尼采的相对主义有一些无法逾越的困境：对道德和真理的批判，让哲学之争变成了只有弱肉强食和阴谋诡计的战场。

极端相对主义最为突出的困境是，它会难以避免地导致一些不融贯的判断，逻辑学家称其为"行言冲突"；也就是说，陈述本身并没有内在矛盾，只是它并不与陈述发生时的境况相容。比如有人说："我坐的船翻了，没有一个幸存者。"这里就有"行言冲突"，因为此人仍然活着说话这个事实令其陈述无效。在与大屠杀否定主义[1]的论辩中，道德相对主义的论证总归会变得令人无法忍受，即便是它的支持者也一样。我有一些左翼朋友，他们是尼采的拥趸，但是非常反感"弗里森否定主义"[2]。一方面，他们以尼采的论证作为基础，认为道德价值是悲剧式的幻象，压抑了尼采主义强调的人性冲动，而没过几秒，当我们聊一些更具体的话题，他们又会义愤填膺地告诉你否定主义者都是混蛋，那种论调一点也不相对主义！为了避免过于粗俗，我有意选了一些平常简单的例子，但是他们实质上要比这些例子中表现得有过之而无不及。无论解构主义哲学

---

[1]"大屠杀否定主义"指对待纳粹罪行的一种观点，这种观点否认纳粹屠杀犹太人，特别是否认存在杀害犹太人的纳粹毒气室。——译者注
[2] 罗伯特·弗里森，法国学者，持大屠杀否定主义立场。——译者注

如何伟大，深刻甚至中肯，然而一旦我们滞留于此，真理将永远摆脱不了这种"行言冲突"的问题。

爱，全新的生活意义观

— 为了解决这些新问题，我们需要换一个视角：这就是我们哲学故事的第五个时期，我们终于进入了当代哲学。这回，我们将目睹一种全新的生活意义观，它吐故纳新，既汲取了解构主义的养分，又避免了解构主义的"行言冲突"。在这条当代思想道路的起点上，我们的反思就将着手解决那些过往时代遗留的问题，并竭力寻求变革，这些变革会影响我们的生活，影响社会—经济—文化的气候。

— 现在进入我自己的哲学，它连着我们哲学故事的第五个时期，这也是我们正在经历的时期，我把它叫做"第二次人文主义"。与笛卡尔和启蒙运动时期的人文主义不同，第二次人文主义发生在解构主义之后，因此，解构主义所开拓的人类完整的存在维度被吸收了进来，并且，二十世纪日新月

59

异的科学技术变革以及传统的没落进一步解放了人类存在。我们还记得，启蒙运动把人类生活的价值归于理性和人权、历史和进步的范畴，与此不同，第二次人文主义是爱的人文主义。我认为这里的"爱"并不是人与人之间那种与恐惧、恼火和气愤相对的普通情感，而是一种全新的形而上学观，就是这种形而上学观为生活赋予意义。其实，恰恰是"爱"能够把人类固有的那些可爱之处变得伟大，它催生了一种新的共同体概念，我们希望这个世界是舒适宜人的，而且我们希望这样的世界也可以属于我们的爱人、孩子以及未来的人们。以此来看，爱是顾此及彼的，对亲人的那种爱会波及到那些疏远陌生的人们身上，就像是自亨利·杜南以来，我们所看到的现代人道主义那样。同时，私人领域的个人主义仍然会完好无损，而欧洲的现代自由婚姻和现代家庭将拓展我们的视野，创造一种全新的共同体概念。我将会在后文详加阐述这些观点。

爱，一直在长大

— 无论怎样，没人否认至少在民主社会里，所有那些传统观念（宗教的，道德的，爱国主义的，革命的）的动人之处在不断萎缩，而从某种意义上说，唯有爱在一直长大。

一 这是显而易见的。但是大部分知识分子对此并不感兴趣，或者不够感兴趣，他们总是关起门来把自己锁在那些古老原则里。在法国，几乎已经没有人会准备为上帝、政党，或者革命而牺牲。那些打着传统价值的"伟大旗帜"，鼓动大家随时准备为政治牺牲的观念被抛弃了，曾经有上千万人为它们失去了生命，这些观念是令人厌恶的，而在我看来，那些观念的退场标志着一个全新的美好时代已经来临。相反，我们会随时准备为深爱之人而牺牲，当然，这并不是一件好玩的事儿，但是，比如当他们处于危险或者再次爆发战争的时候，我们一定会这么做。

解构主义点燃了第二次人文主义的火把，虽然它出色地探讨了真理和道德的基础，可惜它并没能很好地控制住火苗，最终烧痛了自己的手指。然而不能否认，也还是解构主义，它打破所有关于人性的形而上学幻象（包括启蒙运动带来的那些人文主义观念），解放那些当时被遗弃被压抑的存在维度，让人类更为自主、更为自由地去创造未来，去选择自己心仪的生活——当然，这仍是一种痛并快乐着的自由……为此，我们必须提供理智的方案以超越解构主义固有的问题，在我看来，这是我所设想的当代哲学最为根本的任务之一。需要注意的是，我们不能回到老路上去完成这项任务。我认为，基于哲学和历史的理由，在我们第五时期的哲学史里，好生活问题的答案就在于爱的激情当中。

现代家庭

我所谓的"爱的革命"，是指欧洲的婚姻变革，这种变革是指，从鉴于利益关系或传统风俗的包办婚姻到如今青年（或者不是青年）男女自由选择自己的婚姻，后者的基础不再是利益关系或者传统风俗，而是男女之间的爱情以及他们对自己后代的考量。这意味着现代家庭的诞生，它实质上是传统家庭的对立面，我们知道在传统家庭里只有强制而没有选择。婚姻风尚的变化显然与工业革命息息相关。当越来越多的青年男女开始在城市里找工作的时候，他们也摆脱了亲属以及村落共同体对他们身心的控制。当传统价值在哲学上被完全解构，特别是，解构思想在欧洲的日常生活以及社会文化中广为传播之后，"爱情的胜利"才大范围地普及开来。不过，自由婚姻真正成为制度落实下来还是在第二次世界大战以后（这里的"婚姻"是广义的，它不仅包括注册登记的婚姻和神父主持下的婚姻，还包括所有的伴侣生活形式）[1]。至此，在青年男女的爱情和激情面前，传统社会施加于他们的那些压力（比如包办婚姻）不再重要。爱情的身价变得前所未有，因为爱情是个体的自我表达，在向爱人敞开怀抱赢得美好生活的路上，每一个体不再循规蹈矩，他们是自由的。

— 所有的传统观念（宗教的，爱国主义的，革命的）都日渐式微，而您认为只有爱才是我们存在意义的源泉，不仅在个人领域，而且在公共领域也是这样。对吗？

— 对的。爱已是生活的中心，我们时刻想为所爱之人创造良好的条件，让他们获得最大的快乐、自由和幸福。鉴于此，如今的家庭教育会关注到那些曾被忽视的方面：不再仅仅是传授知识，而是要让个性、想象力、"创造力"、艺体才能得

---

[1] 在法国，登记注册的新人都需要在市（区）政厅完成由市（区）长主持的婚礼仪式，而是否在教堂举办婚礼，则是公民的自由选择。除了一般意义上的婚姻以外，法国于 1999 年通过"民事结合"的法律（Pacs），对自由结合的同居关系给予法律保护，这种同居关系与婚姻关系平行，同居双方拥有相应的权利和义务，同居关系下的子女与婚姻关系下的子女享有同等的权利，并且实际上也毫无社会舆论的压力。——译者注

到更充分的培养和发展。但是，爱的革命还远不止这些，它的影响将大大超越家庭和个人领域，共同体的观念会真正得到重新界定，这种新的共同体观念让我们更多地考虑到如何把一个美好世界留给我们的孩子，留给未来的人们，稍后我还会回到这一点上。除此之外，"爱至上"并不会损害我们的个人主义，它为共同体赋予了新的意义。

为了将来

— 总而言之，我们的解构主义孕育着一种对个人价值和共同体价值的重建，另一方面，爱作为唯一的完全切入我们存在方式的内在观念，为这些价值奠定基础，因此，这些价值可以免于怀疑主义哲学家的铁锤。

— 对，我们可以这么说。就连政治本身也会从此完全改变：沿着这条个人生活史的演变，我们会更关心将来世代的问题，那些开启传统政治的古老核心议题会被逐渐取代（右翼人士关心国家民族的问题，左翼人士关心革命的问题）。曾经那些讨论民主问题的最终目标也会被另一个更重要的问题所替代，这就是我们将为所爱之人，也就是为我们的年轻人，留下一个什么样的世界的问题。另外，这个问题还表明，在自由主义和社会主义之后，生态环境的变化会引起一场新的政治生态的演变，因为从根本上说，恰恰是生态环境的变化使得人类未来何去何从的问题变成了一个公共政治议题。

一方面，爱的革命的历史学进路让我们明白，为什么爱获得了史无前例的地位，即它是所有间接或直接触动人类关系的事物的意义源泉。另一方面，爱有时候是无以言表和变化无常的，而哲学视角能够帮助我们更好地理解爱，让我们明白好生活的基础是懂得如何去爱。然而，必须弄清楚的是，当我们在谈论爱的时候我们在谈论什么：是 éros（情欲）？这种爱在燃烧和熄灭之间充满了猜忌和占有欲；是 philia（友爱）？这种爱让我们与他人维系在一起；是 agape（博爱）？这种爱不求回报甚至会延伸到自己的敌人；或者是这三种爱的结合？这是一个深刻的哲学问题，需要我们进一步澄清。

新的超越形式

—— 爱让我们体会到了一种您和胡塞尔所说的生活的"内在超越性"：通过生活拯救生活，我们不再诉诸于那些解构主义所批判的传统形而上学幻象了。

— 是的。为了理解这一点，我们的分析不能过于简单。我们需要对爱展开一种"现象学描述"，这种描述让我们"体验到内在于我们现实生活中的超越性"，使我们摆脱那些抽象形而上学的预设。我们的存在充满偶然性，而爱能够为存在的偶然性赋予绝对的、神圣的价值，为了所爱之人我们可以付出一切便是证据。我们为什么说第五时期的哲学史要比解构主义走得更远？首先这一时期的哲学史完全肯定解构主义对那些外在、超验价值的质疑和批判；紧接着，这段哲学史会挖掘出一种新的超越性，这种超越性深埋在我们尘世经验之中，它为那些普遍性的理念奠基，而这些普遍性的理念并不像尼采所批评的那些超验价值，它们并不"反生活"。

在爱的体验中，我们重新找到了具有超越性的意义，因为爱的顾此及彼让我们从自己走向他人；重要的是，这种爱的体验并非遥不可及，它就简简单单地植根于我们的日常，位于我们的心中（这里说"位于我们的心中"，意思是，恰恰在最为内在的地方才反映了爱的主体的超越性，这一点无论在哪一种语言和哪一首爱情香颂中都是共有的）。爱要求我们走出狭隘的自私自利，这种爱本身所携带的超越性深刻地内在于我们的心中。

— 如果爱的人文主义既是对解构主义的颠覆又是对解构主义的深化，那么在我看来，我们正在扩大尼采的事业，并进一步挖掘各种价值的基础。与此同时，对于人类那些曾经被压抑、如今已得到全面解放的存在维度，爱让它们变得前所未有的紧致和丰厚。

— 是的。请再回顾一下这段哲学史的逻辑。我们从那些完全外在的、超验的观念出发——宇宙和谐与上帝——然后我们的好生活里不断增加人性。从这个角度来看，我再重复一下，第二次人文主义要比解构主义哲学走得更远：后者推崇无意识的生命力量，人们只能间接地感受到生命力量的效用，而爱的革命，也就是前者，将爱看作好生活的基础，这种爱是可感的，是我们可以亲身体验到的。

我们也许会担心再次出现一个尼采意义上的观念偶像，但爱里并没有什么观念偶像：爱不是一个从天而降向人间施加威力的理念，相反，爱就是生活的表达，人世间的表达。为了所爱之人，我准备付出一切，至少是竭尽所能：这里表现的是一种超越性，第一次纯粹人性（精神的和肉体的）的超越性。无论是不是我们的爱人和亲人，爱的载体总归是人，并不是那些曾经需要我们为之牺牲的抽象观念。就是在这里，出现了哲学上的新东西，即一种超越性，它渗透在人类存在当中，最终赋予生活最坚实的意义：爱的载体不居于星空，只存于人间。我们问，在哪种意义上尼采对观念偶像的批判并不会施加到爱的人文主义身上？借用《查拉图斯特拉如是说》里的话：它"不诋毁生活"。

第三章

自主的人性

人类的成人礼

—— 哲学长途跋涉至今，它带领我们从某种外在的超越性走向体验的超越性；这是否也是一条人类获得自主的道路？

—— 毫无疑问这是我们哲学旅程最为深刻的意义。欧洲文明是典型的自主文化的大熔炉，自主性在科学、艺术、哲学，以及政治和个人生活中表现得十分突出。欧洲文明一步步从所有传统形而上学幻象以及那些超验教条中解放了出来。欧洲文明对自主性的伟大开拓，是独到的，并具有先锋意义，其他文明也各自用自己的方式纷纷效仿。可以说，在欧洲的文化、道德、知识和政治空间中，人类最终完成了自己的成人礼。康德曾在一个具有预言性质的小文段里说："什么是启蒙运动?"康德本人的回答是:启蒙运动让人类告别了未成年,告别了像小孩子一样对政府、对观念偶像、对那些没有实践意义的教条原则的依附。虽然第一次人文主义还远远没有让人类走入成年,然而在人类走向成年的道路上,它是重要的一步,它导引着欧洲文明和西方哲学通向一个重要时刻:人类告别未成年,抵达真正的自我。

就此来看,与我的大多数同事刚好相反,我一直认为当弗朗西斯·福山说"历史的终结"时,他确实触及到了一些意义深远的东西。显然,他并没有说不再有历史事件,或者人类不再可能滑向极权和专制,他的意思其实是如今我们已经不再可能有一种超越于第二次人文主义的哲学和政治了;第二次人文主义让人类最终抵达真正的自我,获得真正的自主性。

—— 我们看到,虽然欧洲文明和西方哲学的演变史反映的是人类自主性不断增强的历史,但是与黑格尔的思想恰恰相反,这段演变史并没有遵循一个统一的理性,按照黑格尔,这种统一的理性像种子一样潜在于人性当中,随着人类历史境况的演变,统一的理性会辩证地生长出来。实际是,这段演变史会有倒退和迂回,然而面对好生活的问题,我们不断追求着人文主义的答案，在这条人文主义道路上的每一次推进都意味着我们得到了更多的自由。这里会引发两点疑问：带着更多自主性的观念如何能够超越过往观念而深入人心？现当代哲学家号称摆脱了那些形而上学幻象，因此在他们眼中，古代哲学家已经显得过时了，那么为什么古代哲学家好像仍对我们"有话可说"，并还会引起我们的兴趣？

一 对于第一个问题，需要强调的是，五个伟大哲学时代中的任意一个都会带给我们关于好生活问题的回答，如果从人文主义的视角看，每一个时代的答案都比前一个融合了更多的人类存在，这里包括人类存在中最为日常的方面，在这个意义上，这些答案一个比一个好。因此，哲学会显得越来越吸引人，甚至可以说越来越合理。但是，这并不是哲学历史图景的全部：有些答案保留了那些过往哲学中非常迷人的成分，甚至在有些方面，它们要比当代的哲学理论更令人信服。古老的哲学思考能够流传下来，那么它们自身的魅力来源于哪里？它们带给我们无限启发性的现实意义在哪里？找认为首先需要记住的是，五个时代中的每一个伟大回答都提出了处理人类存在之焦虑的新方案。别忘了，智慧的第一要义就是克服恐惧，追求自由。因为就像我们之前说过的，恐惧让我们愚蠢，让我们邪恶，在恐惧中，我们不会自由地思想、自由地爱，也不会向他人敞开自己。

我会说我们正"处于"一种更为自由的哲学环境当中，这更有利于我们战胜恐惧。这就是为什么直到今天，仍有哲学家还会接续着希腊—罗马哲学做自己的哲学，也有哲学家以他们自己的方式重新为启蒙运动时期的人文主义奠基（在约翰·罗尔斯和尤尔根·哈贝马斯那里尤其显著）。当然，还有很多哲学家仍旧信服于那些宗教答案，有的更为关注一神论、犹太、基督，或者伊斯兰；有的则把自己的思想与其他宗教传统结合起来。另外，解构哲学的思想资源也同样没有干涸，我们并不缺乏与尼采、海德格尔或者德勒兹志同道合的哲学家，他们在解构之路上渐行渐远。

古代哲学的诱惑

—— 我们知道，过去的哲学在一定程度上回应了"人类的存在焦虑"的问题，那些回答还会触动我们；然而我认为这些哲学只能让我们非常间接（否则，就会与事实不符）地触及到当代新生活的关键问题。如果我们总从古代哲学出发去思考如今的世界，从根本上说，那么当代的新生活将难以找到意义。

— 也就是因此，我力图明确地把自己的哲学归于第五个哲学时代。其实我们可以认为第五个时代的答案是最令人满意的，这不是因为它是最后一个答案，而是它既完满又最为人性：与之前的那些哲学相比，它最为全面地估计到了人性的各个方面，更深入地思考了我们的存在现实，也因此为我们的真实生活赋予了更多的意义。但是，这并不意味着那些古代哲学不能有更大的价值，因为它们依然可以为人类的存在困境提供出路。

我记得有好几次，在和修女艾玛纽埃尔聊天时，她深深地触动了我。在谈话中，她回忆起了自己六岁那年发生的一件事，这让她对存在的看法彻底改变了：那天她眼看着自己的父亲溺水身亡，当时她就在海滩上，踱着步，跟随着在十几米外的海中游弋挣扎的父亲，她却无能为力。她说，一个人可以那么优秀，然而当他某一天拼尽全力想活下来继续享受我们的爱的时候，他却那么渺小，那么脆弱，我觉得他的离去深深伤害了我对他的爱。就像艾玛纽埃尔所说的，她选择向耶稣奉献自己的爱，那是因为她确信她永远不会失去耶稣，耶稣永远不会辜负她的爱，耶稣不会死，不会让她孤零零地生活在世界上。用不着冰冷的精神分析，我们很容易理解，童年时的心灵创伤会让生活时刻充满焦虑和恐惧，虽然有更为"新潮"，更为直

73

接的哲学思考着当下的人类境况，然而也许只有宗教的感召力才能抚慰那种极度的绝望。

当耶稣的爱指引着修女艾玛纽埃尔的生活，她觉得只有永恒、绝对和完满的爱才能把生活从无意义中拯救出来，可是也还有很多人处于各种焦虑之中，非常脆弱地活着，他们并不去求助于宗教。我们再举另一个例子。我们看到，其实那些给人们带来焦虑的东西并不是凡俗之爱的脆弱和必有一终，而是生活的难以预料和喜怒无常，但是较于其他一些宗教，这些东西在斯多葛哲学和佛教思想那里可以得到很好的安顿。斯多葛主义和佛教实际上希望人们能够做好准备，随时迎接命运中的苦难。因此，他们奉劝人们不要过于看重那些我们可能会失去的东西：我们珍爱的人，物质财产，或者是需要竭尽全力去实现的理想。在这个意义上，这些哲学完全用未来时态写作："灾难总会到来，我将做好准备。"斯多葛学派的智者伊壁鸠鲁要求他的门徒必须时刻思考死亡。

第三个例子：如果对您来说完满的幸福是生活的目标，如果您最想要的是那种强烈而充满创造性的生活，也就是那种轻松愉悦的生活，不愁健康，不愁金钱，如果您同时又最厌倦枷锁和束缚，那么您就去读尼采吧。与其他哲学相比，他的哲学会让所有烦恼和焦虑统统灰飞烟灭。

我有意以一种较为简单的方式向您讲述这些哲学反思，主要是为了能更加清楚地向您讲明为什么有些哲学会得到更多的青睐，它们对存在问题确实有更好的解答。在我们刚才追溯的哲学史中，即使存在一种强大的逻辑，迫使我们认为最新近的哲学思考才是最美的、最有力的，那我也会非常清楚事实并不尽然，因为在尼采那里，在康德、斯宾诺莎、柏拉图或者亚里士多德那里，他们的哲学思考仍旧熠熠生辉。

哲学的两种运用

— 在这里我们需要区分哲学的两种运用。第一种更个人化一些，这种哲学运用旨在为理解我们的世界提供分析框架、解释原则和方法论，以此去解决"对存在的焦虑"的问题以及我们可以在这个世界上期待些什么的问题。第二种属于更为宏观的文化视角，它旨在更深刻地考察那些根本观念和思考形式，它们潜藏在过往历史时代的世界观和生活意义观的底层，最终，我们会步入并阐明当代世界。如同黑格尔所说，哲学是"被把握在思想中的时代。"

— 我一直很喜欢黑格尔对哲学下的这个定义，在我看来，这个定义异常深刻。它让我们明白，为什么哲学凭借其一贯的复杂性和技术性在历史长河中可以不断扩展自身的疆域。每个时代所积累的精神财富都会遗留给下一代。黑格尔也喜欢引用沙尔特的伯纳德（Bernard de Chartres）[1]的那句名言："我们是站在巨人肩膀上的矮子。"

—— 伟大的哲学家于各自的时代抛出他们的哲学概念和哲学见解，十年甚至百年间，这些思想工作使得我们能够更直接，更完整，更深刻，甚至更有效地把握时代脉搏，理解历史中的人类精神。在人类文明史中，伟大哲学家们的这种精神工作并没有停在小部分专家身上，因为通过各种途径，他们的精神成果触及了广袤的公共舆论广场。即使我们从来都没读过那些伟大哲学家的著作，也会在渗透着他们哲学思想的生活环境中受到熏陶。最突出的例子，就是在法国大革命期间，那些"在街头巷尾"传播笛卡尔的"白板论"的雅各宾党人：我怀疑那些革命群众也许从来都没有读过笛卡尔的《第一哲学沉思录》！每个人都会不自觉地走进哲学，好像儒尔丹先生（Jourdain）作散文[2]一样；现实

---

[1] 沙尔特的伯纳德（Bernard de Chartres）：十二世纪法国柏拉图主义哲学家。物理学家伊萨克·牛顿在 1676 年的一封信中提及了这句名言。——译者注
[2] 儒尔丹先生是莫里哀的喜剧《贵人迷》中的角色，此人在故事中整天想成为布尔乔亚阶层的贵人，他说："的确，四十年来我一直没发觉自己在以散文体说话……"——译者注

会逼迫人们去反思自己看待事物以及面对困境的方式，并不断调整自己的方式：爱恋的激情、孩子的出生、丧葬，或者是换一件工作，它们都会促使我们重新审视爱、死亡，以及人与人之间的关系。但是这些个人的反思会经常和那些伟大抽象的哲学有着相同的基础观念。

— 所有人都有资格从事哲学，这自然而然，并且无一例外。哲学绝不是小众专家们的专属领地，当然我们也不要用哲学哗众取宠，因为哲学咖啡（Cafés philo）[1] 常常变成了闲聊咖啡！与一些教授的看法不同，我认为，如果希望自己有朝一日能够独立思考的话，那么的确有一些重要的哲学知识需要好好掌握。

博学善思显然不是做出原创哲学的充分条件，然而它是必

---

[1] "哲学咖啡"指的是面向所有公众的哲学讨论活动，一般在咖啡馆或者公共场所进行。哲学咖啡并不是在酒馆或咖啡馆里漫无边际地"指点江山"，而是很正式的一种哲学交流，每一次讨论活动都是组织精良、时间准确、主题清晰的，也有掌控讨论进程的主持人。主题由参与者建议，并在讨论开始之前商量确定。所有人都能参与这个活动，来去自由，而这一活动旨在为大众去除哲学的神秘感，鼓励人们一起进行哲学反思，恢复人们对哲学的阅读，并锻炼人们在公共场合讲演和讨论的能力。"哲学咖啡"体现的精神是宽容、开放和多元主义，这也是民主社会所践行的一部分精神信条。"哲学咖啡"由哲学家马克·索泰（Marc Sautet）于 1992 年在巴黎的法尔咖啡馆最早创立。——译者注

要的。就像音乐一样：每个人都可以在浴室来上几嗓子，有些人虽说乐理不通却还是能写出很美的音乐（另外，大致说来很多歌手多多少少会玩儿一两件乐器），但是，如果没有娴熟的音乐分析能力，没有对乐理、和弦，以及对位的掌握，没有对音乐风格发展史的知识储备，那么这些音乐作品是根本无法与巴赫、贝多芬或者德彪西的音乐相比较的。同样，如果所有人多少都会有点哲学反思的话，那么，推进真正的哲学反思——更不用说哲学概念的创发了——就一定意味着我们必须掌握哲学史知识，熟络伟大的哲学著作，经历旷日持久的哲学训练。

哲学咖啡满足了大家从事哲学的欲望，我觉得这挺好，但是一定不要错误地认为围着咖啡桌一起讨论哲学就是在研究哲学。我们继承着一个悠久的哲学传统，这个传统由五个伟大的哲学时代铺展开来。忽视这个传统的话，我们就很容易犯下自以为"发现新大陆"的错误，觉得自己创发了深刻的哲学思想，殊不知这些思想在我们之前已经被思考过无数次了！玩票主义者不会有高质量的哲学反思，因为他们无视那些必不可少的思想材料和思维工具，他们不具备足够的能力去区分哪些是思想的处女之地尚未开垦，哪些只是平凡之见。

在我们的谈话一开始我就讲到，每个时代的伟大哲学都围绕着三个关键的主题。第一个关于真理和知识：我们可以知道什么？知识的可靠性是什么？我们如何获取知识？第二个涉及道德领域：什么是善？什么是恶？善行指的是什么？当我们说这是一个公正之举或者这是一个公正的社会时，如何界定"公正"？最后，哲学研究总归会提出一个终极的追问，这是一个会触碰到智慧的追问：生活的意义是什么？对于必有一死的我们，什么是好生活？这些问题是每个人都需要面对的，我们有时候也的确被这些问题所困惑，而那些伟大的哲学家对这些问题给出了值得参考的答案。这就是为什么我说，本书的目的之一是让所有人，包括非专业的哲学爱好者，能够拥有并且领悟那些过往的思想成就。

古典时代

世 界 的 和 谐 秩 序

（赫西俄德，柏拉图，亚里士多德）

第四章

赫西俄德：炼神炉

世界始于混沌

— 线路地图已经备好，我们将踏上这场惊艳的哲学之旅，那些激荡的思想，重要的哲学家以及变迁中的观念都将得到更为清晰和准确的呈现，它们都是各个时代的标签。因此我们将从源头希腊神话出发，第一种世界观就此产生：宇宙代表着和谐的秩序，人在其中必须想办法找到自己的位置。问题是，宇宙和谐这一概念是如何形成的？它脱离宗教信仰成为一种理性的哲学思想，这是如何成为可能的？

— 确实，我们要从这个问题开始。[1]为了取其精华，我从一部奠基性的文献开始讲起：赫西俄德的《神谱》(公元前七世纪)。它是第一部完整地讲述"诸神的诞生"的文献——希腊语中，"诸神的诞生"就是"神谱"的意思——除此之外，诗中还讲述了宇宙和谐的形成。这部壮丽的诗篇体现了希腊哲学的精要(在叙述中，我重点关注这段故事的关键时刻、主要的情节、核心人物，以及理解其哲学意义不可或缺的其他元素)。

起初，并没有像约翰福音中的圣言（Logos）。相反，第一位神灵——其诞生要早于所有其他神灵，即使是宙斯的诞生也是在这之后很久的事——的名字叫卡俄斯（Chaos），它的意思是我们处于一片混沌当中，没有和谐的宇宙。卡俄斯不是人格化的神：它没有面庞，没有意识，没有性格。它只是一处深渊，一个黑洞，里面混沌不清。有点像一类恶梦里的场景：某天我们突然坠落，无休无止地坠落下去；卡俄斯就是那个无止境的深渊，坠落的东西在其中永远地坠落。

— 追溯到源头，原来我们离和谐宇宙还远着呢！宇宙的

---

[1] 我已经用一本书《神话的智慧》来讲这个问题，书中我分析了希腊神话确切的哲学意义。

合理性，它的善和它的美，这些被贤哲们当作生活宝典来参照的东西其实是精心设计出来的：我们可以想象，这种设计都是为了能让人类很好地用理性来理解它们。

— 很有可能，您说的这些希腊神话里精心设计出的东西促成了希腊哲学的诞生，我们说这是"希腊的神迹"。以此来看，哲学脱胎于神话，然而如果我们想要领会这种哲学的深刻内涵，认识哲学与神话之间的交集和区别，那么很重要的一点就是，我们需要弄清楚神话如何谈论世界和人类的存在意义。

诸神的诞生

回到诸神的谱系。在卡俄斯之后，我们不太清楚第二个神灵是如何出现的，但是她的现身就像十七世纪德国诗人安德鲁斯·西勒修斯（Angelus Silesius）笔下的玫瑰[1]，她出现得"毫尤缘由"，她是神迹的显示。借用海德格尔的语言：这是"存在的神迹"。这第二位神灵的名字叫盖亚（Gaïa），大地女

---

[1] 安德鲁斯·西勒修斯在其诗集《切鲁比尼克漫游者》中有这样一句关于玫瑰的描写："玫瑰无需理由，她绽放因为她绽放。"——译者注

神。盖亚与卡俄斯完全相反，她无比坚实，绝不会让人们坠落。站在大地上，她会支撑着我们。她是大地，同时她也是值得信任和托付的母亲。从她开始，所有其他的神灵相继出现，第三位神灵是乌剌诺斯（Ouranos），天空之神。盖亚通过自己的身体孕育了乌剌诺斯，她的分娩并不需要与伴侣交媾，而乌剌诺斯则马上成为了她的情人。必须强调的是，全部世界唯因他们的存在，乱伦才在所难免，而对于大地女神盖亚来说，天神乌剌诺斯是世界上的第二个生命。乌剌诺斯从未离开过盖亚的身体，他贴裹着盖亚的每一寸肌肤，毫不遮掩地说，他们不分昼夜地享尽鱼水之欢。他们的结合产下众多子嗣：诸神均是他们乱伦的产物（再说一次，在那个世界只能如此，没有其他的办法）。他们下一代的神灵将被分为三个群体。

首先是十二个提坦神（Titans）：六男六女。他们的力量无穷无尽，用我们今天还在用的词来说，他们异乎寻常（titanesques）的恐怖；像所有神灵一样，他们是不朽的，因此他们不可被毁灭，而他们的美也只体现在无休无止的暴力上。这是第一批人格神，而战争之所以会成为他们的使命，有一个深刻的原因：他们仍然没有远离原初的混沌，而混沌里只有自然力量间混乱的争斗。因此，冲突成为他们的日常，意味着他们出生于混沌世界并带着混沌世界的印记。然后是三个独眼巨人，他们的名字非常形象，其分别意指雷，电，光。我们之后会看到，在宙斯（Zeus）与提坦神作战的时候，独眼巨人为宙斯锻造武器。最后，乌剌诺斯和盖亚子嗣的第三个群体是百臂巨人：这些怪物种族实际上每一个都有一百个巨型胳臂。百臂巨人甚至比那些提坦神更强大、更残暴。

所有这些孩子——十二个提坦神，三个独眼巨人和三个百臂巨人——如同坐牢一般被关在盖亚的肚子里。为什么？因为他们的父亲乌剌诺斯极力反对让他们出生：他害怕这些孩子不承认他和盖亚的地位，不理会他的威严。因此，乌剌诺斯一直粘着盖亚。他紧紧地贴裹着她，盖亚没有任何空间让孩子出生，让他们看到光明。

但是盖亚很生气。她的肚子日渐增大，这让她很痛苦，而她又特别想见到自己的孩子。她决定跟肚子里的孩子说话。为了能让他们听见，盖亚朝着腹部深处问道："你们有谁敢站出来让我们摆脱乌剌诺斯？这个父亲不准你们出生，不准你们看到光明。如果你们想出来看到光明，我会帮助你们。"

空间和时间的起源

提坦神的老小，年轻的克洛诺斯（Kronos）最终决定站出来孤注一掷。盖亚在她的腹中造了一把金属镰刀给了这个儿子。当乌剌诺斯想与盖亚再享男欢女爱之时，就在他进入盖亚身体的瞬间，克洛诺斯抓住他父亲的性器，左手握刀将其阉割——这就是为什么左手变成了一支"邪恶之手"，所谓"左"（sinistra）这个字其实就是"灾难"（sinistre）的词源。

我们看到这一情节极具震撼力，乌剌诺斯每时每刻的感官享乐和深无止境的欲望就此终结，而其惨遭阉割的命运在神话故事里象征着空间和时间的开端。弗洛伊德对"阉割象征"给出了一个回应，他认为俄狄浦斯式的乱伦禁忌包含了阉割的象征意义，并且，个体欲望的意义不再只体现在家庭单位当中，而是进一步扩展到了更为宽广的社会和文化领域。那么，为什么这一阉割情节象征着空间和时间的开端呢？因为剧痛下的乌剌诺斯最终脱离了盖亚，就此天空离开了大地。离开盖亚的身体，他边逃边喊"朝高处去！"，从此他成为了整个世界的巨大顶棚，我们可以想象这幅关于空间开端的图景是多么波澜壮阔。

然而空间的产生同时也意味着时间的开端：乌剌诺斯逃离之后，孩子们可以从母亲的肚子里出来了，这说明盖亚实际上开启了孩子们的生命，让他们也有机会拥有自己的孩子，于是时间便在这千秋万代的更迭中铺展开来。在乌剌诺斯遭到阉割之前，时间和历史可以说是凝固的、停滞的。提坦神的出生宣告了新一代神灵的到来，这代表时间的开始、历史的开端。

诸神的战争

—— 世界有了时间和空间，也算是有了基本的秩序，即使距离和谐秩序还很遥远。现在的情况是，各种实体（大地、天空和孩子）在时间和空间中得到区分，然而还需要看到，虽然世界中的实体（比如大地、天空和孩子）以及他们各自的现实角色已经得到确认，他们之间的界限也更加分明，物与物之间保持着一种平衡状态，但是维持这种平衡的是暴力，是物与物之间力量的制衡。那么，一种公正、美好以及卓越的普遍秩序如何形成？

—— 我们必须"向战争宣战"，制止暴力，从力量的残暴牵制中解放出来，然后建立具有超越性的秩序，这种秩序会给世界带来长久和平。于是，这段精彩的希腊故事就有两个极为重要的时刻：1. 诸神之间的战争宙斯 ；2. 宙斯与他的奥林匹斯伙伴对世界的公平划分。我们将看到所有这一切是如何沿着我们的历史线索发生的。

阉割父亲的克洛诺斯最后娶了自己的一个妹妹，她也是提坦神之一，名字叫瑞亚（Rhéa）。克洛诺斯与瑞亚一共生了六个孩子。然而，可谓有其父必有其子，克洛诺斯也同样猜忌自己的孩子总有一天会抢走他的位子，阉父的经历让他深知孩子是异常危险的。因此克洛诺斯决定在孩子尚未长大之前就将他们一一吞食。这一情节可以再次被看做是时间的象征符号，时间总在自我吞噬：每一年啃食每一天，每一天吞咽每一时，每一时吃掉每一分，每一分舔尽每一秒。

　　如同母亲盖亚，瑞亚忍受着残酷的折磨，因为自己的丈夫竟然将孩子当作填饱肚子的工具。她终于鼓起勇气决定去保住自己最小的儿子：宙斯——此神很快就会在诸神间称王，结束所有混沌，建立宇宙和谐。为了不让宙斯成为他父亲的盘中餐，瑞亚在母亲盖亚的帮助下将宙斯藏在一个深洞中，这个深洞是盖亚特别为宙斯准备的（需要提醒的是，盖亚是大地女神，她有这个能力）。之后，瑞亚用襁褓裹石献食于克洛诺斯，克洛诺斯一口吞下，并没有察觉。宙斯就这样躲避了被父亲吞食的厄运，安稳地长大。期间，宙斯由仙女阿玛勒忒喂养，阿玛勒忒的一只"丰饶的羊角"可以流出羊奶供宙斯食用。渐渐地，宙斯长成了一名健壮的少年；渐渐地，一位集美丽和勇武于一身的成年男子宙斯，站在了世间。

宙斯决定与父亲决斗，解救出他的姐姐和兄长们，他们作为不朽的存在仍然活在克洛诺斯的肚子里。于是，著名的诸神战争就此拉开序幕，这是一场由克洛诺斯领导的提坦神与奥林匹亚诸神（宙斯及其兄姊）之间的战争。第二代神灵居住在奥林匹亚山上，因此我们称他们为奥林匹亚神。

需要记住的是，这场战争并不像"第一代男神 Vs 第二代男神"这么简单，因为克洛诺斯不仅不信任自己的孩子，而且还不信任宙斯的兄长。百臂巨人和独眼巨人被克洛诺斯关进了地下深渊之处，那里潮湿、阴森、恐怖，我们把此处叫做塔尔塔罗斯（Tartare），象征着地狱。为了更好地理解故事的结局，我们还需要知道，宙斯不仅力大无穷，而且他吃掉了他的第一个女人墨提斯之后（这是一个流传已久的故事），拥有了无穷的智慧。墨提斯是一个既有计谋又有智慧的女人。并且，她可以任意变形，有一次宙斯让她变成水滴，她不费吹灰之力就变成了水滴……当然，宙斯吃掉她的时候，她也不会感到疼（我们在《穿长靴的猫》这部童话中也会看到相似的情节，在那只猫吞掉食人怪之前，要求食人怪先变成小老鼠）。

就是因为宙斯拥有了无穷的智慧，让他相信解救他的兄长们会是一个符合自己利益的正确选择。果不其然，在宙斯把他们从地狱中救出之后，他们立即结成了同盟，宙斯获得了兄长们永久的信任。另外，为了宙斯能够赢得与提坦神的战争，独眼巨人为宙斯锻造了武器（雷，电和光）。这里还不是故事的高潮，但是我们可以直接来到这个激情动人充满教诲的故事的结局，故事的全部哲学意义体现在结局当中。

宙斯赢得了提坦神的战争，提坦神被打进地狱监牢，监牢有无数道巨大的青铜门，恶犬塞尔伯洛斯（Cerbère）和百臂巨人死死守卫。此后，宙斯开始重建世界秩序，他平衡协调万物，并根据理性和公平的原则，让世界里的一切和平共存。前代神的暴力和世界的混沌就此终结，取而代之的是一个**宇宙**，一个完全和谐、公正、美好的世界秩序。这样的世界里，凡是有一点智慧的人都会找到属于自己的位置。

从神话到哲学

— 世界和谐秩序的建立可以说是宙斯这一代神的功绩，然而值得注意的是，他们这一代神有着明显的人物个性，这与之前的神灵非常不同。另外，他们之中的大多数都掌管着与人类有关的事务（艺术、技能、战争、农业，以及爱等等）。为了持久地平衡宇宙初期的各种力量，他们建立了一种彰显着文化维度的世界秩序。

— 实际上，宙斯的一项创举是之后全部希腊哲学，至少是希腊哲学的宇宙学部分的一条根本原则：宙斯决定让帮助他的诸神平等地分享世界，并且这种平等的分享方式也获得了诸神的认同。宙斯能够有此创举，不仅来自于他的足智多谋（他的第一个女人墨提斯赋予他的）和无穷的力量（其中，独眼巨人们为他锻造武器，也是其力量源泉之一），而且来自于他持守公正（他的第二个女人忒弥斯赋予他的）。因此，我们这样概括：**宙斯保全胜利依靠的是足智多谋、赢得战争的力量、公正，以及在和谐宇宙秩序下对世界的平等分享。**

— 在伟大的希腊哲学家那里，这种从神话中提取出来的和谐宇宙秩序观会以哲学的方式得到重述。

— 正是来自于"宙斯的审断（Jugement）"（与法语"Jugement"不太相同，德语词"Urteil"其实更好地体现了我要说的意思，即权衡各种情况和证据之后所得到的判断），世界得到了公正的"原初共享"的划分，而宇宙也就此诞生。宙斯如此审断："给予每个个体应得的部分"，这意味着每一个体能够得到理所应当的权利，奖善惩恶会公正地执行，后来这也成为罗马法的要点。宙斯将提坦神关进了地狱，然后把世界恰当地分配给其他诸神掌管：大海属于波塞冬，大地属于盖亚，天空属于乌剌诺斯，地狱属于哈得斯，四季和谷物属于得墨忒耳等等。就是这种公正的分配最终产生了"秩序和谐的世界"的观念以及平衡宇宙的观念，一切被整合成一个鲜活的有机体，其中每一个成员和部件都拥有自己恰当的位置，或者如亚里士多德所说的"自然的位置"。就是这样的世界，被古希腊哲学家称为"宇宙"。

古希腊哲学家认为，宇宙同时具有神性（theion）和逻各斯（logos）：具有神性，因为它由诸神而非人类所建；具有逻各斯，因为能够被理性所理解。宇宙定义了好生活，给生命赋予了意义，就像在奥德修斯的故事里告诉人们的一样：**好生活是与宇宙和谐为伴的生活，是与世界普遍和谐相适应的生活。**

赋予生命意义的东西历经原初的混沌，最后到达现在的宇宙和谐，就像奥德修斯的命运，他从战争到和平，从不睦女神厄里斯那里回到伊萨基岛，回到他的自然本位。在故乡，他可以找到泰然自若的感觉，在岛上生活就如同在心中安顿。但是，为了把好生活界定为"一切都恰到好处的公正"，或者界定为自我和谐与世界和谐的统一，前提必须是这样的宇宙是存在的！我要说的是，正是宙斯把这样的宇宙准备好了。我们当然清楚神话只是一些想象，但是恰恰通过这些想象，哲学家们能够从中汲取关于理性、美德、存在的概念意象，并且这些东西都与宗教信仰无关。之后出现的一神论宗教为必有一死的人类带来救赎，救赎者是上帝；但是现在即使有诸神，我们的重点并不是因为这些神，所以我们得到了拯救，毋宁说，在这样的宇宙和谐中是人类自己找到了自己的救赎。

—— 宙斯建立的宇宙拥有完满的和谐，一种神性的秩序，然而这并不是说完满的和谐就免于人类和邪恶力量的威胁，他们极有可能妄自尊大，拒绝持守自己的位置。如何理解宇宙的神性秩序与其潜在的破坏力量之间两者的关系？解决这个问题，神话学与哲学有何不同？

—— 宇宙建立以后，所有的希腊神话无一例外地开始关注同一个问题：如何保护这个神性秩序、这样的宇宙？因为提坦般的恶力量，混沌和失序一直都有可能卷土重来。破坏宇宙的力量可以肉身化为众多怪兽，比如为了洗清罪孽的赫拉克勒斯（Hérqklès）在他的十二伟业中所干掉的那些怪兽就是这些邪恶的力量。破坏宇宙的力量也可以肉身化为人类：自从普罗米修斯（Prométhée）为人类偷取了火种，赋予人类以技艺，人类就开始傲慢、狂妄、言行无度，也因此开始犯错——我们可以在当代的生态环境问题中看到同样的情形，人类现今是唯一能够为了实现自己的目的去抗拒自然的动物，造成的结果时常是人类对自己和其他物种的生活环境的巨大破坏，这就是人类狂妄自大的表现。神话学赋予神性秩序以不可逾越的正当性，那些自以为比诸神高明的人，当他们无视或者讥笑神性秩序，甚至给其造成灾祸时，他们将会受到惩罚（我们已经在前文中举了坦塔洛斯的例子）。

希腊奇迹

—— 从神话学到哲学的过渡事实上是如何实现的？我们是否可以用哲学的方式来重讲这段历史？

—— 让·皮埃尔·韦尔南（Jean-Pierre Vernant）[1] 认为，公元前六世纪以后，我们所谓的"希腊奇迹"发生了，一场从神话学到哲学的转变使得神话中的诸多要素得到了更为理论化的处理。随着理论化进程不断推进，知识、伦理和人类存在意

---

[1] 让·皮埃尔·韦尔南（Jean-Pierre Vernant，1914—2007）：法国历史学家，古希腊专家，专于希腊神话的研究。其希腊史研究深受结构人类学研究方法的影响。——译者注

义的各类问题都得到了深入的讨论。我们称之为"前苏格拉底时期"的思想家们开启了哲学纪元（其中，巴门尼德和赫拉克利特尤为著名，当然思想家的名单里还包括恩培多克勒、阿那克西曼德、阿那克西美尼、泰勒斯）。他们通过清晰地呈现出诸神的非人格特质，即他们所象征的自然实体（原初混沌是卡俄斯，大地是盖亚，天空是乌剌诺斯），把隐藏在自然神性背后的物理学元素（水、土、气、火）强调出来，这样，神话被"自然化"了。这也是为什么我们会称这第一批哲学家为"物理学家"：他们翻转了对神话学的认知角度，他们不再研究"自然背后"的神，而是把理性和神性秩序对应到自然元素。

如此一来，被自然化的诸神某种程度上又被还原成了他们最初的样子，即宇宙和谐秩序的相应部分。然而这并不是说我们又回到一个"自然中存在各种元素"的朴素道理上去了。相反，这些哲学家正在开始用理性武器去发现自然元素的特征以及元素间的关系，并试图揭示自然的基本原理，他们的理论努力在深刻性上至少不会逊色于神话。同时，哲学家们在分析这些自然元素时，尝试把宇宙和谐还原为一个由单一元素构成的整体：泰勒斯说"一切皆水"，阿那克西美尼说"一切皆气"，阿那克西曼德说"一切都是'无定'（apeiron）"（与泰勒斯的"水说"和阿那克西美尼的"气说"相比，"无定说"并没有很大不同，因为水和气都无色无味，没有突出的特征，这种"中性"特质让两者很难被界定和理解)。就是这一批哲学家，首次尝试了系统性地对世界做出理论解释。

对神话题材的自然化处理让认识世界的方式更加符合理性，这意味着我们开始只用理性手段去回答诸如好生活的问题了，而这种回答问题的方式是赫西俄德和荷马的神话学所难以想象的。同时，如果说好生活要体现宇宙和谐这一观点之前还有一些神话色彩，那么在前苏格拉底时期，这一观点得到了系统的理性反思，好生活的根基和意义被放到了人类活动的范围内进行讨论。这些都要归功于前苏格拉底时期的哲学家。虽然关于他们的著述，我们唯有只言片语可查，但是从现有材料来看（大多是希腊罗马时期哲学家对他们的评论），其思想的创发性以及对哲学问题之难度的清醒认识都令人印象深刻。

然而，我们将在柏拉图那里第一次看到完整的、真正的哲学著作。他充分推进了以下三个新的哲学领域：知识论，公正的概念（一个在道德领域，一个在政治领域），以及对好生活的反思。最后一个领域是一门关于救赎的学问，即我们如何脱离上帝，只通过理性和人类自己的力量来得到拯救。

第五章

柏拉图：第一部完整的哲学

真理论

— 对于哲学是什么以及哲学如何区别于神话，我们已经有了更为清楚的认识，在进入哲学著作之前，让我们再深入一些。我们从柏拉图开始。大家普遍认为：柏拉图的哲学是第一部涉及所有人类经验领域的哲学，他的哲学思想和创见能够与人类实际经验结合起来。从这个意义上说，他的哲学界定了哲学的研究领域和方法，柏拉图以后的哲学家则是在其中定位自己的研究。

— 我们要想理解柏拉图哲学，理解其如何对希腊神话进行了世俗化改造同时又致力于解释人类境况，就必须从他的真理概念及其反思路径入手。他的真理观深深影响整个西方哲学，直至马克思、弗洛伊德、尼采，甚至海德格尔。为此，我们必须从柏拉图著作中频繁出现的论辩开始，论辩主角是苏格拉底以及智者们。对于那些不以对话形式展开、苏格拉底不是主要角色的章节，我们先放到一边。因为以对话形式展开的著作构成了柏拉图作品的核心部分，这种形式本身就已经体现了理性论辩的要求，哲学也凭此区分于神话。对话中反复体现一个观念，即对话可以有两种完全不同的目的：一种是哲学的或者科学的目的，它旨在追求真理；另一种则是智者们想要的，与追求真理相反，它以引诱、蛊惑、说服别人为目标，借用尼采的话，里面毫无"真理意志"可言。

智者的特点是，他们善于政治演讲，巧妙地运用如诗般的语言吸引听众，他们还会教人如何运用这些语言：重要的不是我说出了真理，重要的是我吸引了听众，无论是面对聚集的人群进行政治演讲，还是在公共广场上给大众讲一个神话故事，或者讲如何把一个女人骗上床，赢得听众对他们来说最为重要。因此，智者追求的是受到追捧，而不是说出真理。

柏拉图的对话录精彩地呈现了以下两套语言之间的对立：一方面是哲学语言，其旨在追求真理，哲学工作建立在这套语言之上；另一方面是不相信有普遍真理存在的智者的语言，这套语言精于修辞术和演说技，在智者看来，它能赢得听众、招揽喝彩。通过反对智者们极端的相对主义和他们各式各样的诡辩，柏拉图和苏格拉底阐述了自己的真理理论。诡辩是智者们的拿手好戏，诡辩的花样繁多，其中最著名的诡辩要数克里同人（Crétois）的了。克里同人自己说："所有的克里同人都是骗子"，断言本身构成对自己的反驳：如果他没有骗人，那么他说的这个命题就是假的；如果他在骗人，那么这个命题就是真的。另一个著名诡辩采取了三段论的形式："所有稀有之物都贵，一批市价不菲的马是稀有的，因此市价不菲的马是贵的。"

针对柏拉图知识理论的第三个诡辩是这样："如果我们追求真理，那么我们永远不可能通过定义找到真理。"实际上对于不知真理为何物的人来说，他没有一个真正的标准去识别真理，并将其从错误的意见中甄别出来（"标准［critère］"这个词来自于希腊语的动词"krinein"，该动词的意思是"区分，甄别［séparer］"，从该词中衍生出了法语词"危机，骤变，发作［crise］"，"筛子［crible］"，"评论，考证［critique］"）。这一诡辩反对我们追求真理，因为根据这个标准，我们在追求真理之前必须已经拥有真理。

知识即回忆

柏拉图用"回忆说"回应了这个诡辩。他认为，在我们的肉体来到这个世界之前，灵魂就已经与理念有密切的关系，所谓"回忆"，就是在此世回忆那些理念。人类出生之前其实都居住在一个"理念（Idées）世界"，那里犹如一片乐土，集聚着所有灵魂和普遍的理念，理念赋予全部存在的事物以形式和特质，理念就是所有存在的真理本身。因为没有肉体，没有感官，也就没有那些容易犯错的东西，灵魂在这个纯精神的世界可以只用心智的力量去沉思这些完美的理念，比如关于数学的理念；于是在沉思的过程中，我们不再需要肉眼，也就免除了肉眼对真理的扭曲变形。在这样一幅图景中，灵魂直接面向真理，与真理保持一致。

这样看来，肉体的降生无疑像是《圣经》中人类的堕落：它是衰退、没落和灾难的象征。人类从此将灵魂禁锢在这座肉体（soma）监牢（sema）里，监牢里的谬误比比皆是，因为身体感官都是骗子。为什么感官是骗子？我们可以马上借用笛卡尔在《第一哲学沉思录》第二沉思里的一个著名论证来回答这个问题，这个论证涉及了对蜂蜡的分析。蜂蜡一般来说质地坚硬无特殊气味，而当被贴近明火时，它便熔化为液体，气味也散溢了出来。如果我们认定自己的感官印象，那么结论便是蜂蜡是两种不同的东西，而只有我们的智性，这种精神性的东西，才会用批判性的视角来分析这些感官信息，告诉我们真相到底是什么：我们所面对的只不过是同一种物质的两个状态而已。不同温度下水的三态性（固态、液态和气态）也体现同样的道理。因此，在诸多模棱两可的事情上，我们的感官并不可靠。

柏拉图的观点是，我们的灵魂在理念世界已经掌握了真理，只是当我们降生人世，灵魂坠落到肉体当中并被其监禁时，我们瞬间忘记了那些真理。刚出生的婴儿带着愤怒的啼哭，因为此等"坠落"是痛苦和悲伤的；之后，所有的需要，所有的欲望，所有的忧虑都会向婴儿袭来；更别说会忧心真理了，婴儿什么都不知道，什么都不会说，对于周遭世界，他们没有任何知识。

首先，灵魂在理念世界进行纯粹的智性沉思；**随后**，伴随着灵魂坠落人世，灵魂遗忘了真理，于是灵魂带上肉身开始回忆；**最后**，我们将看到柏拉图真理理论的肯綮之处：通过系统地批判我们的感官印象以及一般的世俗之见，我们重新找回曾被忘记的真正的理念。对于柏拉图来说，知识是再认，是回忆，是一段让我们重拾理念的历史，而柏拉图的对话体则有利于展开这种回忆，因为这种方式能够帮助人们去除固见（在理性论辩中，这些成见将败下阵来），摘掉有色眼镜，把我们的智性引向"正确的方向"，如此一来，我们将重拾真正的理念，重拾理念体现的真理。因此，我们可以如此总结柏拉图对话体的作用：我们通过自己的理性重拾真理。这些真理曾经被我们的灵魂所拥有，只是在坠落物质世界的瞬间，它们丢失了。这种方法苏格拉底称为"助产术"(这个词在希腊语中指助产士帮助孕妇分娩的活动，在这里，则是一种理念分娩)。

知识的三阶段理论，即认识理念——在降生时遗忘——开始回忆以致重拾理念，回答了我们刚才提到的关于真理的诡辩：因为我们在出生以前就已经知道了真理，当我们再面对真理时，我们会认出它。就像斯宾诺莎所说，"verum index sui"——真理是真理本身的标准。

理念世界

—— 我们看到了从最初的神话故事如何过渡到一种理性哲学的过程。就我看来，总体上分三步。要想理性地思考宇宙和谐，首先就一定要让我们的智性能够思考它，或者说，智性要能够通达宇宙和谐（这一点确保柏拉图的"回忆说"的可能性）；其后，宇宙和谐要被还原为一种可被理解的理念（或者说，要被还原为理念世界，柏拉图认为理念世界包含宇宙的一切真理）；最后，哲学将理念世界中有关宇宙和谐的理念重新挖掘出来。宇宙和谐是理念的产物，也是理念的构成方式的产物：每一个事物都对应一个理念，所有这些理念都分别有了其它更为一般、层级更高的理念的性质，后者被综合到一起分别被三大至高理念所统摄，即善的理念、美的理念，以及真的理念。柏拉图认为，在还未坠落肉身之前，灵魂已经理解了世界；在这之后，通过打破人们的固有定见，打破感官带来的幻象，哲学沉思依然能够重新找回曾经在理念世界中的宇宙和谐理念，因为哲学沉思中的和谐宇宙和理念世界中的和谐宇宙是一回事儿。

— 这就是为什么柏拉图极其重视数学和几何学，因为公理和图形就像是纯粹智性理念的范型，他们能被运用于物理世界，恰当地呈现世界的理性以及和谐。在对物理世界的观察中，我们也可以发现理念的痕迹，因此柏拉图对天文学也相当感兴趣。柏拉图认为这些学科可以"证实宇宙和谐"的存在。除此之外，这些科学与音乐之间也有深刻的关联：某一给定调式或给定音阶的相对音高对应于音乐家在其乐器琴弦的某一部分进行弹奏的准确时长；宽泛地讲，曲调和节奏之间体现了一种数学结构；柏拉图认为，天体运行所体现的数理关系能够与一种神圣乐音互相映衬。天体的运动逻辑反映的其实是"天体域的和谐"。之后的新柏拉图主义（产生于公元六世纪的基督教时代）还提到，柏拉图学院的入口处，刻着这样的箴言："不懂几何者不准入内。"

— 柏拉图的知识理论对今天的我们还有什么意义？乍看上去，他的知识理论留下的只有困惑：有谁还会相信在我们出生之前，灵魂早已存在于完美永恒的"理念世界"？如果我们从隐喻的意义上来看待柏拉图知识理论的话，他的观点可能还会给我们些许启发，他认为：首先，我们对经验的体会和理解，其实在于去除那些错误的认识、偏见、诡辩，如此一来，我们将获得"善的理念"，公正的理念；然后，我们会看到世界的纷繁变化令人们局促不安，我们从来没有得到过什么稳定的东西，于是，这需要系统地沉思我们的世界，在思想中重建世界，让我们能从中发现真理；最后，科学（尤其是物理学）充分运用数学理论（在一开始，数学理论的应用性就被开发出来，并自然而然地运用到物理世界当中），这表明数学不光是一门重要的知识，而且在现实世界也发挥着非同寻常的作用，其重要性堪比柏拉图的理念。当然，我们还将看到，在康德那里数学对世界的解释力不再如此直接，各种参数和矢量是科学家从世界里分离出来的，对它们进行数学上的分析，并不代表直接解释世界。然而，许多优秀的学者以柏拉图的眼光去看待数学方法的优越性，并对数学方法偏爱有加，他们认为数学是理解世界秩序的钥匙。

一 这就是为什么直到今天，有些数学家还会援引柏拉图辩护自己的观点，他们相信数学确确实实揭示了物质世界的结构。阿兰·科纳是当代最著名的数学家之一（1982 获得菲尔兹奖），他坚信数学的概念、对象和结构建立了一个"智性宇宙"，一个内部无比融贯的"理念世界"，同时，数学也像是一位脚夫，为建立物质世界运送着那些必要的形式和关系。在这个意义上，数学是现实世界的逻辑，当经验科学家在努力寻找现象背后的机制时，他们发现，纷繁混杂的现象背后其实隐藏的是代数的、几何学的原理。

对于一个数学家，即使他面对的是判定全等三角形这样简单的问题，其理论也必然会预设一个符合逻辑的智性世界。与此同时，这个智性世界会延展到经验世界：我们用长乘以宽来计算长方形的面积，这意味着在经验世界和数学的智性世界之间存在着一种对应，前者被后者所反映。

—— 我们捉摸着现如今在何种意义上能成为一个柏拉图主义者，不过现在我们要再往前推进一步。如果柏拉图的知识理论确实影响了整个哲学史，那么他的影响力是如何体现出来的？

—— 柏拉图的知识理论贯穿整个哲学史直到海德格尔，甚至在厌恶柏拉图主义的唯物主义思想家那里，这种影响力也毫不例外。在我看来，所有哲学家的哲学探索都具有一个相同的三元结构，虽然在形式上会有所分殊：首先是直观真理的原初经验；其次是真理坠落在矛盾或者幻像之中；最后，重拾原初的真理，而此时对真理的把握带着更多的历史厚度和深度。

比如马克思，他对理念论是如此敌对，然而我们会发现，他的人类历史观的确具有上述三元结构：先是朴素共产主义，然后随着私人财产、阶级斗争和国家的出现，人类社会陷入各种矛盾之中，而最后共产主义得到光复，此时的共产主义带着厚重的历史意蕴。海德格尔认为，前苏格拉底时期的哲学家抓住了哲学的核心问题：存在问题（我们之后还会回到这个主题），但是，从苏格拉底到尼采，从罗马帝国到如今的"技术世界"，哲学好像遗忘了这个问题，取而代之的是各种形而上学的概念幻像，因此哲学陷落了，这一局面正是海德格尔试图去挽救的，他要让哲学思辨重新指向**存在**本身。这些例子足以说明，直到现在，柏拉图的真理三阶段论还深深影响着哲学思考。

彻底的贵族伦理和贵族政治

— 柏拉图的真理观同样渗透在他对其他问题的看法上，比如在对道德、政治、教育，或者爱等问题的反思……

— 值得注意的是，柏拉图的真理观与宇宙和谐思想密不可分，因此，他的真理观孕育着他的伦理学和政治学。柏拉图认为，只有社会与宇宙秩序相协调的时候，社会才是公正的。这意味着社会运行的依据是宇宙得以完美和谐的那些原则。天性最为优秀的人是与世界秩序最为协调一致的人，从柏拉图主义的角度看，他们是圣贤和哲学家，这些人理应位于社会层级的最高处统领公共事务；对于那些逊于智识，但是勇敢、强壮、能干的人来说，他们可以很好地保护城邦，因此他们位于社会的中间等级，对应于他们在军队中的位置；最后，那些无视世界秩序的人将被其他更加智慧和能干的人所领导，他们属于社会的下等层级，其工作是满足城邦的基本物质需求，比如手工业者、工人和奴隶。

很容易看到，这种层级划分是对宇宙层级秩序的再造：社会中的位高权重者掌管着思想事务，而奴隶则要为人类的物质生活拼命劳动。然而这种主奴关系呼应的是人体内器官之间协调运作的原则，这一原则对应于宇宙和谐思想：正如灵魂（希腊语的"灵魂"是'nous'）的居所大脑在人体的最上方，因此贤哲应该统领城邦；心脏（thumos）位于身体中间，它激发城邦中士兵的勇气，因此士兵在城邦中处于至高无上与无足轻重之间的位置；至于奴隶，他们就像小腹（epitumia），只有最为低贱的物质欲望。

对于城邦的贵族政治以及对道德的贵族化（道德价值根据城邦中的等级和自身才能进行界定），柏拉图的理论基础也许可以被我们称之为"伦理—政治宇宙论"：所谓社会公正，就是反映宇宙和谐并与世界秩序相一致。在这里，我们看到了柏拉图哲学深厚的整体性，对于每一个主题，他都在系统地用一套道理原则来进行解释，并根据不同主题，让这一套道理原则有更具体的样貌。从对理念世界的反思，他生发出了对宇宙和谐的解释、知识理论、道德学说、理想政治，以及好生活的概念。当然，如果我们进入柏拉图的具体文本，你就会发现那些比我们的讨论更复杂、更丰富、更精微的东西。不过我们要明白，虽然人类面对诸多大问题，柏拉图却有意将它们放到一个解释框架里。

都是柏拉图主义者？

—— 人类的全部经验其意义何在？这个问题推动着整部哲学史，它之所以让哲学家孜孜以求，都要归结于柏拉图。以此观之，所有哲学都有柏拉图的痕迹。即使柏拉图的基本哲学立场已经没有多少人买账，但是大家还会发现他的对话集仍旧醍醐灌顶，蕴含着惊人的深度。也就是说，我们可以不再认同柏拉图的理念论哲学，但是他对于爱、美和教育等主题的哲学反思，我们还是能从中获益颇多。他尤其认为欲望是让我们背离自己的首要敌人，他告诉我们要从欲望中抽离，以寻得爱的理念、美的理念和知识的理念（柏拉图认为三者之间存在深刻的关系，这一点依旧对我们很有启发）。

一　柏拉图生活在一个典型的贵族阶级社会，其成长环境适于催生和茁壮理性，除此之外，对秩序和规则的遵从、对社会等级的自我归属也都是贵族阶级社会的必然产物，当然，这个社会是非常不平等的。虽然贵族阶级社会里产生的思想非常不符合如今民主时代的气质，但是对于理解现今的人类生活经验，其思想仍保有出人意料的启发性，因为即便是一个高度平等的社会，也存在着不可否认的"贵族现象"。在艺术或者体育领域尤其如此。耶胡迪·梅纽因（Yehudi Menuhin），八九岁时就可以精彩地演艺那些浪漫伟大的小提琴协奏曲，这种超乎寻常的天赋和才能，仅仅诉诸于勤奋是不足以解释的：难以否认，先天禀赋总包含着贵族式的优越因子，经常遇到的情况是，那些出色的演奏家花二十年工夫可能也赶不上一个五岁孩子的艺术造诣。或许在这一点上，柏拉图的观点的确还未过时。同样对于另外一些话题，我们也不能仅仅从贵族制和民主制的角度去评断柏拉图的观点，他对爱、对美，以及对教育的分析是非常精彩的。

举最后一个例子。精神分析告诉我们（这也是柏拉图"退行理论"所讨论的主题），我们永远希望回到生命中的幸福时期，"力比多（libido）"被固定的时刻。从口唇期到生殖期，途经肛门期和性器期，力比多会在某一时期遇到难以逾越的障碍，遇到障碍时，它则试图退回到自身得到满足的时期。它会朝着最完满的幸福时刻走去，这一时刻整个性情也会显得特别地宽厚。在这里，我们发现了一个目的化的世界，这个概念特别呼应着柏拉图的理论。在关于爱和欲望的话题上，柏拉图哲学仍有现实意义。因此我们说，古典哲学仍能为我们思考人类的存在问题提供思想资源。

第六章

亚里士多德：以观察丰厚哲学

吾爱吾师，吾尤爱真理

—— 前言中说过，对人类存在意义问题的解答在哲学史上历经多次改朝换代，每一场哲学运动，都会带来全新的知识理论、道德观以及关于生命意义的学说。但是现在我们想弄明白，即便秉持同一哲学观，哲学家们怎么也会对问题给出不同的解释。柏拉图的学生，亚里士多德（公元前384—公元前322）冲淡了柏拉图理念哲学的恢弘，他把理念哲学简化为探讨"形式"与"质料"、"潜能"与"现实"之关系的学说，这种简化让我们可以更为直接地去思考构成现象的东西（结构和能量）与赋予坚实性的东西（质料）之间的分隔。亚里士多德的理论更经济，更宽泛，更富弹性，这有利于他随时充实和订正其哲学反思。亚里士多德的哲学涉猎极其广博:逻辑学、思想的范畴论、物理学、伦理学、政治学、生命世界的自然规律(生物分类,代际,生殖)等等。我们应该最先讨论他的哪些思想呢?

　　一 亚里士多德是个"叛逆的"学生。就像他自己说的,"吾爱吾师,吾尤爱真理"。柏拉图去世以后,亚里士多德一直希望能掌管柏拉图的"学院(Académie)"(大多数古希腊时代的学校都根据老师授课地点来命名,柏拉图的学校临近英雄阿卡德摩斯(Académos)的坟冢,学校由此得名)。亚里士多德发现柏拉图至少有两次更倾向于其他人来做学院的接班人,于是他下决心创办自己的学校——吕克昂(雅典城的另一个村庄)。

　　亚里士多德在很多问题上都不同意柏拉图。他尤其批判柏拉图的理念论,试图重新找到关于眼前这个世界的真理,而观察和经验的方法得到了他的重用。大体上说,他的观点是:生命体(或者物体)区别于其他生命体(或者其他物体)的依据是什么?也就是存在的同一性之根据是什么?是形式和质料的结合体,这种结合具有唯一性。所谓"形式",就是种类的一般特征;所谓"质料",就是种类中的个体所独有的特征。一个简单的例子，对于不同品种的狗，各自都会有一个一般性的特征（形式），但是在单一品种内部，每只狗又有每只狗的特征（质料），它们凭此得到区分。可以说，质料是带着躯体的形式。

对于柏拉图和他的一些学生来说，理念存在于智性世界，并独立地、固有地存在。思想在智性世界里能够完全自然地把握理念，而对于亚里士多德，事实恰恰相反，形式并不能独立于质料单独存在；两者永远同时出现，并以一种组合方式体现在个体上，个体既不是纯粹普遍的（共有的形式），也不是完全物理的（区别于其它元素的单一物质元素），而是普遍（抽象的形式）与特殊（自身的物质元素）不可分离的结合体，每个结合体之间并不相同，因此每个个体独一无二。如此一来，我们就不能直接通向理念，而是需要考察和反思由形式和质料共同构成的经验世界。

我不在技术性的论证细节上过多纠缠，因为过度的抽象超出本书的主旨，也会给读者造成没必要的理解负担。总之，我们这样理解亚里士多德思想的要旨会更具启发性更直接：亚里士多德在物理学方面的影响力贯穿整个中世纪，从托马斯·阿奎那到天主教廷，连文艺复兴和经典物理学时期也留有他的印记，反正至少到伽利略情况都是如此。

亚里士多德物理学体系的影响力横跨多个时代经久不衰，主要是由于他创造性地将宇宙和谐思想与物体运动发展的终极目的结合在一起。这大概能够解释为什么在一百五十多年间其物理学一直占据统治性的地位。然而他的物理学对于现代人来说是非常奇怪的，我们生活在"后牛顿时代"，很难理解其物理学竟然能盛行这么久。

亚里士多德起初对其物理学思想的概括并不那么清楚明白，但是只要我们对他的表述稍加分析，就不难找到理解的钥匙。他说：Physis arché kinéséos，即自然是运动的原理。我认为甚至对一个从没学过希腊语的法国人来说，也不难猜到这句话的意思，因为法语的对应词汇词源上就来自于此："physis"[法语"physique"的词源]，意思是自然；"arché"[我们能联想到法语的"archétype（原型，范型）"，或者"monarque（帝王，君主）"]，这个词的意思是原理；"kiniseos"[法语"mouvement（运动）"]这个词是"kinésithérapeute[运动医生]"或"cinéma[电影]"的源头。

为什么烟火升天石头落地？

—— 我们应该怎样公允地评价亚里士多德的"自然是运动

117

的原理"?

——对于物体的运动因，他想要的解释是恰当地将宇宙和谐思想与经验观察融合起来：物体的自然本性是在空间中依照相关原理而运动，这一原理促使物体与自身的"自然本位"相吻合（重物落往大地，而轻盈之物比如火和烟则朝向天空）。亚里士多德认为运动的物体都会指向一个"目的"，这个目的就是它的自然本位。就像奥德修斯一样，特洛伊战争让他背井离乡，但他拼命要回家。与柏拉图相比，亚里士多德更注重对经验和个体的观察，然而我们可以看到他们都在努力把宇宙神圣秩序世俗化和理性化，特别是亚里士多德，他把"每个个体最终都会回到自己的位置"当作宇宙和谐思想的基石：宇宙和谐平衡着世界，其中每个个体都有一个目的，这个目的通向自然本位，通向他们的本性。同样，亚里士多德的物理学把物体的运动归于它的自然本性，而其自然本性里就带着对回到其自然本位的"需要"、"渴望"和"动力"。

物理学经过伽利略、笛卡尔，特别是牛顿万有引力定律的洗礼之后，亚里士多德的物理学对于我们来说其实是很古怪的。因为现代人只用外在的动力来解释物体的运动（比如，两个桌球之间的碰撞引发了运动）：惯性定律（该定律的现代表述要归功于笛卡尔）告诉我们物体在光滑平面上将保持匀速直线运动，直到外力改变它的速度和运动方向为止。

—— 亚里士多德对诸多物理现象（物体的运动）的思考也着实令人惊叹，他能如此融贯地将经验观察法与宇宙和谐观结合起来，这一结合的桥梁便是：宇宙的每个个体都会实现回归自然本位的目的。而且有趣的是，我们发现在幼儿园或者小学，当老师带领学生做物体坠落实验的时候，孩子们通常给出的解释更符合亚里士多德的理论，而不是伽利略或者牛顿的理论。的确，亚里士多德的理论更切近直观经验（重者落地，轻者抬升），而伽利略则重构了直观的观察结果（物体的坠落需要考虑到某一位置的加速度、速度和运动时间）。其实，亚里士多德的物理学现在看来是典型的哲学理论，无疑我们只会从中找到一些历史兴趣。

—— 确实，亚里士多德的物理学已经不被我们接受，然而有时候我们还是会惊讶地发现，当把他的理论应用于人类世界，应用于道德或政治领域，甚至应用于情感生活中，它还是能在某种程度上启发我们。说到这儿，我不打算过度诠释亚里士多德的思想：他自己就为道德领域给出了一个解释模型，这个模型切近于他的物理学思想。大致可以概括为：每个人必须追求那些符合自己本性和天赋的目标，同时要恪守自己在宇宙秩序中的自然本位。

从高尚的猫到圣贤[1]

—— 亚里士多德是如何将他在物理学上的思想运用到伦理学领域的？

—— 如果我们参照上文界定的哲学反思的三个层次（对人类世界，对道德或政治领域，对个人的情感生活），那么亚里

---

[1] "高尚的猫"来自摩洛哥童话故事《一只高尚的猫》，故事梗概是：有一只叫做伊戈纳因的猫，它善良、慷慨、忠诚。某天，主人派他给田里的农人送早餐，路上他遇见了一只挨饿的刺猬，刺猬希望伊戈纳因能送他回家，善良的伊戈纳因答应了这只刺猬的请求，并将其放到早餐篮子里。饥饿的刺猬当然经不住篮中各种美食的诱惑，它吃饱后抹抹嘴，就让伊戈纳因放它下来，说自己到了。伊戈纳因觉得自己做了件善事，心情舒畅极了。当伊戈纳因走到田间，饥肠辘辘的农人虎狼般向他扑来，打开篮子却只看到残羹冷炙，他们怀疑是伊戈纳因干的。伊戈纳因矢口否认，农人们便从上到下地检查，嘴里、爪子上，直到他们在尾巴上闻到了黄油的味道。农人们喊道："是你的尾巴干的！"伊戈纳因很生气，觉得自己的尾巴背叛了自己，毁了自己的名声，于是他暴怒地咬掉了自己的尾巴，并把它当垃圾一样扔掉了。伊戈纳因并不知道，在他把那只刺猬放下，唱着歌继续赶路的时候，那只刺猬在身后狡黠地笑着，因为他把一块黄油抹在了伊戈纳因的尾巴上。——译者注

士多德的物理学属于第一个层次，即"théorie（理论、沉思、观看）"层次，它为我们勾勒"存在的游戏场域"，并刻画这个万物演化发展的世界。在此基础上，对这个神圣宇宙场域的沉思让我们过渡到第二层对"存在的游戏规则"的反思，这就涉及道德和政治领域（两者自然会受限于存在的游戏场域）。《尼各马可伦理学》是亚里士多德的主要伦理学著作之一（尼各马可是亚里士多德的儿子，我们可以认为这本书是讲给他儿子听的）。与物理学思想相似，亚里士多德认为各价值处于一个梯级结构当中，每一梯级都对应着某类品质和地位，个体处于哪一梯级，拥有怎样的品质和地位，完全取决于他们的本性以及他们在宇宙秩序中的位置。这是封建社会建制的样板，欧洲的政治和精神史发端于此。

每个人都有自然本位，都有自己在世界层级中的归属，而支撑这种贵族伦理的就是"善"。对于每个人，"善"意味着：在不断寻求最为"平衡恰当"之状态的过程中实现自己特有的品质。也就是说，我们既不能过分也不能失位，既不要妄自尊大也不要妄自菲薄。对于这种处理善恶问题的方式，乍看上去让我们即使不产生怀疑，也难免感觉非常奇怪。这离当今世界的道德观相去甚远。眼下，我们的道德观建立在民主人文主义的原则之上，这一原则将"上帝面前人人平等"世俗化：这种道德观让道德的善完全取决于善的意志，与个体的品质和才能没有任何关系。但是令人惊奇的事情还在后头。我们知道亚里士多德的伦理学跟宇宙和谐原则并行不悖，这一套伦理学逻辑其实被他推得很远。他认为，对于马、兔子和人类来说，各自都必然有特殊的善，并且在种类内部，不同的群体也会有特殊的善（我并不是想根据马的行为，把马分为奔跑中的马、战斗中的马和被驾驭的马），这与有机体的某些部分有特别的功能是一个道理！

就拿眼睛来类比，老花眼瞧不见近处，近视眼看不清远方，而在这两极之间，有一个自然的层级，而其中一定存在一个中心，我们可以想象一个图示，即老花眼——中心——近视眼。视觉图示中的这个"中心"，在亚里士多德看来就是眼睛的"善"。因此亚里士多德的善指向的是一个恰当的不偏不倚的中间状态，中间状态并不是一个缺乏力量的软肋，相反，它代表着在某一类事物或状态中最高等级的杰出、卓越或者优异。这就是为什么亚里士多德会说到"眼之善"——记得当我还是一个哲学系学生的时候，第一次见到这个概念我是有多困惑；即使在今天，这个表达式看起来仍有些超现实主义。

我们还需要把握亚里士多德伦理学中的一个很重要的关系，即贵族文化观与个体自然禀赋的价值地位之间的关系。前者代表着他对世界等级秩序的看法，他认为人类生活的基本意义就在于这个世界的等级秩序；后者意味着根据这一等级秩序，不同的自然禀赋也被划分为不同等级，自然会有高低贵贱之分，这种观念先天地在为世界的不平等（当然，这种不平等从人类开始）进行辩护。亚里士多德在说"眼之善"的时候，他所想的是，善代表着一种符合自然的杰出、卓越和优异，善是大自然或者神所馈赠的禀赋。

—— 总之，在亚里士多德看来，眼睛的善是它让我们可以看得清清楚楚，人之善是拥有人类可能获取的才能中梯级最高的才能（这些才能对应的是宇宙和谐秩序中最好的位置），并使其发挥到极致。

—— 亚里士多德认为世界上的每一个存在都有一个恰当的"ergon"，这个词意味着功能，特殊的目的或者任务，我们必须设法去实现它。眼睛的任务自然是看，但是亚里士多德认为每个存在各不相同，每个都是唯一的，唯一性将众多存在区别开，并决定了每个存在必须担当的职责。以此来看，我们可以说猫的善就是能熟练地抓老鼠，而符合人类本性的善就是最高形式的才智，它能够让人类领悟到世界的和谐秩序，我们可以称其为"才智的智慧（sagesse de l'intelligence）"。因此，拥有善的人，就是圣贤，他不仅仅是哲学家，而且能够通达智慧，他代表着一种不朽。《尼各马可伦理学》的目的就是在这个意义上促使我们"尽可能地去拥有一种不朽。"

亚里士多德的基督教传人

— 就像我们在前言中提到的，"人类可以不朽"这一古典观念在基督教那里不再流行了，取而代之的是基督教对"死后复活"的承诺，肉体和灵魂的复活，这一观念显然更加美好、更有感召力，至少对于信众来说肯定是这样。这一哲学史中的思想动荡为基督教的兴盛创造了条件，同时也造就了欧洲政治史上的一次深刻变革，这些先暂且不谈。我们还需要在以下两点上停留片刻，首先是亚里士多德思想的影响力如此长寿的原因是什么？其次是为何他的思想能够在中世纪得以全面复兴，还推动了三大单一神宗教的发展？这里不乏众多宗教思想家的功劳：伊斯兰教推动者有伊本·西那（Avicenne，980—1037）和伊本·鲁世德（Averroès，1126—1198），犹太教有迈蒙尼德（Maïmonide，1135—1204），基督教有托马斯·阿奎那（1227—1274）。我们如何解释这样的悖论：基督教在推翻了希腊哲学之后，又返回去在希腊哲学中寻找资源以此来夯实自己的教义，并在人类活动的各个领域扩展自己的思想地盘？

— 基督教历史上的两大神学家，一个是奥古斯丁（354—430），信奉柏拉图，另一个是阿奎那，亚里士多德主义者。因此，基督教思想先是追随柏拉图，而后从七世纪开始全方位贴近亚里士多德。

— 柏拉图哲学的精要在于纯粹智性且具有神性秩序的理念世界，这一思想在基督教早期更有用，因为它能帮助那些寻找救赎之路的普通信众，帮助他们思考自己的灵魂与上帝、与基督的关系。然而在中世纪后三十年，面对制造技术、商业贸易和城市文明的发展，教廷要想维持和扩充自己的力量，就必须吸收世俗世界越来越强大的知识，以此来推进对教义的诠释，否则，教廷的生存和权威会受到严峻的挑战。而在这方面，相比柏拉图的理念论，亚里士多德的哲学就能为教廷提供更有用的东西，然而即使采用了亚里士多德的哲学，整体的世界观和社会价值观仍不会改变，还是那个等级的、封闭的世界，还是那个由一套贵族价值观统治的社会，这当然对于教廷再好不过了。

一 是的。亚里士多德的思想相对更灵活，这一思想能将封闭的、等级的神性秩序世界观与对经验世界的观察结合起来，因此它更合教廷的胃口，同时也保证了它能如此长寿。公元八世纪，阿奎那以无可比拟的深度将亚里士多德的思想并入天主教廷的宗教哲学当中。这番思想融合其实不是顺风顺水，因为两者的理论合作需要复杂的义理拼接，时常问题重重；另外，这一做法也会引起巨大的争论。只需举一个例子就能说明阿奎那所面对的困难。在亚里士多德看来，世界并不是创造的，而对于基督教，创世说的地位非同小可，这一矛盾构成了融合两者的主要障碍。解决这一矛盾需要精微的思想"校准"，而我们所谓的"阿尔伯特-托马斯主义革命"针对的就是这项工作［大阿尔伯特（Albert le Grand）曾是托马斯·阿奎那的老师］。天主教廷迅速大规模采纳了这种经过校准的亚里士多德思想，我们今天的宗教教义甚至仍然在受这种思想的影响（托马斯·阿奎那于1323年封圣，并于1567年被封为"天使博士"，1879年利奥十三世认可他的学说，并认为其符合教廷的教理）。

教宗让·保罗（Jean-Paul）二世于1998年发布了一则名为"Fides et ratio（信仰与理性）"的通谕，这则通谕的题目就清楚地留有托马斯主义的痕迹，也就是亚里士多德主义的痕迹。教宗在通谕中辩护到，信仰和理性、科学和宗教不应该互相对立，因为理性（其中包括探究经验世界的理性部分）揭示的恰恰是亚里士多德哲学中的那个公正、完美和恢弘的宇宙秩序，而这一切由上帝所创造。这就是为什么信仰从不畏惧理性，最后，只要我们的理性是融贯和经得住推敲的，信仰永不会对抗理性。我们看到，就像巴斯德所说："科学露出尖尖角，上帝会被赶走；科学全然现身，上帝又会回来。"因此，对于那些依照宗教教义而展开研究的学者，压制他们的学说也许是错误的。当然，天主教教廷并不是一直都允许信仰与理性和平共处：每个人其实都记得教廷对乔尔达诺·布鲁诺（Giordano Bruno）和伽利略的控诉，以及教廷针对众多科学发现的论战，这些科学发现在当时质疑了主流观点。事实上，现代天主教教廷已经与一些极度蒙昧的教派划清了界限，特别是美国的一些极端教派，这些教派如今仍然迷信创世说。另外，现代教廷接受达尔文的进化论、基因生物学、宇宙大爆炸学说等一系列二十世纪的伟大科学成就，教廷向世人宣告，他们不再惧怕这些科学的洪水猛兽。

自然法则的神圣化

——面对科学技术的成就以及应用于经验世界的理性，天主教的教廷教义能够展现出十分开放的姿态，这要归功于亚里士多德哲学在其中的作用。然而他的哲学也在协助天主教教廷把自然法则神圣化：亚里士多德哲学把自然法则看成宇宙和谐秩序的表达方式，因此，无神论者认为教廷利用这一点的结果就是，自然法则的自然性被颠覆了。于是，和其他任何宗教一样，天主教廷忙于揭露所有被认为是"反自然"的东西，也就是那些亵渎神明、亵渎上帝创立的神圣自然秩序的东西：这是教廷反对 LGBT 抚养[1]和研究胚胎干细胞的理论基础。

比较奇怪的还有教廷求助于亚里士多德哲学的另一个效应，这便是天主教教廷与福音书之间的关系以及天主教廷与科学之间的关系分别发生了改变，天主教教廷在面对两者的态度上有一些互相抵触的地方：对于教廷与福音书之间的关系，求助于亚里士多德让教廷认可了对经验世界的研究意义，然而教廷必须坚持这些经验的研究结果在福音书中没有核心地位，这显然是为了尊重福音书；而对于教廷与科学之间的关系，求助于亚里士多德让教廷把人性的地位置于自然法则之下，然而无论是新约还是旧约，人的地位都置于自然之上，福音书在这里

---

[1] 所谓"LGBT 抚养"是指男同性恋、女同性恋、双性恋和跨性别族群从伴侣关系走向包括一个或多个抚养对象的家庭关系的过程。——译者注（该定义援引维基百科中文词条"LGBT 抚养"）

又没有得到尊重。

一 在这个问题上，本笃十六世再次把让·保罗二世认可的原则澄清了一遍：他承认"公正秩序"（这一秩序完全合理正确并符合公正的原则）的自然法则，这一自然法则体现上帝的意志并且是宇宙的表达方式。虽然我们不再那么明确地求助于亚里士多德的哲学遗产，但是把宇宙秩序的合理性归于"公正"就意味着：那些违反自然法则、无视人类界限、仅仅为了满足个人愿望的企图必须受到谴责。针对同性婚姻和 LGBT 抚养的争论，天主教教廷认为它们违反了自然法则，因此反对将其合法化。依天主教教廷的看法，同性婚姻其实是对自然的抗拒，同样以新亚里士多德主义的观点看来（新亚里士多德主义内化于如今的天主教教廷的观点中），同性婚姻客观上是危险的，道德上是受到谴责的。

天主教在同性恋的问题上（我本人完全不赞同天主教的态度），反映了他们对亚里士多德世界秩序观的固执。教廷认为同性恋是"自然的一种病态"，一种"失控"（生物学意义上偶发的功能障碍），同性恋倾向因此没有道德责任，他们也不太清楚或不认为自己有罪。但是，如果说同性恋倾向只是一个生理结果，算不上一个错误，那么同性恋的性活动在教廷眼中就是有罪的，因为这说明同性恋人群不但没有抵御这种失控的欲望，甚至还放纵了这种欲望。在我看来，以下观念直接参照了亚里士多德的观点，即人应该尊重体现神圣秩序的自然法则，同时要抗拒在这一秩序中可能产生的偶发失控。同样，道德价值和维护宇宙和谐的责任这两者之间的奇特结合也是教廷从亚里士多德那里借鉴来的。

我们的民主社会筑于人文主义之上，而从人文主义的视角来看，人必须要臣服于自然法则这个观念显然已经没有市场。让公众常常支持同性恋合法化的理由是：对于同性恋群体，我们有辅助生育技术，更不用说绝经女性的人工受精技术了。然而，天主教教廷和基督教保守主义者还是坚持反对同性恋的合法化。

亚里士多德哲学对欧洲封建贵族社会的统治直到法国大革命时期才结束：这期间自然宇宙秩序一直是伦理世界的根本标准（也就是我所说的"伦理—政治宇宙论"）。在这之后，除了在天主教教廷依然盛行，亚里士多德的思想丧失了统治地位。然而我们看到，基督徒如今的数量仍然不少（大致在二十亿左右，其中十亿两千万为天主教徒），他们当中大概没有多少人从事哲学或神学研究，因此，保持对哲学和神学的兴趣并不是一件坏事，毕竟教廷传达给他们的信息中有很多都涉及哲学以及神学的思想，了解哲学和神学有助于他们理解这些信息。

犹太—基督时代

上 帝 和 信 仰 的 拯 救

第七章

质疑贵族伦理

塔兰特币寓言

— 现在故事要回到基督教时代。这段历史里,基督教为生活赋予了新的意义,宗教成为转换视角的来源。于是我们不得不离开那些哲学的推论,站到宗教和哲学的交界处。我们已经看到(稍后还会在本书中进一步阐述)哲学在这段历史中从"宗教的仆人"如何一步一步挣脱宗教束缚回归世俗世界(这有点像希腊哲学之于神话的关系)直到重夺自主性,并在很多观点上反扑宗教。我们刚刚介绍了基督教借用哲学为自己服务的案例,即天主教教廷通过亚里士多德的哲学来为自己辩护。其中我们发现,天主教教廷一方面要倚靠长久统治罗马帝国思想市场的亚里士多德宇宙论,另一方面福音书里的一些教义又抗拒着贵族式社会观和世界观（这两观是宇宙论在社会领域的必然推论）。

一 天主教廷经阿奎那，利用亚里士多德的宇宙等级模型来为自己辩护，这里面的确有一个明显的悖谬，虽然亚里士多德的东西直到今天仍在教廷里有一席之地。悖谬之处就如您所说，福音书其实对这种贵族的社会观一直是嗤之以鼻的。不过这个悖谬反倒揭示了基督徒之间的分歧，一边是保守主义者，他们紧紧守护"自然彰显上帝"的观念，另一边是真正的人文主义者，他们坚决反对亚里士多德所构建的自然法则观，并反对遵从这种观点。塔兰特币寓言出现于马太福音，在全部福音书中它无疑是极具颠覆性的段落。它以最为激烈的方式揭露了贵族制价值观的谬误，并提倡用平等和自由的价值将其取代。这则寓言是一条理想的线索，它可以让我们明白，为什么犹太—基督革命留下的东西仍刻在今天的伦理版图上。另外，寓言段落看似简单，实则异常深刻，它最为准确地抓住了犹太—基督革命的精髓：基督教步犹太教之后尘，推翻了希腊的贵族道德观。

寓言是这样：主人在远行前，将三笔钱交给了三个仆人：第一个仆人拿到 5 个塔兰特，第二个仆人 2 个塔兰特，第三个

134

仆人 1 个塔兰特——"塔兰特（talent）"（希腊语是 talenta）指的是一种钱币，实际上象征着我们出生时所具有的自然禀赋。当主人回来的时候，他让仆人还钱。第一个仆人拿出了 10 个塔兰特，第二个仆人拿出了 4 个，而第三个仆人害怕主人嫌他乱用钱，所以他并没有像前两位一样去谋利，而是把那个塔兰特埋在了地下，结果他只拿出来了 1 个。主人训斥了第三个仆人，并把他逐出家门，相反，前两位仆人却大获溢美之词。

重要的是善的意志

— 这则寓言确实包含着思想上的重大变革：与贵族道德观相反，存在的尊严不再取决于娘胎里带出来的禀赋，而取决于我们自己的行为；无论我们有多少天生的才能、禀赋和财富，尊严不再与它们有必然关系，人的自由和人的意志才是存在获取尊严的关键。

— 当然，人类之间存在着不平等，以任何粗糙的平等主义去否认这种不平等都是徒劳的。这里有两个理由，首先不平等的证据就清清楚楚地在眼前；其次，从道德的观点来看，天生不平等这事儿根本不是我们可以讨论的主题。事实上，有些人的身体就是更强壮，有些人的脸蛋就是更漂亮，有些人的头脑就是更聪明，这是事实，我们无能为力。谁能否认爱因斯坦和牛顿比一般人更聪明？第一个仆人有 5 个塔兰特，而第二个仆人只有 2 个，这是不争的事实。不过，那又能怎么样呢？这种不平等在价值版图上能留下什么呢？基督徒说：什么都留不下！因为真正重要的，是每个人在各自禀赋基础上的所作所为，也就是说，是自由和奋斗赋予了人以价值，而不是自然！我们必须要好好体会这里的伦理价值意义。在一个由亚里士多德伦理观所构成的世界里，上述观点的确是一场思想地震，一种思想革命。现代社会的平等观念其实也来源于此：三体综合症患者于爱因斯坦、亚里士多德或者牛顿有着同样的尊严。

康德在《道德形而上学基础》(我们会在下一个哲学时代再回到康德) 里以哲学的视角对这个宗教寓言进行了阐释。他重新对该寓言做了分析和评断，在他那里，人并不在上帝面前平等，而是在法律面前平等，这种平等也可以看作是共和主义的平等。我认为康德给出的论证是非常精彩的，这个论证实质上是说：自然禀赋可以十分诱人，但赋予存在以尊严和德性的东西却不在这个范围内。证据是，无论自然禀赋是什么，它都与好坏善恶没有任何关系。聪明才智可以用来救死扶伤，也可以用来滥杀无辜或者建毒气室！如谚语中所说，"corruptio optimi pessima":来自杰才的堕落方是最恐怖的堕落。换句话说,越聪明越有习恶的危险。因此,康德认为只有"善的意志"才是真正的善,而康德的这一观点常遭误解;在很多哲学家眼中,康德倡导清规戒律,兜售自己苍白的道德说教,脱离人类实际。佩吉(Péguy)对康德的反对闻名于世,他说:"康德有一双纯洁的手,但是他没有手。"

—— 我们也许会这样为康德辩护:康德"发明了手"。也就是说,在卢梭之后,康德是第一个(康德视卢梭为"道德世界的牛顿")为人类行动的正当性提供基础(自由和善的意志)和目的(自由界域的延展)的人,他也明确提出人类行动正当性的基础和目的与个体的自然禀赋无关,与那些对统辖世界之自然法则的理论发现无关。

—— 显然完全是这样!康德认为,无论人类的自然禀赋是什么,在道德领域重要的是我们为人类禀赋给予的目的。因为聪明才智既能为善也能行恶,它们本身是中立的,只有人类的意图才会将它们导向善恶:这就是康德所谓"善的意志"。这个道理实在太显而易见了,并不是一些人所说的"理念论的奇思怪想"。然而,让我大吃一惊的是,我的有些同行,特别是斯宾诺莎主义者，完全拒斥康德，他们坚信只有现实才是善的，因为我们一旦接受了现实，就必须接受全部现实，而康德则与他们背道而驰。然而，我们根本无法掌握全部现实，这是其一，其二，根据个体的善的意志我们对个体进行道德判断，而现实并不能阻碍我们进行这种判断。

透过福音书里那些智慧的箴言，基督教打开了一个充满人文气息和民主精神的世界。相反，托马斯主义服膺于贵族式的统治秩序：托马斯主义到底是固执还是执着？我们该对其扼腕叹息还是拍手称赞，这并不是一个艰难的判断。更为重要的是，我们要知道为何"在我父的家里，有很多住处"[1]？为何还会有很多基督徒？

---

[1] 此句出于约翰福音书【14：2】。这里的"父"指的是耶和华。该句大致可理解为：基督大家庭里有足够的位置，欢迎信徒以及未来的信徒走进基督大家庭。——译者注

第八章

了断犹太—希腊世界

　　— 哲学故事到现在为止，我们看到了基督教比希腊—罗马哲学更深得人心的地方，前者向信众许诺了死后"肉体和灵魂"将得到拯救，后者则提出每个人都将消融在宇宙和谐之中，并获得一种抽象的不朽。基督教救赎观的重点并不是说人类无法自我救赎，而在于它让我们重新认识和理解了关于人性的诸多事实。一方面，在基督教的救赎观里，众生都有同等的尊严，这份尊严来自于每个人有能力，也有自由的意愿去证明自己善的意志，因此基督教平等地赋予众生以展现才能的机会去建功立业。另一方面，善的意志通向救赎之路，对它的至高崇尚意味着我们要避免只在形式上恪守教规律法，而是要将自己的行动和意愿与教规律法的精神内核自觉地统一起来。

基督教普及的是一种"爱的哲学"，由此，古希腊人所推崇的宇宙秩序观和犹太传统恪守律法的坚定态度（虽然在犹太传统中也会频繁出现关于爱的讨论）就被割断了。对于基督徒来说，他们的爱是献给上帝的，这与我们今天所说的"爱"有很大区别。

——关于基督教中的爱，黑格尔有极具启发性的分析。我们知道，耶稣有一段闻名遐迩的布道，自圣·奥古斯丁以来，我们把这一段布道称作"山中圣训"，其第一部分就是耶稣向其门徒讲授的"真福八端（Béatitudes）"[1]，黑格尔对此段的评论开启了他对基督之爱的分析：他解释了为什么爱无论如何都比律法更重要？爱是如何成全而不是废除律法的。更确切地说，黑格尔希望人们明白爱如何让律法由虚到实，让律法拥有更饱满的意义（这个主题无关信众与否，对每个人都是意义深远的）。所以我建议您跟进黑格尔对"山中圣训"的这种读法。这让我们有机会看到，当一位伟大的哲学家深入年代久远的文本，并试图从中挖掘西方文明根基的时候，他的思考会给我们

[1] 在圣经中，所谓"真福八端"是耶稣在山上教训其门徒的话。耶稣描述了八种有福之人，分别是贫穷的人、温良的人、悲痛的人、饥渴慕义的人、怜悯人的人、心地纯洁的人、缔造和平的人、为义而受迫害的人。

带来的深刻教益。在我与大主教拉瓦西（Ravasi）的对谈中，我从另一个角度对黑格尔的论述给出了进一步的分析。[1]

在展现基督教所有创发性的思想之前，我们首先有必要理解在什么意义上基督教思想同时与犹太世界和希腊世界相对立。为此，黑格尔认为我们要追溯古希腊人和犹太人对大洪灾的理解。黑格尔案头的历史资料是弗拉维奥·约瑟夫斯（Flavius Josèphe）的《犹太古史（Antiquités juives）》以及奥维德（Ovide）的《变形记（Métamorphoses)》，这两部著作几乎以同样的笔法记录了大洪灾，但是两者所得出的结论相去甚远。今天我们都知道（但是黑格尔当时应该并不了解），希腊神话[2]和关于诺亚方舟的旧约故事有着共同的渊源：这就是公元前十八世纪用苏美尔语写就的吉尔伽美什（Gilgamesh）史诗。在这部史诗里，大洪灾是诸神的决定，他们要以此来惩罚人类的堕落；而在希腊神话和旧约中，两者几乎逐字逐句照搬了这部史诗对大洪灾的叙述——大洪灾故事的原型（吉尔伽美什的史诗）解释了为什么

[1] 吕克·费希，古安弗兰科·拉瓦西（Gianfranco Ravasi），《红衣主教与哲学家（Le Cardinal et le Philosophe)》，Plon 出版社，2013.
[2] 这里主要是皮拉（Pyrrha）和杜卡利翁（Deucalion）的神话故事，这些故事在品达（Pindare）的诗歌《奥林匹克（Olympiques)》第九册，以及阿波罗多耳（Apollodore）的《书库（Bibilithèque)》，还有更为戏剧化然而作品更为完整的奥维德《变形记》中都有所涉及。

141

希腊神话和旧约对大洪灾的叙述有惊人的契合之处。但是在这里引起我们兴趣的是，从故事的原型出发，犹太人和希腊人如何最终对故事给出了两种完全不同的解释。这两种解释其实反映了两种关于人类必须遵守律法的观念，而耶稣在基督教中所传播的爱的哲学与这两种观念针锋相对。

为了避免不必要的误解，需要插句题外话：我认为，黑格尔对于山中圣训的解读有多公允，他对犹太教的看法就有多偏颇。其实犹太教不是只有严苛于律法的面相，也不是只有对律法的马首是瞻，其实这一点在耶稣对法利赛主义[1]的持续批判中已经有所显现。而且再怎么说，耶稣他自己就是一个犹太圣贤，一个犹太教徒的后代，要知道，旧约《利未记》第十九章也同样论及爱："爱人如己。"因此，在这里被批判的是犹太原教旨主义以及被歪曲的犹太教，而不是真正的犹太教。

—— 那么大洪灾这段历史与我们对律法的看法之间有什么联系呢？

---

[1] 法利赛人是在第二圣殿时期（公元前二世纪至公元前一世纪）犹太人中的一支政党，法利赛主义则是代表其政党的思想流派。在基督教《新约》中，爱与律法是一组二元对立的概念。其中常见耶稣对法利赛主义的批驳，法利赛主义执迷于信条，将律法凌驾于精神之上，而耶稣则强调上帝的爱。——译者注

一 我们直奔要点，联系如下：大洪灾让人们认识到自然对人类的敌意，这份敌意转变成灾难和死亡最终降临人间。在希腊人那里，这种敌意只是过眼云烟，宇宙和谐会在大洪灾之后不久重新建立起来：宇宙秩序的律法会重新建立，公正的城邦和司法机构的运行要体现这一完满的和谐秩序。与希腊人相反，犹太人对大洪灾的看法是，人类与自然的和解毫无可能，自然对人类的敌意是永恒的，因此人间律法本质上是反自然的，它代表着对人之自然本性（自私和懒惰是我们的自然本性，必须克服它们）的反抗，以及对外在危险的自然环境的抵御。大洪灾之后，犹太教将律法和自然对立起来，然后希腊文明致力于在四组和谐的基础上重建"美丽的整全"：人与宇宙的和谐，人与城邦的和谐，人与人的和谐，人与诸神的和谐。

希腊视角下的大洪灾：杜卡利翁和皮拉

一 所以，在希腊世界，律法与自然最终和谐，在犹太世界，律法与自然永恒对立。我们倒要看看这两个观念是如何分别兴盛起来的，首先是希腊世界，从希腊神话中，希腊人是如何面对这场灾难的呢？

— 这里我们与黑格尔保持一致，着眼奥维德关于大洪灾的叙述。宙斯/朱庇特（Jupiter）[1] 决定化成人形微服私访人间，了解人类的道德状况；然而所见所闻令他们极为震惊：人间遍布贪婪与杀戮，亵渎神灵时有发生，妄自尊大、骄横过度已至可耻的程度。某位叫莱卡翁（Lycaon）的，竟然在宙斯居于他家期间谋害宙斯。更严重的当属坦塔洛斯，他让宙斯吃人肉，看宙斯是不是真的能料事若神。回到奥林匹斯山，宙斯便向诸神宣布了自己的决意：他要火烧人间。于是宙斯拿起独眼巨人为他打造的武器（雷，电，光），但在最后一刻，宙斯改变了主意。他担心火攻不破天空，只会在奥林匹斯山点燃。因此，宙斯决定利用大水惩罚人类。奥维德极善夸张，在希腊神话里，陷入汪洋的大地在奥维德的笔下令人心碎感伤：

> 这里曾有清瘦的山羊咀草休憩，曾有慵懒的海豹舒卷身体。海中仙女惊讶地看到，大水涌向公园，涌向城市和房间；海豚在丛林间游弋，它们在树尖跳跃，惊恐地撞向林中的橡树。野狼在羊群中漂浮，狮子被水浪冲向其他猛

---

[1] 朱庇特是古罗马神话的众神之王，地位可比拟于古希腊神话的宙斯。这里作者想要用"宙斯/朱庇特"指涉"古希腊罗马神话的最高神"，当然，后文是在希腊神话背景中讲述的。——译者注

兽……大部分生灵被大水裹挟，它们竭力保全幼小的生命，可幼小的生命最终也因为饥饿而死去。[1]

大地上的邪恶物种被"清洗"，只有皮拉和杜卡利翁夫妇幸免于此，这当然是宙斯的主意。宙斯让他们二人建造方舟，每种动物中只允许有一对可以上船，并命令他们准备漂泊期间所有船员所需的食物。关键的地方来了，当自然归于平静并收起了对人类的敌意，天上之水不再冲灌大地，皮拉和杜卡利翁很快就与大地女神盖亚达成和解，于是希腊人眼中宇宙的完美整全秩序在大灾难之后被立即重建。诺亚方舟一触到坚实的大地，皮拉和杜卡利翁便在神庙广场上祈求公正女神忒弥斯的宽恕。忒弥斯同情他们，不过对他们说了些多少有点晦涩难懂的话："请远离神庙，遮住你们的面庞，把在你们身后的祖母的骨头扔出来吧。"他们二人思忖了一会儿，但还是照做了。忒弥斯所说的祖母其实就是大地女神盖亚，而她的骨头则是地上的石子。皮拉捡起地上的一颗石子扔了出去，一个女人立即降生了；杜拉利翁同样扔了一颗石子，一个男人从黏土中挺立而出。同样，纯洁的人性降临于世，带着石子般的坚实和力量，

_____

[1] 奥维德，《变形记》。

145

就像希腊神话所强调的，新人类享有三重和谐，即人类之间，人类与诸神，人类与自然的和谐。人类与自然的和谐意味着人类的律法开始正常运行，人类遵从于它，并受教于它。用黑格尔的话说，人性脱胎于"分裂"和破碎之中，继而人性拥有了绝对性和神性（尽管神性不再具有主体意义，不再是一个人格神，但是神性被视作一种客体，一种宇宙秩序）。

犹太世界的大洪灾：诺亚

— 根据您的意思，犹太世界那里情况恰恰相反。

— 黑格尔同意弗拉维奥·约瑟夫斯的看法，也就是说，大洪灾时代宣告了人类黄金时代和"自然状态"的终结。在这里，到底有没有一个人类与自然和谐共存的黄金时代或者"自然状态"是不重要的。原初的和谐被洪水摧毁，这是一场刻骨铭心的灾难，而由这场灾难造成的内心创伤直接催生了犹太教的诞生。我向您引述黑格尔的这段话：

亚伯拉罕之前的人类发展历程是一段重要的历史时期，在这段历史里，自然状态消失了，野蛮接踵而至，并

146

通过各种途径竭力向遭到摧毁的原初和谐复归，但是关于这一历史进程，我们只留下了些许模棱两可的遗迹。大洪灾给人类精神留下了深深的撕裂感，人类对于自然不再有任何信任：大洪灾之前，人类相信自然在平衡状态中展现的友善与平和，而自然却通过这场最具破坏性、最难控制、最不可抗拒的灾难，以敌意回应着人类的信任。自然在愤怒中疯狂地蹂躏着所有的东西，无论亲疏远近都不被饶恕。人类感到自然用敌意摧残着全世界，面对此种情景，历史在暗示着人类需要做出的反应。为了还能在自然的敌对和攻击下存活，人类必须要统治自然。[1]

黑格尔认为，统治自然的想法直接出自犹太教。摆在诺亚和犹太人眼前的，与杜卡利翁和皮拉的一样：一切肇始于大洪灾，肇始于这场与自然决绝的分裂。然而，诺亚并不求与自然再次和谐共处，而是希望通过统治自然来保全众生。在这一思想背景下，诺亚侍奉上帝，上帝见其忠义，则让他幸免于这场洪灾，还令其成为自然世界的首领——他下达不能杀人以及尊

---

[1] 格奥尔格·威廉·弗里德里希·黑格尔，《基督教的机身及其命运》，Vrin出版社，1967年版，第3页。

重生命的律令，并且禁止嗜动物的血。黑格尔认为，也还是诺亚，他把统治自然的理想转变成一种至高无上的存在，即上帝，这样的上帝将为此目的倾注一切：

> 诺亚把自己构思的理想转变为一个至高无上的存在，所有被思考的，也就是被统治的东西与这个存在相对立。这个存在向诺亚保证，自然的所有众生都听命于诺亚，也都保持在自己的界限之内，这样，毁灭人类的洪水将不再出现。对于所有被如此统治的众生，唯独人不能杀人，上帝将审判违反这条律令的人，并将其变成没有生命的存在物。诺亚赋予人类以统治动物的权力，以此来补偿被他奴役的人类。但是他这一次准许了生灵间的分裂，即人类可以毁坏植物、屠杀动物，同时他把这种人类对动植物必然的敌对状态转变成人对动植物的合法统治，然而生灵仍旧留有尊严，因为人类不能啜饮动物的血，血里有它们的灵魂和生命。

—— 也就是说，诺亚恰恰是通过对超验神性的绝对臣服来达到控制自然、避免类似灾难再次降临人间的目的，这看上去有些悖谬。

一 诺亚恰恰借助神性力量成为自然的支配和主宰，另一方面，残暴、无意识的自然力量却一直存在，对人类的敌意也并未消退。黑格尔认为，犹太教其实顺从了我们所说的这种与希腊犹太世界的断裂：一方面，超验神性（希腊世界所崇尚的神性——译者注）对于犹太教来说不再可能回归，除非"回归"意味着对它绝对地盲目地服从（盲目地服从让犹太教永远不可能通过自己的力量找到与神性和谐共存的方式）；另一方面，与自然保持和谐不再可能，因为自然再也不是希腊人眼中的那个和谐、公正、美好、完满的宇宙了；杜卡利翁以及追随者在大洪灾之后相互友爱、共同进退的宇宙已不复存在。

宁录眼中的大洪灾：巴别塔

宁录（Nemrod），一个猎手，兴建巴别塔的人，他对宇宙（希腊人那里的宇宙）的敌视更为深切，他对极外在的神性力量的蔑视更为彻底。他对上帝不再信任，因为上帝利用自然惩罚人类。与诺亚不同，宁录并不想当上帝的傀儡，他想依仗自己稳固的权力实现对自然最直接最真实的统治，这种统治是人类自己的事务，完全脱离神性——这就是为什么宁录想修建这么一座高耸通天、坚不可摧的塔，多大的洪灾也淹不没这座塔。作为出色的猎手，他在奴役动物方面也极为直接，毫无顾忌犹豫之处，甚至无视上帝。

以下文段是黑格尔对宁录的志业以及他的世界观的解读，我们需要知道，黑格尔的这番解读深受弗拉维奥·约瑟夫斯在《犹太古史》第一卷第四章中的启发：

> 宁录把人类当成这样一种存在，即其他一切实体均是人类的思考对象，也就是说，人类是主宰者。他要尽可能有效地统治自然，使人类从此免受自然的威胁；他随时准备与自然对抗，他气宇轩昂，对自己有力的臂膀充满信心；他威胁道，如果上帝仍想用洪水来淹没世界，那么人类将不乏抵御的手段。因为宁录决定建造一座巨塔，其高度是波涛和浪潮难以企及的……并且，宁录大大改变现状，很快建立专制统治。另外，人类虽已变得满腹怀疑，彼此陌生，但是宁录并没有为他们建立一个关系融洽，信任他人且信任自然的社会。一旦他想要把人类集中起来，他就动用暴力。他以城堤挡水，这就是一个猎手，也是一个王所干的事情。

宁录过度的狂傲体现在他要掌管和拥有万物的野心当中，这种野心预示着技术的现代性；而为了惩罚宁录的这一野心，上帝打乱了人类的语言，让他们说不同的"巴别"语[1]，"巴别塔"就源于此。于是，每过一秒，人们之间的不理解就加深一层。宁录建造巴别塔的想法其实催生了黑格尔所谓的"苦难的意识"，这种意识意味着有种被撕扯的感觉，在犹太教那里这种被撕扯的感觉具体体现在以下三重分裂当中：人之间的分裂，因为人不再互相理解（犹太人与其他人相隔离）；人与神性的分裂，因为神性已被人类的傲慢丢得好远（上帝是绝对超验的，可怕的，我们无法表象他，他对于我们没有确切的形象，我们甚至无法命名他）；人与自然的分裂，因为自然本身就带着对人类的敌意，它只是物的仓库，没有意义，没有价值，它的命运就是被主宰，被控制，被开垦。

苦难的意识

亚伯拉罕（Abraham）最终所体现的就是这种绝对的苦难意识——也就是在这一点上，犹太教真正的始祖亚伯拉罕在黑

---

[1] "巴别（babıl）"，一般意指吱吱喳喳的声音——译者注

格尔眼中成为这种苦难的至高体现（同样，这里我们能联想到，康德主义也把自然和自然习性当作伦理规范的真正敌人，而德性被理解为一种抵御自然性的勇气）。另外，犹太教本身也体现和神圣化了上述的三重分裂。

下面这一段落就是黑格尔对这段历史的概括——这段历史并没有离题，因为通过与犹太教的这段历史相比较，我们就能从中发现，山中圣训以及它的思想基础——爱的哲学，能更为全面充分地展现其意义：

> 通过把自己交给全能的上帝，诺亚让敌对的力量（自然）臣服于自己，他从自然对他的臣服中获得了安全感，宁录摆脱上帝，完全靠着自己的力量去控制自然；两者最终都与自然达成了勉强的和平，然而人与自然的敌对状态仍在持续；可以看到，他们两位与杜卡利翁-皮拉夫妇在大洪灾之后的表现完全不同。杜卡利翁和皮拉夫妇让人类与自然建立真正的和解，创造出新人类，重塑人类与世界、与自然的友爱，并使人类在快乐和欢愉中忘记欲望和仇恨，创造一种充满爱的和平；同时，夫妇二人也变成了一个美丽民族的祖先，他们让自然在那个时代得以重生，并且保全了曾经的昌盛繁荣……阿伯

拉罕生于迦勒底，自小就和父亲一起离开故土；然而在美索不达米亚平原，为了能成为一个独当一面的男人以及未来的首领，他离开了家庭，而家里人也并没有阻挠和干涉他的决定。阿伯拉罕从没体会到那些灾难受害者的苦难，这种苦难渴求着已经奄奄一息的爱，然而这种爱能够支撑着人们去寻找新的国土，并在那里让爱得以昌盛和茁壮。

黑格尔的意思是清楚的，他认为犹太教与希腊文化不同，它并不是关于爱的宗教而是奠基于人与自然相分裂之上的宗教，这一点在以下事实中特别明显地表现了出来：与在希腊人那里截然不同，大地，也就是希腊文化那里的盖亚，在犹太教这儿不再被栽育、被赋予人格、被爱戴。

阿伯拉罕和他的信徒们在土地上无边无际地漂泊；他一丁点土地也不耕作，并不指望通过肥沃土地让人和土地之间建立更切近的感情，也不指望让人产生对土地的归属感……整个世界都与亚伯拉罕绝对对立，世界的存在由一个上帝支撑着，土地在这个上帝的管控下，一直生冷于人类；自然中的上帝并不是介入，而是全面主导控制一切……

153

在这里面没有任何爱的存在。阿伯拉罕唯一的爱，即对自己儿子的爱都使他难以承受，这份爱纠缠着他的隔绝一切的灵魂，以致让他陷入一种惶恐当中，他只想毁了这份爱，然而唯一能够让他平复其惶恐的就是，这份爱的力量还不足以妨碍他亲手祭出自己的儿子。

显然，黑格尔这里的结论在今天会让我们有些反感，然而黑格尔的解读逻辑是把犹太教当作法哲学、反自然的哲学，而不是爱的哲学。相反，爱是黑格尔从山中圣训里读出来的东西：

> 犹太教是发端于苦难，并为苦难而立的宗教……因为在苦难里才有分裂……而在幸福中，分裂就消失了，取而代之的是爱和团结的到来……因为现在的上帝不是统治者，而是一个友爱的存在，一种仁慈的代表，圣灵的化身，它的本质是和解的，而犹太的上帝从根本上说是分裂的，他排斥一切事物自由联合，世界上只有统治和服从这两种模式。

黑格尔在这里谈到的散播爱的上帝与犹太教格格不入，而这样的上帝已在希腊的完满神性中有所体现，这位散播爱的上帝显然就是耶稣，与希腊的神性有所不同，耶稣以另外的方式展现这一神性。

第九章

自然习性与律法：因爱相和

以爱之名

—— 我们再次回到耶稣，回到山中圣训。我们说，山中圣训宣告了一种根本的了断，也就是与犹太世界和希腊世界的断绝。刚才我们也看到了黑格尔对基督之爱与后两者相断绝的分析。对于犹太世界：超验的上帝不可切近、不可捉摸；这个对人类充满敌意的自然只能用来统治和开发；律法以命令和义务的形式贯彻于自然当中。对于希腊世界：神性完全内在于世界，与自然融为一体，是宇宙和谐的载体；自然是和谐、公正、美丽和善的化身；律法来源于宇宙，同时律法贡献于神性和谐，在这个意义上，我们与律法相连。然而耶稣却开辟出另一条路：一条自然（自然习性）与律法相和解的路，完全不同于希腊人的路。

一 现在我们重回哲学故事的线索上来，回到山中圣训的开头。耶稣走遍加利利（Galiée），听他布道的人也越来越多，面对人群，他在山坡上，这样更容易让民众听到他的话。这段故事在马太福音（5—7）和路加福音（6，17—49）中都有叙述，虽然内容都是简略的。以下文段就是这段圣训的开始，耶稣向忠诚于犹太教的马利赛人和撒杜塞人说：

> 你们不要以为我是来废除法律和先知的；我不来废除，而来成全。我切实告诉你们：在天地过去之前，法律上的一点一划也不能废去，必待一切实现。所以，谁废除这些戒律中最小的一条，又教唆他们这样做，在天国中，将成为最小的；谁实现了，又教人做了，在天国中，将成为最大的。我告诉你们：你们的正义感如果不胜过法利赛人和律法家的正义感，你们绝不能进天国。[1]

――――――――――

[1] 马太福音（5，17—20），译文摘自《新约全集》，天主教上海教区光启社――译者注

157

乍一看，这一段想说的是，耶稣不想变更律法，比如十诫，他不想改变它，但是就像他在圣训中所坚持的，恪守字面上的律法不足以进天国。也就是说，耶稣带我们去天国，条件是你的所为不能低于或限于律法，而要做得更多：必须在律法规定中赋予精神。如果没有真诚的心，严苛地遵从律法没有任何意义。"成全"律法的，同时也是"超越"律法的，是爱。这种耶稣身上的博爱（agapè）将会让人超越律法；是爱给予人以力量，是爱让律法在精神中得以成全、得以落实，这根本不同于简单地服从于"实践理性"。

接下来，耶稣在圣训中列举了犹太律法的内容（主要是十诫）："不可杀人，不可奸淫，不可背誓……"针对每一条律法，耶稣在带着精神的律法与字面的律法，靠心灵去执行律法与僵化的执行律法之间进行了对比论述。对于一部内容良好且确凿无疑的律法，耶稣明确地说，如果我们仅以义务之名去僵化地遵从它，遵从那些站在自然对立面上的戒律，那么律法将毫无意义，毫无价值。康德提到自然的运动、因爱而自发的行动、"感性的姿态"、"自然的习性"、律法必须自我成全、自我落实，这些都与耶稣的训诫相反。

我们也要看到耶稣如何以爱的名义抛弃犹太思想中自然和律法之间的对立（基于同样的理由，黑格尔也抛弃了康德那里具有同样性质的自然与律令的对立）。在这个意义上，耶稣完全没有想废除律法，耶稣只是要废除仅仅作为律令、作为绝对命令的律法：这样的律法只是一种义务，在爱的名下，这些是无用多余的，因为这种形式的律法只会让自然和律法相分裂（在黑格尔那里，这种分裂是犹太人解读大洪灾的思想根基）。

由心而为

只有爱才能保证内心的意愿与律法的精神在行动中相一致；只有爱才能确保自然习性和道德目的永恒地结合，在爱面前，对戒律照本宣科是毫无益处的，这种对律法的遵从只会导致伪善和虚情假意：

你们要小心，不可只为了引人注意而在人前行你们的公正；不然，你们在天父之前，就没有赏报了。你们施舍时，不要在你们前面张扬，像那些伪君子在会堂里和街道上所做的那样，只为受人们的赞扬。我切实告诉你们，他们已经得到了他们的赏报。你施舍时，不让你左手知道你右手所做的，好使你的施舍隐而不露；你父在暗中看到，必将赏报你。[1]

孩子哭时，母亲去亲吻孩子；孩子冷时，母亲去给孩子取暖，孩子饿时，母亲去喂养孩子，这一切都不需要律法去规定，爱让母亲自然为之。如果我们爱人如爱子，所有战争也许都会从世间消失。黑格尔如下评论上述这段福音，我认为他的这段评论是深刻的，是完全公允的：

> 在这段描述中，天国并不象征着废除律法的地方，相反，律法要通过公正的方式得以落实，这种公正的方式是，在做空律法中得以做实律法，这与忠诚于义务完全不同。因此他（耶稣）给出了落实律法的原则；这条意义丰厚的原则可以被刻画为——本能地行动要像被律法命令一样，自然流露的言行要与律法统一起来，这种统一剥去了律法的形式；律法与自然本性的统一就是律法的落实。

在圣训中，对于每一条戒律，耶稣每次都会告诉大家该戒

---

[1] 马太福音（6，1-4），译文摘自《新约全集》，天主教上海教区光启社，译文有改动——译者注

律是如何被仁慈的爱，即被博爱所落实。对于著名的"不可杀人"的戒律，黑格尔如此评论：

> 不可杀人：耶稣流露出的德性里带着仁慈之爱，这让他反对内容上空泛且流于形式的戒律。耶稣的这种立场是向强硬的现实下达命令，他要让灵魂不再被牺牲，被拆解，被驯服；同时，与冰冷的理性律令相比，这种态度又是鲜活隽永的平常之理。

理智与感性的和解

为了准确理解黑格尔的分析，我将给出两个注脚。上述引文最后一句话中"冰冷的戒律"引发自"理性"，而这里的理性就是康德的实践理性。黑格尔在这里把康德的"实践理性和绝对命令"与法利赛人的犹太教联系起来，两者的关联点在于，法利赛人将自然和律法相对立，这种对立反映在康德实践哲学里的，就是绝对命令：由于自私、懒惰、对肉体的自然欲望等因素，自然习性会本能地与律法相对立，因此，绝对命令采取的就是一种戒律的形式；然而如果我们从爱会自然而然地落实律法这个观念出发，那么这种命令式的律法就消失了，因为自然和律法之间的对立消失了。但是这还没完，黑格尔把仁慈之爱，即**博爱**，形容为鲜活的平常之理，在这里黑格尔传递了一个重要的关于生命的概念。黑格尔写成此文的年代，"生命"指涉的内容是非常具体的，其中包括理智和感性的结合，以及普遍与特殊的结合。生命永远是物质和精神、身体和灵魂，至少是身体和生命活力的结合。因此，生命与我们所说的爱极为类似，它也是消除两极对立，弥合断裂和打破隔绝的一个结合体。由此看来，爱和生命之间有一条关键的通道——这条通道形成了基督教关于拯救的核心教义。也就是在这个意义上，黑格尔参照耶稣的圣训（他不是来废除而是来成全律法的），他写道：

> 与这种对律法的成全相类似，其他属于律法范畴的，比如义务、道德规范等，都不再是与自然习性相对立的抽象价值，自然习性不再是与律法相对立的具体之物，这种协调一致的是生命与爱之间的一致，后者反映的是特殊实体之间的关系。

— 我觉得通过对犹太教的批判，黑格尔在这里针对的其实是康德……

一 对的。实际上，康德哲学被看做犹太教的近代复兴——这也就解释了为什么从马尔堡学派和法兰克福学派开始，大批后黑格尔主义犹太哲学学派将康德视为他们的精神导师。黑格尔的观点是清楚的：在康德哲学里，就如同犹太教义里所讲的一样（至少是耶稣在圣训中所批判的那部分教义），律法是普遍的、一般的、绝对的戒律，它与人类自私自利的特殊自然习性相对立——也就是这种对立使得律法呈现出一种命令形式，一种"你必须如何如何"的形式；相反，如果爱在场，那么我以爱之名去行动，于是我自然而然地落实了律法，不需要倾听内心之外的其他声音。外在于和对立于自然习性的戒律一旦不再指导我的行动，我们便走出自我走向他人，自然习性也被博爱所指引，于是这种习性就不再被普遍的律法所规训和纠正了，相反，两个不同的实体之间，即自然和律法之间，以及爱和戒律之间的对立消除了，两者的和谐关系建立了起来——黑格尔认为，就是这种和谐关系标记了"生命"。

黑格尔之后又追随圣训的脚步，逐个分析了耶稣在"律法与预言"中举出的例子。我留给有兴趣的读者自己去品味黑格尔的分析。然而总结起来，黑格尔要说的是：自然和律法在爱中得以和解，律法的命令形式在爱面前成为多余之物，同时，爱给予人类"鲜活的丰富性"，而没有这种"鲜活的丰富性"，人类的生活是不值得过的。

——这样概览犹太—基督时期关于救赎的宗教思想以及它们在哲学上的影响，看起来并没有瓦解我们所遇到的那些严重的矛盾。上帝许诺个体的"身体和灵魂"会得到拯救，这无疑给个体生活赋予了更丰实的新含义；同时，对上帝的爱获得了至高无上的价值和实体意义，这意味着在上帝面前众生是平等的，于是我们基本上与希腊人的贵族等级观决裂了。但也就是从这里开始，矛盾的地方接踵而至。

首先，如果说基督教在思想上带来的巨大变革使其生活观替代了盛行于希腊城邦和罗马帝国时代的生活观，那么可以看到的是，在教廷以及以这种生活观为准则的宗教团体内，等级制度、行为准则、仪式规范迅速建立起来，我们至少可以说这些东西与福音书中传达的精神并不太融贯。

其次，基督教哲学长期处于垄断地位，然而我们却看到了古代哲学（柏拉图主义，特别是亚里士多德主义）的某种回归，这导致了贵族等级制和自然规律神圣化在一定程度上又卷土重来。

最后，通过黑格尔对山中圣训的分析，我们看到了基督教思想中那些最具有创发性的地方，可是其中一部分并没有得到真正大范围地推广，直到后来，特别是在人文主义哲学或者在完全独立于宗教的后人文主义那里，它们才得以完全展现。

因此，情况似乎是这样，基督教在哲学上的意义长期摇摆在两者之间，一面是它告别过去所发挥的作用，另一面是它对未来的影响力，其影响力如此之大，这可能会让我们忘记，它其实就是开启后来时代的根源！接下去，引领我们进入下一个时代的是人文主义哲学。

第一次人文主义

来自人类历史和人类进步的拯救

第十章

皮科·德拉·米兰多拉：人文主义的诞生

不存在人的本质

—— 我们已经看到，通过把人当作爱上帝的主体，基督教潜在地确立了个体的独立性（他们作为独一无二的个体的价值，独立于贵族式的社会等级）。我们也看到了教廷如何在它的教义中融合亚里士多德的哲学，以此来有效地让基督教容纳社会发展和科学进步。然而，我们认为，虽然教廷通过独有的合法解释权，把科学成就和社会发展解释到了世界等级秩序的框架中，但是，当科学成就和社会发展被广泛认可的时候，它们距离独立宗教解释自成一体的目标也就剩下一步之遥了！在这一情境之下，我们会立即走向下一个时期：人文主义。

一 我们也许可以用下面一段话来说明人文主义的诞生：如果说，对于古典时代的哲学家，好生活的问题取决于生活与宇宙之间建立的关系；对于基督徒来说，取决于其与上帝建立的关系，那么人文主义在人类历史上第一次把这个终极的哲学追问安置在人类自己身上，而不再诉诸外在于和超越于人性的观念。促成人文主义诞生的思想基础就在皮科·德拉·米兰多拉的相关论述当中，他说：没有人类必须以之塑造自己的人性模板和自然秩序；人类能够挣脱自然的束缚，那是因为人是自由的；因为人是自由的，则人拥有权利（这份权利必须要保障和维护人的不可让渡的自由），所以人拥有历史（这是人的自由之实现的历史，代表着艺术、科学和道德的进步）。这一人文主义有一段久远的历史，在这段历史中它又展露出其多重面相。人文主义从文艺复兴时期开始崭露头角，它在哲学、宗教与社会问题上，对既有观念的批判大部分还是会诉诸于希腊—罗马的古典资源；在这之后，人文主义历经笛卡尔的推波助澜（笛卡尔的思想轮廓已在第一章中有过简要介绍），后而发展至启蒙运动时期。进一步，康德建立起最为坚实的人文主义的哲学基础，最后，黑格尔和马克思夯实了人文主义，因为他们为人文主义思想添加了新的哲学基础，即他们对人类历史发展"规律"的哲学发现。于是，人文主义思想的哲学基础更加深厚了。

我们将会涉及所有这些提到的哲学家，并更为深入地阐述他们的思想。第一次人文主义是宏伟壮阔的，然而它也并不是完美无缺，因此我们也会谈及它的缺点。由于这"第一种类型"的人文主义，将"人性"、人类的"尊严"和"伟大"等同于创造历史和推动历史进步的能力；于是，尽管这种人文主义宣称其致力于"世界人权"，然而，当有些地方的人民，他们的文化并不弘扬进步和创新，而崇尚对习俗和传统的忠诚，我们就会把他们视为"次一等的"，"落后的"，我们稍后解释第一次人文主义为什么会有这样的问题。带着"文明启蒙"的借口，我们在殖民时代无所顾忌地强力推行"文明"和"启蒙"，强行送去"人权"，这恰恰是对人权的践踏；而我们却觉得亚非人民在历史上是落后的，他们太需要人权了，所以为给他们送去人权，我们自己践踏人权就不要紧了。第一次人文主义的这些东西对我来说是难以接受的（事实上，我们今天已经进入了第二次人文主义，向差异和不同敞开的人文主义，在本书的最后我们会讲第二次人文主义）。

然而，让我们还是先从皮科·德拉·米兰多拉思想里藏匿的革命开始，他的革命性思想就展现在那一篇短小精悍的《论人的尊严》当中。这部著作简约而深刻，我们可以把它视作现代人文主义的基石。今天已经很少有人再阅读皮科了。他好像已被遗忘，但是他又是如此杰出，每每重读都有新的发现，这种发现永远都有一种幸福感。重读皮科——这就是我现在尝试说服大家去做的。

出色的"我全知道"先生

— 乔瓦尼·皮科·德拉·米兰多拉（Giovanni Pico della Mirandola）是佛罗伦萨人，1463 年出生在毗邻摩德纳小城的地方，卒于 1494 年[1]，英年早逝。他出身于富裕的意大利贵族家庭，从小就展现出惊人的天赋：十岁熟练掌握拉丁语，希腊语当然也不在话下。他还与犹太裔阿维洛伊学者伊利亚·德尔·梅迪戈（Elie del Medigo）一起学习犹太语、阿拉伯语和阿拉米语。皮科希望阅读原文著作，这样可以更为准确地理解文本的意义。很小的时候，皮科就决定将毕生奉献给哲学和旅行。他的足迹遍布文艺复兴的欧洲，他想把当时所有数得上的思想都化为己

---

[1] 关于皮科的这一部分，我会用到我在《古今智慧（Sagesses d'hier et d'aujourd'hui）》一书中对皮科的分析，不过在这里我的分析会有所推进。《古今智慧》这套合集由 Flammation 出版社、《观点杂志》和《费加罗报》于 2012 年共同出版。之后关于叔本华和尼采的内容也同样来自于《古今智慧》这本书。

有。1485年，他来到巴黎大学，就是在那里，他开始构思耗费他整个短暂人生的疯狂的研究计划，就是写出900个论题（关于道德、灵魂、哲学、神学等）：他想与当时广负盛名的神学家、哲学家和其他学者进行一场规模宏大的辩论。

900个论题成文稍晚，而在此之前，皮科首先写了一篇三十多页的论文，即著名的《论人的尊严 (Oratio de hominis dignitate)》（相比之下，那900个论题几乎无人问津）。1486年，以《哲学、卡巴勒派和神学结论 (Conclusiones philosophicae, cabalisticae et theologicae)》为题，皮科在罗马同时发表了《论人的尊严》和900论题的内容。皮科提及他初涉不久的卡巴勒[1]，这不仅意味着他的研究旨趣十分广泛，还有更重要的意义：他是第一个在非犹太教著作中加入犹太教因素的思想家。实际上，皮科以开放的态度面对各种思想资源，以此来创作自己的900论题，无论是哲学的，神学的，还是关于神秘思想的素材，他都尽可能在创作中加以平等对待，因此，他的人文主义里浸润着过去各类思想传统。

1487年，依诺增爵八世 (Innocent VIII) 最终决定停止这

_____

[1] 卡巴勒：字面义是接受和传统。它是一种秘传的修炼方法，也是产生自犹太教的思想流派，其旨在解释永恒无限的造物主与有限宇宙之间的关系。——译者注

场过头的辩论，对皮科以开除教籍相威胁。皮科随后逃到法国，却在教廷的号令下被菲利普二世逮捕。在洛伦佐·德·梅蒂奇（Laurant de Médicis）的介入下，囚禁在万塞讷（Vincennes）的皮科最终被释放了。梅蒂奇亲近并且一直支持这位年轻的思想家，除了欣赏他的才华，还羡慕他的魅力——皮科身上难以抗拒的魅力让他赢得了多位已婚女士的芳心，他也多次为赢得心上人与其他男人决斗。回到佛罗伦萨，皮科遇到了他的老对手，修士萨佛纳罗拉（Savonarole），一个狂热的反人文主义分子。他们二人之间的观点完全相左，但是想活在仁义和圣洁下的皮科却与自己的论敌和平共处着。皮科还执笔猛烈抨击占星术，并希望自己能成为一位修士。他焚烧了所有在青少年时期写的诗歌，并把所有财产分发给穷人。然而他从未做过任何宗教誓言[1]。皮科很可能是被人毒害而死，31 岁那年，他过早地离开了人世。

如果我们看一看皮科的《论人的尊严》，一位 23 岁的青年写的书，我们就会觉得他的离世是现代思想界的重大损失。遗

---

[1]"做公开的宗教誓言"原文为"prononcer ses vœux"，意思大体是：当一个人想成为修士，他需要在修道院生活一段时间，但起初他并不成为修士。几个月以后，如果他一直愿意如此这般地在修道院生活，我们就可以说"他做了公开的宗教誓言"，也就是说，他放弃尘世生活，不求婚姻，毕生奉献于上帝。——译者注

憾的是，帕斯卡尔和伏尔泰对皮科的看法比较负面，给他安了一个"我全知道先生"的名号，这实际上很荒谬（当然，这个名号也不难联想）：看吧，一个年轻人写了"所有我们知道的东西"，帕斯卡尔如是说。伏尔泰添油加醋："甚至是一些其他的东西"。于是，他们的话达到了目的：当我们说某人是"一个皮科·德拉·米兰多拉"，我们并不是在说这个人很博学，而是在嘲笑一个圈外人的傲慢，指责他一副无所不知的样子。

置人于自然之外

—— 我们到底凭什么认为皮科·德拉·米兰多拉是揭示人文主义根本原则的第一人。

—— 简单地说，他第一次明确地表述了自由的现代观念，即把自由视为摆脱所有生造的人性编码的能力，以及甩开所有传统上当作人之本质的那些范畴的能力——在皮科之后，所有的现代甚至当代哲学家都追随了这一自由观念，在卢梭、康德、萨特，甚至在胡塞尔和海德格尔那里，我们都会看到它。毫不夸张地说，这个年轻人发明了现代人文主义！他发现的人文主义根本原则一经启动便永不停息。在他的《论人的尊严》

里，这条意义如此丰厚的根本原则以寓言的形式出现，而这则寓言则借用了柏拉图对话集里提到的一个绝妙的神话故事。

叙述这个寓言之前，皮科在前言中对古代所推崇的人性观以及当时流行的人性观展开了批判，这一批判开启了对人之特有价值的反思：人在哪些方面区别于动物？哪些是人能够拥有尊严的根本？在贵族社会，人当然也被视为独特的、令人赞叹的存在，但是这仅仅因为人在存在阶梯上占据了中间等级：在宇宙的存在等级当中，人作为一类存在居于中间，高于动物，低于诸神。正是因为这一中间位置，人拥有了特殊的地位。这一观念反映的是典型、陈旧的贵族人性观，皮科将从根本上颠覆这一观点。与贵族人性观相反，皮科认为——这将成为现代人文主义的基石——人的独特和伟大并不来自于其占据世界等级的中间位置，而来自于人**在世界之外**，并有独特的能力运用自己的自由意志摆脱自然约束，因此在某种意义上说，人位于自然之外的地方。

— 我们只需回顾一下前几章所讲的内容就能看到，在过去，人的尊严来源于和那些外在于以及超越于自己的实体（宇宙的和谐，上帝，自然法则）和谐相处的能力，而这回，皮科把人的尊严奠基在自由意志之上（自由意志让人类能够处于自然之外），这在思想界掀起了一场真正的革命，也标志着与过去的彻底了断。

一　完全是这样。下面这段引文可以让我们看到，面对贵族的人性观，即人的独特价值来自于人在存在等级上的中间位置，皮科如此展开批判：

> 反思一下为这些论述（所有学者和过往神学家的论述）所提供的理由，我倒没发现有什么充足的论证能够帮助那些思想家来说明人的优越性：他们说人位于万物之中间等级，是高等存在的近亲，是低等存在的君王，是大自然的解释者。这一切依赖于人的感官之灵敏，理性之洞见，以及智慧之光芒；人处在不朽的永恒和时间之流的中间，或者位于波斯人所说的淫秽与贞洁之间，或者根据大卫的证言，人刚好隶属于天使。这些论证的确颇具规模，然而这都不是最主要的论证，我想去说其他一些论证，它们更想先赞美那些处于最高等级的对象，因为我们为什么不直接去赞美天使和天堂的真福唱诗班呢？[1]

---

[1]　皮科·德拉·米兰多拉，《论人的尊严》，

177

实际上，如果人只是处于动物与诸神（或者是天使）之间的中等存在，逻辑上，我们应该更倾慕最高等的诸神才对，而《论人的尊严》告诉我们，人是万物中最为崇高的存在只因为人站在世界之外，也就是外在于自然，这种置身"世"外的存在地位让人拥有了独一无二的能力：自由。无论动物还是诸神，他们身上都无法彰显自由（诸神只能行善好之事，因此他们无法选择善恶）。然而恰恰由于这一能力，人成为了一种道德存在，这意味着我们能够进行多样的选择，人也成为了一种历史性的存在，这说明我们能够摘掉自然的紧箍，自由地去规划前途，铸就历史。一言蔽之，人可以向无限可能性敞开（人可以开创所有可能的历史和命运）。

人：无禀赋却有自由

为了证明自己的观点，皮科借用了柏拉图对话中的一则寓言，而这篇柏拉图对话本身，其实涉及了著名的关于普罗米修斯和他的兄弟厄庇墨透斯（Epiméthée）的神话故事。限于篇幅，这里我只述其精要。神根据两个基本属性创造了动物和植物：首先，每个物种都有一些自然禀赋；其次，每个物种都恰当地在宇宙中占据一个特殊的位置。比如弱小的兔子，它拥有的禀赋使它能从其他动物的威胁中存活：御寒的皮毛，奔跑的速度，挖地洞以藏身的本领等等。它还拥有在宇宙中适合于自己的位置：它生活在陆地上，而不是在天空或海洋里。山雀为了躲避猛禽会长出翅膀，肉食动物为了不破坏其他物种也并不是贪食无厌，它们的肉源充足且增长迅速。

神对物种的这般创设之中——如此创设的世界很像我们今天所说的精良的"生态系统"——每个物种都拥有一个模型，皮科叫它"范型"（柏拉图称其为"理念"，萨特用"本质"这个词来表示这个模型概念）。另外，比如在创造一只狗之前，神会事先有一个关于狗的观念，这观念也就是关于狗的那些自然禀赋和它在宇宙中应占有的位置。神选择那些自己想创设的范型，并把这些范型适当地分给每个物种，这种分配能够达到物种间和谐共存的目的，于是神创设了一个宇宙，一个公正完美的自然秩序。

但就在这项创造世界的工作临近尾声的时候，神发现世界上已经没有合适的禀赋和位置赋予人类了，甚至连放置人类的地方都没有！萨特在同一个意义上说，并没有人的本质先于人的存在，但他没意识到其实皮科早就说过了。与其他所有动物不同，人生来没有先天的模型，因此没有自然禀赋和宇宙中的位置：人生来一无所有，没有厚甲利爪的保护，没有出奇的奔跑速度，没有惊人的力量，不会攀岩上树，不会凿壁挖洞，不能飞，甚至不能一出生就会游泳等等。然而，这反倒容易让人产生傲慢或者希腊人所说的妄自尊大而犯错：在存在序列里没人的位置，人更容易忘乎所以地跳来跳去。就是因为人有这种自然难以控制的创造力和主动性，使得人同时对自然构成了潜在的威胁——在当代生态环境中，我们已经目睹过人对自然的威胁了。

—— 好了，那么现在我们需要知道这则寓言与人文主义的诞生、人权，以及现代政治是如何联系起来的。

—— 方式如下：为了补偿人类的那些缺失，神决定授予人以自由，这一能力可以让人在神所创造的"生态系统"中，凭借自己的创造性存活下来。就在这里，我们终于得到了人最特殊的东西，现代人文主义就奠基其上。起初，人一无所有，无禀赋，无特征，无个性（萨特在同一个意义上说：其实没有人性，对于动物和其他事物而言，它们就是它们那个样子，而人不同，人是虚无），而自由是唯独人所拥有的，可以铸就人类历史的能力。于是，人可以自己创造自己的命运，起初那些人身上没有的东西，最后都在某种意义上被人创造出来了，比如，没皮毛，我们造衣服；没洞穴，我们造房子；没利爪，我们造武器，等等。总之，人在自然本性上是反自然的，确切地说，人是人的产品，凭什么我说人是人的产品？凭的就是人的技能和自由的创造力，由此我们会拥有那些起初没有的东西。

历史性的诞生

—— 自由是人的特有能力，在神所创造的世界里，本来一无所有的人因为拥有自由而显得与众不同；通过在生活中使用这份自由，人获得了作为一个个体的意义（在道德选择以及生活方式的选择过程中），同样，在历史进程中使用这份自由，人获得了作为历史参与者的意义。于是，我们又遇到了一组新的关系：个体的行动和历史性之间的关系。教育是二者的连接，因为个体可以通过教育把他者创造的文化化为己有，这样，个体自由行动的效率会得到提高。

—— 人可以拥有自己的存在方式（这也是自由的要义），也就是说，人可以在好坏之间以及善恶之间做出选择。我们看到，这个关于人的新定义，为世界催生了一种新的道德观，自由意志的伦理学也有了大致的轮廓。关于人的自由，皮科这样论述：

在最后，这个完美的工匠（当然这个工匠就是神）决定，对于那些什么禀赋都没得到的物种，他们将被单独给予一种与众不同的能力，凭借这种能力，那些没得到的最终都会得到。于是，神挑选了人这一个在他的想象中最不明晰的作品，然后把人放在世界的中间位置，神对人这样说道："亚当（Adam），你没有确定的位置，没有合适的外表，没有特别的禀赋，如果说我什么都没给你的话，那么，这只是为了让你按照自己的想法去决定如何拥有那些你想要的东西——位置、外表和禀赋。对于其他的物种，它们的本性已在我们所制定的律法里板上钉钉了；而你，没有什么约束捆着你，我赋予你的是独立的判断力，凭此，你自己决定你的本性。我之所以把你放在世界的中间，这是为了能够便于你更好地去审视周围世界里的一切。如果我既没把你放在天上也没把你放进土壤里，既没给你必死的命运也没给你不朽的命运，那么这一切，只是为了让你按照自己的意愿去塑造和成就自己，你拥有自己去裁断和决定这些事的能力。你可以退化为低等存在，如

182

野兽；你也可以通过自己的意志改造自己成为高等存在，如诸神。"[1]

这种关于人之自由的新颖观点包含着"历史性"的萌芽，而"历史性"的意思是，区别于自然界的动物，人是创造历史的。动物实际上没有政治和文化的历史（显然，这里我们没谈物种的自然史和达尔文的进化论，环境作用于基因选择，这确保了特定环境下有机物的繁殖优势）；相反，人类"制造"自己的历史，每一个生命都是一条与众不同的创造之路，而每一条创造之路都依赖于人类的集体创造，这种集体创造构成了人类历史，也改变着人类历史。

希腊人认为，时间是循环往复的，而与此时间观不同，现代的历史性意味着，人对历史的创造虽然也是无穷无尽的，但是历史进程不再有一个符合历史本性的、让人们难以企及的方向，原因是：创造历史的人自身已经没有纯粹的自然本性了。如今我们说，教育变成了终其一生的事业。某种程度上这一现代历史观在皮科那里就已经初见端倪：他告诉我们，无论是个人史（教育）还是集体史（政治和文化），人类在历史中的想

---

[1]《论人的尊严》。

象力和创造性没有尽头。

反文化和先驱

——皮科对人文主义原则的论述，显示了其独到清晰的眼光，这一点令人印象深刻。然而我有种感觉，也许这个感觉是错的，就是我们总是认为作者的某个观点特别清楚特别融贯，但是也许实际情况并非如此。我经常觉得我在皮科那里就已经看到卢梭和康德了！如果皮科确实清楚地认为，"自由"是"人的尊严"的真正来源，那么在我看来，他的论证方式在某些方面还有古代哲学的印迹。首先，皮科批评人是诸神和动物之间的中等存在这一观点，然而在他的批评里，毕竟还是重拾了万物有层级之分这个观念。比如他认为人可以选择降低到与野兽同等的存在级别，也可以提升到与诸神同等的存在级别——换句话说，皮科其实仍然寄希望于这些宇宙中的层级，而并没有废除这种层级观，他还是在一个封闭的、和谐的、贵族等级式的宇宙系统里做些文章。然后，皮科的教育观（关乎个体）和历史观（关乎整个人类）看上去也不是很清楚。最后，皮科的寓言对柏拉图《普罗泰戈拉篇》里的神话故事照猫画虎，这让人觉得皮科的思想并没有与古代哲学彻底了断。

— 不是。我认为皮科非常清楚他与古代世界，特别是与希腊的宇宙论哲学做了何种程度上的了断。的确，皮科的寓言使用了那个由柏拉图借智者之口而讲出的著名神话故事，但是那些智者并不完全是古代人。必须要记住的是，相较于柏拉图、亚里士多德和斯多葛学派的希腊宇宙论，这些"反哲学家"的智者已经代表着某种反文化的倾向。海德格尔对于智者的态度还是公正的，他说，智者并不是"真正的"希腊人，他们是文字产生以前的**现代人**，因为他们已经根据普罗泰戈拉所说的，把人当作"万物的尺度"。

— 现在也许需要澄清一个问题。如果在哲学史上有一些天才哲学家，或者说一些哲学先驱，他们的著作已经预支了那些后来才出现的极为关键的思想（比如，皮科预支了卢梭和普罗泰戈拉，智者预支了后来的人文主义者），那么问题来了，在何种意义上，我们还能说后来的思想革了先前思想的命？

实际上，这里并没有任何矛盾，如果我们承认，一方面，所有的主流思想都容易有排他性，反对其他异见，而这些异于主流的异见则会非常激进地挖掘主流思想中的错误，有时会推着自己预言到那些在很远的将来才会出现的思想主题；然而另一方面，对主流思想的怀疑也会难以避免地产生"反作用"：它们不可能与被批判的主流思想彻底了断关系（有一些"异端"思想甚至会在反对主流思想的过程中去采纳主流思想观念，也有可能在采纳主流思想的过程中去反对主流思想）。比如，伊壁鸠鲁派对斯多葛学派和古典时代的伟大哲学家们的批评，他们不相信世界会是一个和谐宇宙，在他们眼中，世界只有混乱。然而这种反对态度并不阻碍他们利用"和谐"、"宇宙"这些概念，也并不妨碍他们建立自己的观点：生活的意义在于把自己的存在视为一个微观宇宙，并让这个微观宇宙尽可能地和谐（这就好像主流思想被人踢出了大门，最后又偷偷摸摸从窗户溜进来一样!）。同样，智者把人当作"万物的尺度"，因此我们说他们是人文主义的先驱，然而他们与人文主义者其实还差之千里，他们得不出人文主义者的以下结论：秉持自由和理性，通过教育和人类历史的演进，人会创造出启蒙运动中那些难以限量的进步，会控制自然，会获得幸福（智者也许更是解构主义者的先驱，比如尼采对智者的思想非常感兴趣，但是我们看不到智者那里有什么与尼采一样深刻和融贯的思想）。

因此，必须要看到，我们的先驱即使非常杰出，但也或多或少摆脱不了时代的牢笼。这一点并不会与我们本书的哲学史观有任何冲突；我们可以坚持认为，哲学史由五个伟大的时代接续构成，每一个时代都奠基在新的生活意义观之上，人与世界、人与存在之间的关系被这些生活意义观前仆后继地滋养着，灌溉着。

— 我同意这个观点。这让我们可以既谈论"先驱"，又不会怀疑我们对哲学史的断代划分。当然，先驱们在多大程度上"预支"了后来的思想，这个话题我们可以谈很久，但会离题太远。

我们刚刚介绍了皮科关于人之尊严的相关论述，现在我想给出一幅第一次人文主义的理想图景——根据马科斯·韦伯（Max Weber）的表述而构造的理想图景，它大致勾勒出了推动时代进步的那些主要思想家的思想轮廓。这一理想图景的内容是丰富多彩的，在其中有太多伟大思想家的身影，我们将一步步合理充分地来展现这一图景。我可以这样形容：那些闪耀着人文主义光辉的伟大名字，马上会令人目不暇接地迎面扑来。

第十一章

人文主义的肖像

—— 据您所说，人文主义的历史与不计其数的思想家有关，如果简单地按照年代顺序介绍这些思想家，我们很难清楚地把握住他们。那么，我们就采纳您的意见，通过一幅幅肖像来刻画这场哲学运动。

—— 我将给出人文主义的九张肖像，对这些肖像的分析当然会触及众多伟大的人文主义思想家，其中的一些我会分析得更加细致。之后，我会花更多的篇幅回到其中的一些思想家那里，特别是康德。他的思想虽然艰深难懂，但是他带来了一场伟大的哲学革命。康德开启了另一个哲学维度，这一维度超越了我们将要刻画的人文主义（即使康德的思想也隶属于人文主义）。

肖像一

拒绝诉诸权威

—— 请允许我在第一幅肖像上停留得久一点：这幅肖像具
有基础意义，它是理解其他肖像的关键。其实在本书之前的内
容里，我们已经接触过"拒绝诉诸权威"这一论题。我们讲到
过，对现代性的界定是由世界的一系列"主体化"过程来完成
的，而笛卡尔方法中的三大步骤提供了这一主体化模式。在现
代性问题上，笛卡尔方法被大规模地采纳（我们会看到哲学家
们以不同的形式使用这一方法，比如在黑格尔和海德格尔那
里）。我们已经看到，在《谈谈方法》和《第一哲学沉思录》
中，笛卡尔的"方法论怀疑"为人类主体性价值提供了基础，
而启蒙运动所播撒的革命观念，让人类的主体性价值突出地表
现在了政治上，人类的主体性由此达到顶点。

笛卡尔方法第一步：对所有过去遗留下来的成见和观点**进
行普遍怀疑**，直至把我们的传统观念变成一块"白板"。笛卡
尔在哲学上与希腊—罗马时代做了一个了断（特别是了断了亚
里士多德的物理学），在哲学之外，他同样断绝了与法国旧制

度的关系。

笛卡尔方法第二步：我们找到一个支点，笛卡尔在他的
《第一哲学沉思录》称其为"阿基米德点"，以此，我们之前连
根拔除的哲学和科学知识得以重新建立起来。作为个体
（individu），也就是主体（sujet）（这里我们先这么说着，稍后
会区分"主体"和"个体"两个概念）在进行怀疑时，其只能
通达"我自己正在思想"这一信念，即我思（Cogito），这是作
为一个主体对于其存在的绝对信念，"我思"让主体从普遍怀
疑中走出来。

笛卡尔方法第三步：通过自己的思想，主体性和主体的绝
对信念让主体把握住了自己的存在，在此基础之上，知识的完
整体系（"完整体系"这个词尚未在此时出现，直到莱布尼茨
才使用了它）得以建立。

── 先是白板，然后主体通过自身把握主体的存在──唯
一绝对确定的原则，最后是激进的建构主义（"激进的建构主
义"指知识和历史是人类通过自己的聪明才智主动创造的产
物）：这一思想三部曲是笛卡尔理论的基础，它昭示了现代性思
想的到来。

一　比如二十世纪新康德主义者，德国哲学家恩斯特·卡西尔（Ernst Cassirer）认为，启蒙运动最推崇的是经验观察，它与笛卡尔的"演绎主义"相对立。然而启蒙思想其实完全可以被囊括在笛卡尔三部曲里；从这个角度看，启蒙运动仍然停留在《谈谈方法》所开辟的道路上。笛卡尔主义引发了在思想方式上的革命，至少它以新的方案重新提出了关于思想方式的问题，为了能够直达问题的核心，我们必须将笛卡尔主义放到思想方式发生根本颠覆的关节点上去，也就是说，我们要看到，笛卡尔主义如何促成了这场从古代人的世界观到现代人的世界观的转变。这里需要澄清的是，所谓"古代人的世界观"，从思想上看，它是指希腊—罗马时代的哲学；从政治上看，它是指旧制度。在古代人的世界里，宇宙秩序和传统建制奠定了人类的价值基础，人与人之间的交流之所以可能也有赖于两者创设的交往空间。但是到了笛卡尔这儿，从自我出发而获得的对世界的理性表征具有排他性，那么我们如何知道这种表征在其他人那里也同样有价值（即使我们不排除上帝的介入，然而对于上帝，我们还是要借助于主体的哲学反思才能将其拉进来，这种哲学反思依靠的仍是主体由自己出发而获得的对上帝的表征，于是笛卡尔问题仍旧存在）。总之，面对主体性价值的极端内在性，关键问题是，在什么条件下，我们能够拥有一种超越性，让来自于单个主体的表征在"我们之间"得到有效交流，让我的表征通达他者。这个问题在政治思想领域表现得会更为明显。相比那些革命者，那些反对革命的可能对此有更多的体会：在雅各宾派的政治纲领中，人文主义精神表现得尤为突出。作为现代政治的根本特征，政治人文主义的雄心壮志（这样说也许有些夸张，但也无妨），就是对包括权力的合法性在内的所有政治价值奠基在人之上，而不是奠基在传统之上；我们知道，传统试图在神性和自然之中去找寻政治权力的合法性。

波纳德（Bonald）[1]在他的《基本立法权（*La Législation primitive*）》的开篇，一如既往地把法国大革命形容为一场"灾难"。他叩问这场"灾难性"革命的原因，其中如下段落值得注意：

在这个年代以前，基督徒相信，可敬的上帝永远是权力的授予者，于是，无论执掌权力的人如何仁义，他都不

---

[1] 路易斯·波纳德（Louis Bonald）：十八、十九世纪社会学家，政治保守主义者。在社会学领域，一般公认他率先讨论了文学和社会学的关系（他说："文学是社会的表达"）；政治方面，他反对法国大革命，为传统的宗教政治思想背书。——译者注

可能替代上帝的这个位置……执掌权力的人是由显耀的神性秩序任命的，这一事实并不能保证权力合法性的获得；因为权力构筑在自然规律和社会基本建制之上，而自然规律和社会基本建制是上帝的杰作，但是从十四世纪开始，在路德（Luther）、加尔文（Calvin）和威克里夫（Wiclef）[1] 的推动下，"权力的生命来源于人"这一观点开始甚嚣尘上。他们认为只有执掌权力的人自己是善的，政治权力才会有保证；一个慈悲为怀的柔小女子要比一个放纵无度的王子更有权力去统治国家……从那以后，霍布斯（Hobbes）和洛克（Locke）的契约权力观，卢梭的社会契约论，朱里厄（Jurieu）[2] 的人民主权说等等都不出所料地纷至沓来。于是，权力只来源于人的授予；权力的合法性、权力的建立和权力的使用都必须依照人所施加的条件，或者依照人与人之间的某种契约。如果违反契约，权力将被订立契约的人强力收回。[3]

---

[1] 约翰·威克里夫（John Wiclef）：十四世纪欧洲宗教改革的先驱人物，曾和友人一起将拉丁语圣经翻译成英文。——译者注

[2] 皮埃尔·朱里厄（Pierre Jurieu）：坚持加尔文主义宗教信仰的法国牧师，神学家，作家。——译者注

[3] 路易斯·波纳德，《基本立法权》。

— 这是对现代政治清晰的阐述：这段话准确地将现代史之初兴起的平行主义凸显了出来，即主体形而上学与现代政治哲学之间的平行。现代政治哲学由自然法学派发展出来，并在法国大革命时期得以展现。

— "契约论"让人——波纳德说的还是有道理的——成为社会建制的基石，而这种平行主义则解释了"契约论"与笛卡尔主义在原则上有相同的三元结构。

— 第一步：白板。像笛卡尔"夸张的怀疑"一样，天赋人权论者（持自然权利学说的理论家）根除一切过往成见，发明了"自然状态"这一概念。"自然状态"是政治的零度状态，传统意义上的权力授予模式在这一状态下被彻底摧毁了。自然状态本质上就是前政治状态，而发明这一概念的哲学家们在论述自然状态时已经摆出了一副革命的姿态：他们并没有站在原地临时性地修修补补［从涂尔干（Durkheim）开始，大部分社会学家错误地认为他们只是在原地修修补补而已］，而是提出了一个"自然状态"的虚拟假设，如果没有这个假设，关于权力合法性这个问题就根本提不出来，因为对获得权力合法性的既定看法——权力的合法性是被传统支配的——已经牢牢地把持着自己的地位。在什么条件下可以获得政治权力的合法性？

唯独先预设一个人类尚未迈入政治文明的状态，这个问题的紧迫性才会显现出来。

第二步：诉诸于主体。笛卡尔诉诸主体性和"我思"来让我们摆脱怀疑和白板状态。同样，在霍布斯和卢梭那里也有主体，即人民，也就是能够自由做决定的政治单位；因此，创设这种政治主体，权力合法性的问题则被顺利解决了。在十七和十八世纪，政治哲学一般采取法哲学的形式，虽然会有一些例外（比如孟德斯鸠），但是毫不夸张地说，大部分采取法哲学形式的政治哲学确立了那个时代的政治思想尺度。在当时，大部分的伟大政治思想家实际上都专注于对"权利学说"的讨论，他们对自然状态和社会契约的论述也是以权利学说为核心而展开的。我们看到，绝大多数思想论述主要针对的是政治合法性的传统观念，他们都在努力与这些传统观念拉开距离。然而，即使他们对自然状态和社会契约的论述方式和切入角度各不相同，彼此间的相同之处还是明显的：与古典时代，或者更宽泛地讲，与权力合法性的所有传统解释不同，合法的政治权威在这些政治思想家眼中并不参照自然秩序或者神性秩序，而是来源于个体意志，用一个恰当的哲学术语来说，合法的政治权威来自于"主体性"。另外，"人民能够自我决定"这个观念，作为一个民主原则，也随之闯入了政治思想当中。

第三步：重建。有了"自然状态"和"作为权利主体的人民"之后，这种现代政治观的下一步便是：在作为社会原子的个体之上完成所有社会建制。对于霍布斯来说，自然状态下对死亡的恐惧笼罩着所有人，因此，对安全感的渴望推动着人与人之间的相互合作进而订立契约；在卢梭那里，公民社会的目标并不是追求幸福而是追求自由，因此，如果政治组织的出现意味着个体意志的不断实现，那么政治组织就能够获得权力的合法性。重建主体接受且认可的所有价值，这一笛卡尔主义的观念在最后一步得到了最为完善、最为关键的表述，因为——借用一个能够反映现代性思想的本质的类比来说——这种个人主义思想的繁殖并不会在集体社会中遇到困难。

总之，托克维尔用他一贯的洞察力告诉我们，虽然笛卡尔自己并没有把这种极端的方法论扩展到纯哲学之外，虽然笛卡尔"还说他自己只是在研究哲学而不是政治"，然而也确实是他，以一种哲学家的方式，革除惯常定见，摆脱传统支配，颠覆思想权威，因此我们也看到他的哲学方法"随着社会实情的演变，最终走出学院切入社会，成为知识分子的普遍共识"[1]。不仅仅在法国是这样，对于整个"民主"社会都是如

---

[1] 参见托克维尔，《论美国的民主》（下）。

此。在这种方法论的三元结构之中，也同样为主体（个体或者人民，在这里都可以）摆脱眼前传统的束缚提供着可能性。对自由的赞歌里，我们同样可以听到不同的声音，浪漫主义认为启蒙运动所高举的自由大旗终归是一个天大的幻象而已。

—— 我们对人文主义三元基础结构的深刻含义进行了分析，现在，我们能更好地理解，为什么摆脱自然和所有传统的束缚是人文主义的要领。这里马上会有两个问题：对于那些摆布着主体，以及外在于主体的东西，我们到底应该拒绝到什么程度？为了能够更为迅速和彻底地摆脱传统的束缚，在人文主义原则的指引下，我们应该拥有怎样的文化和文明呢？

—— 这些问题来得正好。因为对它们的回答需要我们进入人文主义的第二幅肖像。

肖像二

拒斥教条主义

把启蒙运动推向最高峰的东西，要数黑格尔所谓的"拒斥实证性"这一思想。我们需要解释"拒斥实证性"在黑格尔那个时代的含义，而"拒斥实证性"的思想至少到奥古斯特·孔德（Auguste Comte）都还在沿用。要理解它，我们需要提到一组贯穿所有自然法权理论的概念区分，在之前的行文中我其实已经暗示多次，这就是**实证法**和**自然法**的区分。说到实证法，我们说的是法律的实证性，也就是那些现实中的法律，这些法律在某一时期，某一个国家，作为规范严格确定下来，因此，它们是地域和历史意义上的法律，而启蒙运动时期的主流思想是，实证法并不必然公正。因为实证法里会掺进不公平的、邪恶的法条，于是，暴力、密札[1]等手段将得到纵容。那么，我们以什么名义批评实证法呢？就是以"自然法"的名义。所谓自然法，就是兼具理想和理性的法律。

"实证"与"自然"的区分也适用于宗教：对于实证性宗教，其实际教义由教会组织颁布，并由神职人员进行布道，而对于自然性宗教，其信仰发自于内心和理性。自然性宗教与实证性宗教之间的对立可以类比于自然法与实证法之间的对立。康德的一篇神学论文的题目很能体现自然性宗教的意思：《单

---

[1] "密札"：法文为"lettre de cachet"。密札制度是法国在封建制度时期臭名昭著的秘密逮捕制度。——译者注

纯理性限度内的宗教》。青年黑格尔在宗教的"实证"与"自然"之分的问题上走得更远，他关心的问题是，自由的人民可以且应该信仰什么样的宗教。在他眼中，这种宗教应该是摆脱所有实证性，也就是所有教条式的东西，摆脱被时代精神和历史地理因素所限制的没有意义的东西；而从这些因素中的抽身而出，为的是得到一种真正符合理性的宗教。

因此，我们看到了"理性法"和"理性宗教"这两个观念的出现。"理性宗教"这个表达式看上去有些矛盾，一方面，宗教属于信仰范畴，另一方面它却被哲学地解释着，这种哲学的解释是说，我们认为基督所传达的信息中存在一个"理性内核"，哲学的工作能把这种"理性内核"展现出来。脱离教条主义和实证性因素的宗教，是新生的人文主义的应有之义。当然，特别是在德国人那里，这种宗教形式是宗教改革带来的，这场宗教改革发端于自由意识的觉醒，同时，自由思想占据着比传统天主教更为重要的位置。

如果我们再进一步，更实际的文化问题出现了：在民主世界里，什么样的文化、文学，以及艺术是能够令人满意的？自由的人民需要怎样的法律、宗教和文化？在这个问题上，黑格尔的思考是深刻的。在他的美学著作中，对于荷兰的艺术作品有着非常精彩的论述。这些艺术作品在人类历史上第一次把人类的形象表现成如此这般（不再有宇宙天象、圣经中的人物、希腊神话的场景，或者伟大的政治人物），即日常生活中那些无名无势的普通人被表现了出来：母亲做饭的时候小女孩正在和宠物狗或者玩具娃娃嬉戏，酒馆里的场景，村庄的节日庆祝，市场，等等。黑格尔恰当地把这些荷兰画所体现的艺术上的革命与基督新教、布尔乔亚式自由的出现联系在一起。

肖像三

诉诸经验和批判形而上学

—— 触及到文化问题的时候，我们就不能忽视科学的突飞猛进，特别是牛顿的万有引力定律出现之后，关于客观知识的新观念也在十八世纪传播开来。

—— 科学革命是第三幅人文主义肖像的主题，而科学革命的发生与批判形而上学有紧密的联系。当然，我们刚才提到，笛卡尔以及他所开创的具有革命意义的思想方式在启蒙运动中继承了下来（从怀疑到确定性的支点，再到重建知识，利用这套方法论三部曲的思想在启蒙运动中比比皆是）。笛卡尔的观念一直穿着批判的外衣，这种批判性体现在对诉诸权威的拒绝上。然而到了十八世纪，情况有所改变——与十七世纪相比，十八世纪有很大的不同——我们发现了经验的重要意义[1]。

— 在笛卡尔与之前的既有观念做了了断之后，我们现在就要用笛卡尔的方法与笛卡尔了断，甚至是与笛卡尔的那些新观念了断。

— 对，我们可以这么说。笛卡尔主义认为从理性的数学演绎出发，无需任何实验和经验观察，我们也能获得关于经验世界的客观真理；而现在，我们将与这种看法说再见。尤其在盎格鲁—撒克逊世界，对笛卡尔主义的批判催生出了一大批经验理论，这些理论在反对笛卡尔的同时，都在进一步解释我们的感官经验如何能够产生对世界的表征，如何能够产生我们在进行理解时所需要的概念，以及我们如何能够发现那些自然规律。但是，对笛卡尔主义的反对也会伴随着对形而上学的猛烈批判，甚至在法国和德国的思辨传统内部也是如此。我们清楚

---

[1] 恩斯特·卡西尔，最为杰出的德国哲学史学家之一，他在其著作《启蒙哲学》中对这个论题进行了非常精彩的辩护。

地看到康德哲学对形而上学有力的批判，他的批判最具有创造性且成果斐然；我们也看到了在法国，伏尔泰和第一批共和党人对形而上学所形成的强大攻势。

—— 对宗教和形而上学进行批判，在科学真理问题上与笛卡尔分道扬镳，于是现在，如果我们要总结前文的话，那么以下内容至少可以一部分地反映出启蒙的精神。一方面，人类从那些假设的实体（超越外在于人的诸神、上帝）中解放出来，朝自由迈进了一大步；另一方面，实验的价值得到重新认识，人类通过实验能够发现新的客观事实和自然规律，而仅仅依靠理性的数学演绎是发现不了它们的。有了这些新的科学知识，我们既征服了自然也增加了智慧财富。

—— 我再回到笛卡尔。他彻头彻尾地捍卫演绎主义科学观。对他来说，数学就是这种演绎主义的典型。他认为物理学能从数学中演绎出来，从第一原理出发，甚至一切都能演绎出来。因此，他的物理学是先验的物理学。十九世纪我们把这种物理学叫做"自然哲学"。与推理主义相反，帕斯卡尔在十八世纪就已经提到过，我们终将会认识到实验的重要性：自然科学不像逻辑学和数学，我们不能仅仅通过演绎推理来进行科学探索；实验方法对于检验科学假设是不可或缺的。

—— 换句话说，我们在自然中无法直接看到理性，同样，仅凭理性自身，我们也无法演绎出自然规律；只有通过主动观察自然现象以及现象间的关系，我们才会发现那些能够准确反映自然规律的理性形式。

—— 说到笛卡尔与帕斯卡尔之间的分歧，其源头是托里切利（Torricelli）的实验。托里切利用实验的方法证明了真空的存在，而我们知道，笛卡尔最先给出了惯性定律的完整表述，即运动中的物体将始终保持匀速直线运动，直到受到外力作用造成阻碍为止。这条惯性定律也同样是"充足理由律"的应用，根据充足理由律，一切事物的存在都有原因，都有充足理由。因此，笛卡尔反对托里切利，因为"存在真空"与"充足理由律"相矛盾。根据笛卡尔，没有理由认为存在真空，我们不能想象上帝创造的宇宙里会有无用无价值的空间，而帕斯卡尔面对其伟大的对手笛卡尔，他的论点在于科学必须诉诸于经验，仅从先验的数学演绎中是得不出科学结论的。以此来看，启蒙时代是实验的时代，也是一个去游历、去观察的时代；于是，我们在此与笛卡尔主义分道扬镳，当然，还需要重复一遍的是，批判精神和对权威的拒斥，这两笔精神遗产还是从笛卡尔那里继承了下来。

从无限宇宙论到人权

—— 现在我们有第四幅人文主义肖像了：我们的世界运行在单一的因果链条上，（笛卡尔的）演绎理性或者（启蒙思想家所倡导的）实验理性必须去发现那些普遍永恒的规律，并且无论在哪颗星球，这些自然规律都适用。世界已经不再是古典时代的那个被终极目的——宇宙永恒和谐的秩序——所决定的世界了，现在的世界是无限地运行在因果链条上的世界，这个世界被没有任何终极目的的物理作用力和物理关系所决定。因此，如果说以前的世界是自我中心的、封闭的、等级化的、神赐的和目的论的，那么借用帕斯卡尔的话来说，现在的世界是多中心，多元化的世界，在这样的世界上，没有等级，没有既定的宇宙秩序，它在因果链上无限延伸。

—— 牛顿物理学是第一个真正的现代科学理论，人类的科学版图也由此发生了剧变。亚历山大·柯瓦雷（Alexandre Koyré）[1] 的那本著名的《从封闭世界到无限宇宙》，其题目就非常精到地展现了这种剧变。在您与我的这场谈话当中，我们也曾多次提到过这种剧变：这是一场一个世界观取代另一个世界观的剧变，其中观察世界的视角完全转变了，于是，我们从赫西俄德以及亚里士多德的世界走向牛顿的世界。

首先，我们已经看到在启蒙思想以前，宇宙由一个永恒和谐的秩序所主导，它是一个有终极目的和等级划分的场域：在其中的每一个存在都有自己固定的价值和本质，它们之间彼此不同，对应于自己的价值和本质，它们被封闭在各自的永恒位置上（这种世界观甚至也适用于地球上的众生，虽然地球所遵循的自然规律与其他外太空天体非常不同）。牛顿物理学的开创之处，就是打破这个封闭的世界，给出另一种时空观：时间和空间是同质的，无限的。

万有引力定律（万有引力定律从定义上就表明，该定律永恒普遍地以稳定的方式发挥作用），再加上牛顿所预设的同质无限的时空观，两者在力学理论上史无前例地表明了一种理论直觉，这一直觉所体现的思想产生于人文主义之初，这就是宇

---

[1] 亚历山大·柯瓦雷：法国著名科学哲学家和科学史学家。——译者注

宙没有任何等级秩序，也没有确定的目的性可言。今天，我们其实很难想象，对于生活在文艺复兴时代的人，他们的情绪有多么恐慌。因为他们好像已经预感到了，世界并不像他们一直以来所认为的那样，每个人都有一处安排好的位置供他们展开自己的生命，世界原来就只是一个无名无氏的、由各种难以控制的力所组成的集合，其中，一个物体作用于另一个物体，每个物体没有目的也没有理性地运行着。亚历山大·柯瓦雷引用了英国诗人约翰·邓恩（John Donne）的著名诗句，以此来佐证思想剧变下人们内心的恐慌。这首诗写于 1611 年，其中展现的是，古代世界观被丢弃之后，思想上的断裂感深深嵌入那个时代的精神气质里：

新思想令一切不安

火种彻底熄灭了

太阳和大地迷失了；如今没有人

能告诉我们，哪里能够再将它们找寻

一切都是碎片，凝聚起来的都已消散

公正已逝，和谐不再

所谓"和谐不再"：对于和谐宇宙论来说，世界本身已不再和谐；从自然的角度来看，人与世界不再和谐。我们可以毫不费力地举出那些表明类似恐慌的例子。我们是否还记得那个扛起自由大旗的帕斯卡尔说过的话："空间无限延展，那里的安静令我害怕。"我们离开的世界，那里有属于每个人的位置，有律法，有意义，而我们进入的世界看上去却是一团无端的混沌之地，混乱，缺乏意义，一切都好像是事物在盲目地互相作用的结果：一个物体触碰到另一个物体，后者再触碰其他物体，如此这般接续下去，如同台球桌上滚动的球。物理学实际上从这时候开始已经从运动法则变成了物体相互作用的游戏。我们也不再用流行于古代世界的目的因来解释自然现象了。亚里士多德给出的其他原因范畴[1]也同样被牛顿的现代科学所淘汰（之前我们提到过，在亚里士多德物理学中，重物之所以落地，是因为重物坠落地面符合其内在本质，因为大地是重物的自然本位）。这是与古代世界的一个最突出的了断。

物理观的革命也深刻影响到了伦理和政治领域，初看上去这种影响有些奇怪，但是只要我们回忆一下，古典时代的宇宙

---

[1] 为了解释事物产生和运动变化的原因，亚里士多德提出了"四因说"，这"四因"分别为物质因、形式因、动力因和目的因。——译者注

论与伦理学，特别是亚里士多德的物理学与道德哲学的紧密关系，这种影响马上就自然而然了。我会在下文给出一个精彩的例子，从中我们可以看到启蒙时代的新世界观是如何体现在法律—政治领域的，同时，这个例子也极具象征性，简单来说，它象征着人权的诞生。

那么问题是，新因果观和时空观的产生与人权的诞生有什么关系呢？实际上，它们之间的紧密关系远超过我们的想象。当我们开始相信，所有位置在同质无限的时空中都是等价的时候，那么我们就只能用抽象坐标系来为物体定位（抽象坐标系也就是我们今天常说的"笛卡尔坐标系"），其中抽象坐标系的原点是任意选择的。然而，如果每一个位置都毫无区别地通过任选坐标原点进行界定，那么没有任何位置具有价值优先性，或者我们可以说，这种定位方式是完全**抽象的**。如此一来，我们能很清楚地做出类比：贵族社会的等级制是宇宙等级秩序观在政治上的投影，那么现在，当宇宙中的一切位置都等价的时候，所有占据位置的人或物也都等价。我们从宇宙中的所有位置之间的平等性，推出道德和政治版图上人类之间的平等性。在这个意义上我们可以说，与古代宇宙论的了断是我们告别古典道德政治观的原因之一，这为建立一个平等民主的世界扫清了障碍。

肖像五

祛魅的世界以及技术统治自然的方案

—— 古代世界观里，世界是有等级秩序的，并且人类必须服从于这一秩序，而当我们与古代世界观了断的时候，过去那种对诸神的过分迷恋也就消散了：这就是马科斯·韦伯所说的"世界的祛魅"。

—— 科学革命和惯性定律以下述观念为基础：宇宙中所有现象的产生都需要动力因，所有现象的存在都需要理由和理性的解释。我们已经介绍过，这就是莱布尼兹所说的"充足理由律"，即世界上的所有存在都有理由。这一观念马上会产生一个非常重要的结果：因为一切存在都是有原因的，也就是一切存在在因果链条中都有自己的位置，**所以，这样的世界没有奇迹可言**。于是，**决定论**也时兴了起来。只要说万物都有原因，那么宇宙里所有一切都是由相应机制所支配的，是完全理性的——也就是说，随着科学的进步，我们总有一天会为每个事物找到一个因果解释。另外，世界上还仍有一些现象对于我们来说很神秘，不过这也仅仅是因为我们对这些现象的原因还知之甚少而已，它们本身并不神秘。总之，世界从今以后完全掌握在理性手里。

— 这在根本上改变了什么呢？为什么说这就是给世界祛魅了呢？

— 我们记得，柏拉图的某些对话当中清晰地反映了宇宙论的思想，这一思想包含"世界灵魂"这个概念。我们同样看到，在赫西俄德和亚里士多德那里，宇宙模型是一个生命有机体，也就是我们所说的"物活论（hylozoïsme）"，而这个词来自"物质（hylè）"和"动物（zoon）"的组合。"物活论"让人们相信那些神秘无形的力量和玄妙的超能力，自然由此散发出些许神性味道。现代科学产生的时候（笛卡尔的惯性定律和牛顿的万有引力定律），炼金术和泛灵论一直都流于市面，而两者的衰落却是一个非常缓慢的过程，连伟大的牛顿本人都没有停止从事一些炼金术的实验。但是我们知道，牛顿物理学的理论框架直到二十世纪初都从未改变，而他开创的科学实质上是完全与炼金术不相容的。牛顿的绝对时空观认为，一切事物都有原因，而与此观念相反，炼金术假设了自然里具有神性力量，它既神秘又玄妙，在某种意义上说，为了能获得某些神奇的效果（比如以铅炼金），我们必须去寻找能够熔合相应物质的办法。在中世纪，大家对自然的看法有点像童话故事里的自然景象，比如大树会在夜晚从地下抽出根茎，还边走边说；一个满是灵魂的自然世界，这就是我们说的"泛灵论"。总之，这是一个魅化的世界。现代科学让我们获得的进步，可以从以下实例中体现出来：夏尔·佩罗（Charles Perrault）[1] 给成年人讲童话故事的时候，我们不再认为他会很有市场了。

充足理由律、惯性定律、"存在都有原因"、"一切都能被理性解释"，这些人文主义观念从本质上清除了魔魅的宇宙观，并将这种宇宙观丢弃在幼稚幻想和古怪癫狂的范围里；于是，我们可以明白，伴随着人文主义的突飞猛进，为什么一个祛魅的世界必将到来。诸神从宇宙中消失了，诸神在世界中的角色也随即被解除，大地不再是盖亚，天空不再是乌剌诺斯；神秘力量在自然世界也消散了，当然，除了在某些宗教教派的想象世界里它可能还有一席之地。童话故事也只是关于古老传统的故事，我们把这些故事讲给我们的孩子听。世界祛魅，诸神退

---

[1] 夏尔·佩罗（Charles Perrault）：十七世纪法国作家，诗人。著名童话故事《小红帽》和《睡美人》均是佩罗的作品。——译者注

场，自这之后，我们看到的是一个崭新的自然，自然就像一个简单的储藏室，里面的所有东西都是可利用的、可操控的、可被无限挖掘的，当然也是能够被完全解释的，起码可以按照某种原理规则进行解释。科学就是针对自然的解释，在解释中，科学不断进步，我们不断地深入理解自然。

现在，理解世界的方式已经发生了根本性的变革，而在这变革的背后，是贯穿整个启蒙思想时代的对迷信的批判狂潮。对迷信发起炮火的人物中，在法国有伏尔泰、狄德罗，以及百科全书派；在德国，则有康德。之所以要进行这场对迷信的批判，主要是为了扫除会阻碍人类进步的一切蒙昧以及一切妨碍人类控制和利用自然的东西，当然，也为了能够证明，人类利用自然服务于自己的目的是正当的。

肖像六

乐观主义和进步观念

— 因此，当自然对人类不仁，那么人类可以也应该对自然不义——这个观点无可非议。然而需要理解的是，为什么我们可以说它最为有力地体现了启蒙精神中的一些要义。这一观点也同时引导我们走向进步观念以及人类自由的不断扩展，于是在追求幸福的道路上，我们可选择的方法越来越多。

一 我们在当时发生的一场灾难中能找到启蒙精神的全部：1755 年，一场突如其来的大地震摧毁了里斯本，一天就有五万到十万人丧生！这场自然灾害惊动了所有那个时代的伟大心灵，以伏尔泰为首，他们从这场现实的悲剧中反思到，自然是人类的敌人，它频繁地让人类遭此劫难；另一方面，这场悲剧也说明了科学技术的进步给我们带来的好处。科学技术的进步让我们总能更好地征服自然，保护自己，解放自己，让自己获得自由（这里我们再一次发现，自由是人类生活的心脏和源头）。同时，通过控制和利用自然，人类的生活条件得到改善，生活更加惬意——"幸福——欧洲的新观念"圣·茹斯特(Saint-Just)[1]如是说。

自由和幸福，它们在启蒙时代一起构成了乐观主义的基础，它们也是进步观念的核心要义。这里的"进步"指的是什么呢？是人的自由解放和人的幸福，而在启蒙思想家眼中，人

---

[1] 圣·茹斯特 (Saint-Just)：法国大革命雅各宾专政时期的领袖，青年理论家，1792 年 8 月发表了要求处死路易十六的著名演说。后来他被罗伯斯皮尔送上了断头台。——译者注

的自由解放和幸福感又同时与反对迷信和控制自然相联系，此时，自然已祛魅，已不再有泛灵的样貌。因此我们说，进步观念和世界的祛魅是紧密联系起来的。

肖像七

知识的普及

—— 无论是进步观念还是世界的祛魅，两者都在促进着伟大的事业，即每个人都能够用自己的方式，最快捷地加入到这场人类的进步潮流中去，并且更好地控制自然，每个人都能更好地为自己的幸福而努力奋斗。从这时起，知识和教育的普及便成为了重中之重的话题。

—— 这是我们为人文主义画的第七幅肖像，这幅肖像与其他肖像的不同点在于，它更加突出了由狄德罗和达朗贝尔 (d'Alembert) [1] 共同编纂的《百科全书》在人类科学、艺术领域的伟大贡献。同样，1800 年左右，大量公共博物馆的诞生

---

[1] 达朗贝尔 (d'Alembert)：十八世纪法国数学家、哲学家和法国百科全书派思想人物。——译者注

也是这第七幅肖像所反映的内容。

启蒙运动要义之一，就是科学知识可以"清污"，这个词是伏尔泰的用语；也就是说，我们可以通过科学知识来祛除那些蒙蔽头脑的迷信（**内在地**让人类从蒙昧中解放出来），也可以挣脱自然为人类身体设下的局限（**外在地**让人类从险恶的自然环境中解放出来）。只有科学知识和文化水平才能让人类从这两项桎梏中抽身而出，而最大限度地普及科学知识、提升文化水平反过来也取决于人性能够得到解放，人类能够获得更大的幸福。在编纂《百科全书》的整个过程中，狄德罗和达朗贝尔就是心怀这样的夙愿（内在和外在地解放人类）推进着自己的工作。

实际上，《百科全书》是第一个伟大的民主教育计划，虽然"民主教育计划"这个用语与那个时代并不相符（《百科全书》的编纂者们显然没想到用它来表达他们的目的），而无论怎样，《百科全书》已经最大限度地普及了科学知识。在这里，我还想给出一个评论，虽然对于生活在二十一世纪的我们来说，这个想法看起来非常贫乏，然而实际上是非常重要的：百科全书派的工作彰显了民主（我们可以说，这是从旧制度中走出来的民主）与科学之间的深刻关系。为什么百科全书派和人文主义者都认为这层关系异常重要？因为在人类历史上科学是第一个不分国界和社会阶层的普遍性知识：无论贫富和贵贱，也无论是德国人、法国人、意大利人、印度人或者中国人，科学的价值是永恒的。现代科学真正地建立了第一套为全人类所认可的价值，也为民主事业打了一针强心剂。

在科学革命之前，也有其他选项宣称自己有这样的普遍性，比如基督教和犹太教，但是他们都不具备现代科学的这种强大的说服力。实际上，它们也并没有像科学一样成为真正所有人都认可的东西。神话学、宇宙论、宗教、哲学、文学或者诗歌，所有这些现代科学之外的文化选项都带有特殊性和地区烙印，而只有科学是所有人都认可的，无论阶层和国家有多么不同，科学通过学校教育都能够成功地在全世界范围内得到普及。

— 您还说，1800 年左右，第一批公共博物馆的创立为人们打开了通往伟大艺术作品的窗户，并让每一个人有机会去欣赏它们。

— 法国大革命开始的第二天，我们便开始了公共博物馆的建造，实际上这代表的是同样的理念（当然，我们将会看到公共博物馆的建造还伴随着其他想法）。卢浮宫、普拉多博物馆、大英博物馆等等，欧洲的那些著名博物馆在当时拔地而起，这里面有三个重要理由。首先，我们要保护这些艺术作品免于革命期间遭到破坏。其次，我们想用博物馆来代替只满足个人兴趣的私人收藏室。那些贵族收藏家陈列个人收藏时毫无章法，有的只根据自己的主观意愿来安排展出，藏品的展示缺乏一定的逻辑顺序，然而博物馆却能做到有序合理地放置藏品，使藏品按照我们思想史的发展逻辑——陈列（当然，我们尤其青睐于根据藏品的年代顺序进行展出）。最后，我们还希望艺术作品能够向大众开放。以上这三点，催生了现代的文化概念，也催生了我们今天所说的"民主的政治文化"。

人文主义法律，世俗性，历史的地位

—— 那么，我们现在驻足在人文主义第八幅肖像的面前。

—— 介绍这第八幅肖像之前，需要插 句，这幅肖像并不是从前面的内容直接推论出来的，但是它与我们刻画的前五个特征有密切的联系。这幅肖像宣告了神学政治的终结（或者说，以宗教教义为宏旨的政治的终结）和**人文主义法律**的诞生。"人文主义法律"不再把宇宙论和宗教律法观视作法律的基础，取而代之的是人的意志和理性：通过批判宗教，现代欧洲的定义跃然纸上。

但是，到底如何定义欧洲？大家都清楚，无论对于基督教世界，还是欧盟的世俗政权，这个问题直到现在都充满争议。欧洲大陆是由基督教国家组成的，还是由世俗国家组成的？与极端世俗主义者和基督教世界的保守派所设想的都不同，真实情况是：欧洲大陆是由两者共同组成的。理解这一点非常重要。

我们还记得，在福音书中耶稣的圣训传递出一个独特的观念，就是他拒绝确立某些管控日常生活的清规戒律。耶稣在不断地给我们输送自由意识，这里的"自由意识"代表某种内在的言论广场，曾主导犹太生活的所有宗教礼法在这座广场上都遭到了抵抗。同时，自由意识让我们拥有了从未出现过的自主空间，而世俗性的力量便随后在这一自主空间中找到了施展拳脚的舞台。因此，我们可以看到，恰恰是基督教的这个独特观念为欧洲的世俗性民主创造了可能。我们得回忆一下耶稣在《马可福音》中说的话。耶稣要经常面对来自正统犹太教徒的批判，不是法利赛人就是撒都塞人。有一次，他们批评耶稣的同伴在吃饭前没有洗手，并责备耶稣，说耶稣的朋友是"污秽"的。的确，耶稣周围都是生活在社会边缘的人：罪犯、妓女等等，总之是那些不被社会尊重的人，这些人在犹太精英眼里是不值得交往的。然而，耶稣这样回应批评他的犹太精英们："由外在深入内在的东西，不会污秽人，只有由内在向外溢出的东西，才会污秽人。(马可福音7，15)。"也就是说，侵害人灵魂的东西，是由内而发的东西，比如邪恶的思想和行恶的念头，而显然不是食物或者那些我们一般能从外部得到的东西。对于犹太的进食圣礼来说，耶稣的看法的确是颠覆性的。需要强调的是，在当时，这并不是一个基督徒与犹太教徒之间的矛盾，而是一个犹太教徒与另一些传统犹太教徒之间的矛盾，因为耶稣本人就是一个犹太教教士，一位犹太智者，他希望信徒们能遵守那些更为切实的宗教礼规。

对于理解基督教与世俗性之间的关系，福音书的这段内容是很有价值的，因为从某种意义上说，宗教越是把它的宗法框架施加于日常生活，我们就越难在生活中做到"凯撒的归凯撒，上帝的归上帝"。于是在这里，耶稣看重的不是纸面上规定的东西而是精神上的东西，不是律法而是心灵。在福音书中，我们找不到任何关于日常生活的规定，比如必须吃什么，必须怎么着装，婚礼在几点举行最合适等等。宗教不再从实践层面上侵入日常生活；关于如何具体生活的问题，这由个体的内心所决定，"通奸妇女"的那一段洛史突显了这一点：耶稣让那些想用石头砸死通

219

奸妇女的人找回他们的良知:"从来都没犯过错的先来扔第一块石头",耶稣对他们说。与外在的宗教仪式相比,基督教更看重良知的价值。在基督教传统中,律法上规定的义务仅仅是后来才出现的、经常变化的的附加物,在某些时代,这些规定很可能会变化,它们绝对无法撼动自由选择的中心地位。另外,在辅助生育技术、同性婚姻或者胚胎干细胞的议题上,天主教廷在表达立场的时候根本没有相关的基督信条(比如在福音书上)可以直接引用。福音书上最后讲到道德的少之又少,关于性道德的更少,并不比关于"自然律法"的内容多,因此,福音书给予了人们足够的政治自主和宗教自主。这在很大程度上解释了为什么基督教国家最终比其他国家更容易接受世俗民主。

— 我们在这里看到了基督教为世俗空间的出现做了何种铺垫:基督教把决定个人生活的权利交给了个人的良知;基督教将政治事务与宗教事务区别开来。另外,正如我们在之前所强调的,从"上帝面前每个人的信仰都是平等的"到"法律面前人人平等",这种改变建立在每个人都有可能进行自由选择的基础之上,同时,这种改变是整个欧洲思想状况的根本改变。我们现在是不是应该好好研究一下,世俗力量的崛起到底给我们带来了哪些与基督教完全不一样的东西?

— 非常清楚但又必须强调一下，"世俗性"并不意味着"无神论"——也许这是废话，但是大家对这一点理解得并不到位——"世俗性"也不拒斥社群主义，而我们却经常听到"世俗性拒斥社群主义"的论调。我们可以从1789年的《人权和公民权宣言》中发现这样的观念，即人拥有权利并且需要获得尊重，这种对人的尊重独立于人的社群背景，也就是说，这种尊重并不考虑宗教、伦理、语言、文化，或者国家的差异。于是，我们现在站在了一种普遍主义的立场上，这种普遍主义拔高了人的身份，"作为某国公民的人"被拔高到了"作为全人类一员的人"。这一章对这个主题我们已经谈得很充分，因此我们不在这里啰嗦了。

自由让人类拥有尊严，自由是摆脱所有人身依附和所有社会、自然约束的能力，明白这些，我们现在就可以给出**世俗性**观念得以产生的思想基础了：**个体有权利选择加入一个国家里的任何社群，然而，国家政权却没有这项权利**。国家没有官方宗教，也不能强制个人依附于任何社群团体；国家政权所能做的，仅仅是让各种信仰得以和平共存。总之，弗朗索瓦一世之后的宗教战争血洗了法国，世俗社会的创建也是为了给这场战争划上一个句号。神权政治统治期间，少数派宗教永远都受到多数派宗教的威胁，而欧洲在启蒙思想的沐浴中建立起来，它的核心价值观是：渴望世俗社会，批判极端社群主义，自由被

221

赋予至高无上的地位。我还要重复一遍的是，这里的"自由"被视为一种能力，这种能力让人类摆脱所有对社群的依附以及所有社会、自然的制约。

——如此看来，世俗性在某种意义上呈现出两个方面：一个是国家层面的世俗性，另一个是国家与公民之关系层面的世俗性。世俗性完全把人从社群中抽离了出来，人不再依附于社群，但是从原社群中抽离出来的结果是，公民充分行使言论自由的权利得到保障，自身也更加解放，我们可以随着自己的喜好去选择加入其他社群。

——所以，即使你生活在基督教国家，你也可以成为一个无神论者；即使你是法国公民，你也可以自由地批评法国。

——在上帝面前基督徒人人平等，这一点被世俗化以后，这种平等就获得了一个完全人性的基础，也就是说，人之所以在法律面前人人平等，就是因为人拥有自由这种能力。

——托克维尔强调，如果说人权是在传统基督教国家确立的，那仅仅是因为这些国家对上帝面前人人平等的观念进行了世俗化改造，使其变成法律面前人人平等。就我看来，托克维尔是明确地论及这个关系的最早的思想家之一。

在《论美国的民主》中他写道："我们为'人生来平等'的基督教观念注入了实际的、确凿的意义，并把它运用到现实世界之中。我们摧毁了流行于全世界的阶级观和种姓制度，重新为每个人找回了作为全人类一员的身份；**我们在全世界传播了法律面前人人平等的观念，就像曾经基督教提出上帝面前人人平等时一样**（这是我所强调的——作者注），**所以我说，我们才是消灭奴隶制的真正功臣。**"[1]

因此，"共和"观念是基督教被世俗化的结果。比如，在法兰西共和国的中小学校里，表现好的学生奖励一张小卡片，表现不好的就带上一顶驴耳帽子去墙角罚站，其实这种做法暗合着"塔兰特币的寓言"所体现的观念——法兰西的轻骑兵们[2]更喜欢天赋平平但是努力工作的人，而不喜欢那些满腹才华却好吃懒做之徒。这一点大家都知道。

---

[1] 托克维尔，《论美国的民主》。

[2] "法兰西的轻骑兵（hussar de la République）"实际上指的是法兰西第三共和国的那些创立者们。从法兰西第三共和国开始，教会与国家彻底分离，因此这些第三共和国的先驱不再依附于教会，不再有宗教信仰。在今天的法国，如果我们说一个人是"法兰西的轻骑兵"，那么说明这个人是世俗社会的坚定支持者，他没有宗教信仰。——译者注

可以看到，基督教的痕迹还是默默地留在了共和国里。反抗派教士[1]的抵抗，还有那些围绕着政教分离而展开的口诛笔伐等等，我们当然对这些都还记忆犹新。因此，我们说基督教对共和观念的确立有积极的一面，并不是在否认天主教廷针对共和制旷日持久的反抗史，也不是在否认某段历史时期国家政权遭受着来自教会的政治干预，我们只是发现了福音书中传达的一些观念有推动历史进步的作用，这些观念引导欧洲人民从各种传统观念的束缚中解放出来，并最终使他们成为自己的主人，而且这种自主性建立在不可剥夺的权利的基础之上。虽然天主教廷的传统派信奉托马斯主义，把世界等级化，为封建制度伸张，竭尽所能抵制耶稣所带来的道德平等，然而耶稣的这种不问出身的平等观是解放人性的不可或缺的思想条件。我们现在可以明白，为什么我说现代欧洲既是世俗化的大陆也是基督教的大陆：两者你中有我，我中有你。

—— 以人文主义观念对基督教进行世俗化改造，这让我想到

---

[1] "反抗派教士（prêtres réfractaires）"：1790 年 7 月，法国通过《教士的公民组织法》，确立了法国天主教教士的世俗性质；同年 11 月，通过了《教士宣誓法》，该法规定教士在进入教职时需要宣誓向国家、民族和国王效忠。"反抗派教士"指的是抗拒两部法律，拒绝宣誓效忠国家，仍执意追随教皇的教士。——译者注

了之前提到过的另一个世俗化改造，就是古典时代的希腊哲学家们用他们的宇宙论对神话的世俗化改造。那么，在多大程度上两者具有可比性呢？至少从表面上看，好像两个世俗化的过程都是相似的，其中，两个世俗化进程都撬动着思想上的开拓和创发；但是另一方面，我觉得人文主义思潮对基督教的冲击更加突出，相比之下，希腊哲学家对神话的改造程度就轻一些。即使耶稣所做的是唤醒人们自由地用良知来做判断，这里面肯定会与天主教廷的观点有冲突，但是耶稣还是在以上帝之名阐述自己的看法，除了信仰上帝，他并没有给出另外的信仰选项（除了是很坏的理由，否则只能信上帝）。于是，我感觉在这一点上耶稣是十分专制的（耶稣要求他的门徒抛弃世间所有去追随他，包括他们的家庭），他把尘世生活里的所有意义都归功于上帝。人文主义重拾基督教的平等观，并以个人自由作为基石，于是，人文主义囊括了更广的思想资源，它的意义也随之更为深刻：自由的尺度就是自由本身，人文主义思想家就要把这种自由推行到各个现代领域中去，这些领域是耶稣闻所未闻的——随便举一个比较讽刺的例子：媒体的自由显然和耶稣没关系，耶稣并不知道媒体是什么坑意儿。

— 我能理解您说的这些，但是我并不完全赞同。依我之见，希腊神话的世俗化与基督教的世俗化之间的类比是非常恰当的。柏拉图、亚里士多德和斯多葛学派把赫西俄德的《神谱》、荷马的《奥德赛》和那些伟大的希腊神话以及经典戏剧统统地理性化、世俗化了。同样，共和派也以理性的形式重构了《约翰福音书》的核心内容。我们知道，《约翰福音书》类似于希腊神话，理性推论在其中没有任何地位，一切教义都建立在宗教寓言的基础上。基督教实际上就是如此。我们当然可以认为福音书里的寓言都是教条，因为它毫无理性论证可言，但是如同童话故事一样，寓言是讲给所有人听的，而真正理解一个寓言，需要人们通过反思来把握寓言故事背后的含意，但是耶稣传授圣训的对象大部分是完全没有文化的人和羊倌。因此这就是为什么基督教哲学在中世纪得到了发展：我们不仅仅要知道那些基督圣训，我们还要搞清楚福音书里说的东西到底是什么意思，尤其要解释那些福音书里的寓言背后的内容。

——人之所以为人，就是人拥有自由，可以从一切拴住我们的东西中解脱出来。获得这份自由的历史进程，可以从两个方面来看，一个是教育的个人史，另一个就是政治和文化的集体史。于是，如何在必死的人生里获得拯救的问题也具有了"历史性"：当我们为人类的进步事业添砖加瓦的时候，当我们致力于人类的自由和福祉的时候，我们的生活就得到了拯救。就像之前讲过的，这是"知识分子和建设者们"的逻辑。但是我们有两种视角来评价人类历史的重要地位：我们可以说，历史是人类按照自己的意志努力打拼的结果，历史见证着人类的进步；我们也可以说，历史的发展有自己的规律（社会、文明，或者经济的规律），人类只是盲目的历史参与者，他们并不清楚自己的意义。

　　— 实际上，这是两种截然不同的历史观，它们在十七世纪就初露端倪，并且贯穿整个十八和十九世纪。一方面，唯意志论或者说建构论的历史观体现的是一种笛卡尔和雅各宾式的革命观念：对于人类，或者更准确的，对于法国革命派来说，人们有能力团结起来，通过人类在科学技术和文化事业上的聪明才智，了断旧制度，重建新世界。这一观念符合唯意志论或者建构论者所倡导的理性精神，因此我们在这里看到了人类的意志史、人类的观念史、人类的革命史，或者至少是弘扬革新的历史。

　　另一种历史观看起来好像更为成熟。马克思说，我们都是传统的后代，"人类创造历史的时候并不知道他们创造了什么"。同样的历史观在莱布尼茨和曼德维尔（Mandeville）[1]

---

[1]　伯纳德·曼德维尔（Bernard Mandeville）：哲学家、政治经济学家和讽刺作家，代表作为《蜜蜂的寓言》。——译者注

的思想里就已经出现了，我们在亚当·斯密的"看不见的手"的经济理论、康德关于人类历史的论述、李嘉图[1]的政治经济学理论，当然还有黑格尔和马克思的著作中，也能看到这种历史观。尽管他们之间也存在很多不同和分歧，但是这些思想家有一个普遍的信念：人类历史很难说是其参与者创造的，因为决定人类历史的是无穷无尽的人的决断，这些决断来自于人的意识和意志，但是人的决断的总体效应对于个体来说是无法预料的。"可以肯定的是，人类在创造历史的时候并不知道他们创造了什么"，这句话是说，历史的发动机固然是人（不再是外在于人的那些力量或者意志），但是每个人都有自己的决断，而决断与决断之间的相互影响和互动会造成一个一般性的结果，而任何人都难以预料和控制这个结果。从这个角度来看，历史的演进是完全无意识的、盲目的。

人类历史是一个进步的过程，是一片给人类生活赋予意义的沃土，从这一普遍信念出发，我们却看到了两种截然不同的历史观：一种是革命历史观（改良派只是革命派的温和亚种而已），也可以叫做建构历史观或唯意志论历史观，这一历史观认为人类

---

[1] 大卫·李嘉图（David Ricardo）：英国政治经济学家。最著名的著作是《政治经济学和赋税原理》。——译者注

能够自觉地组织起来，一道与过去了断，然后共同创造未来（这一看法从根本上在为革命和激进的改良伸张）；另一种是自由历史观，与前一种历史观不同，自由历史观对"人类能集体性地有意识地创造历史"这一观点持谨慎态度，但这也不等于认为历史毫无章法可循，只是说历史是由一系列复杂的因素聚合而成，比如无穷无尽的人类微观行动，所有的人类事务，所有的科学研究，等等，这些因素聚合的结果是任何人都难以预计和控制的，即使是那些最有权势的政府首脑也不行。

这就是我们将展开的两种历史观。伟大的黑格尔要辩证地重建人类历史，他显然坚持自由历史观。然而战斗性实足的马克思主义则很不同，它要把两种历史观结合起来。而且，马克思借用两种历史观在很大程度上解释了为什么以后会存在多种马克思主义。一方面，马克思的哲学是革命的、唯物主义的，它号召我们要主动地向公民社会出击，推翻资产阶级的统治秩序，重建社会基础；另一方面，马克思又认为，人类历史的发展进程取决于经济基础。而且，马克思认为这第二方面的理论基础是亚当·斯密的自由市场模式或者是黑格尔的"理性的诡计"(所谓"理性的诡计"，即人类历史的展开有不可改变的"逻辑"，而个体的行动动机是虚假的，因为个体的行动其实都服从于人类历史发展的逻辑)。马克思一方面要我们自觉地展开那些符合我们意志和诉求的革命行动，一方面又认为人类历史是由生产力与生产关系之间的经济学关系所决定的。马克思的天才的确不可否认，但是他在用哲学解释现实的时候总会另有思考。我们之后会更具体地介绍黑格尔与马克思在历史哲学上的贡献，因为他们的历史哲学工作是深刻的，是具有开创性的，并且，他们在人文主义阶段与解构时代之间起到了过渡作用。

—— 在我们进入人文主义第九幅肖像之前，我还想"补充"一个问题：一种历史观认为历史是人类意志的反映；另一种历史观认为历史的进程是盲目的机械的结果，那么，两种历史观会不会引导我们用两种完全不同的眼光看待法律的作用？

—— 是的。这也是从两种对立的历史观引申出来的特别重要的一点；无论我们从哪种历史观出发，我们自然会走向法律或政治的相关议题。如果从革命历史观出发，法律则会"自上而下"地发挥作用：当一个市民社会陷入利欲至上、犯罪猖獗、每个人都无所谓良知、只顾自我满足的境况时，国家颁布法律来扭转这种境况；于是，法律就要尽可能地重塑市民社会，使其达到我们所期望的理想状态。这就是革命派的法律理念。

如果从自由历史观出发，法律则来自于市民社会的需要，它是"自下而上"地发挥作用，也就是说，法律要回应那些社会意见，尽可能地满足社会期待和需要，比如我们关于堕胎的立法就是这种法律进路的好案例，这项立法主要是为了促进社会伦理状况的演变，而不是要彻底改变社会伦理状况。

可以看到，我们从刚才区分的两种历史观出发，得到了完全不同的两种法律观念。《拿破仑法典》就是第一种革命主义法律模式的经典案例；盎格鲁-撒克逊的判例法就是第二种自由派法律模式的经典案例。这两种模式共存至今，其根本原因在于：它们分别对应着现代主体性的两个维度（一个是主体的"意志"维度，另一个是主体的"理智"维度）。但是继续挖掘这个难题就超出本书的范围了。

肖像九

教育和殖民

—— 有一点我们一开始就提过的，所以我们也不必感到奇怪和惊讶，那就是，虽然说人文主义致力于重建世界，并以"自由"作为重建世界的手段和目的，但是到最后，人文主义所导向的历史观却排斥那些并没有参与到这项重建事业的民族，并以此来为殖民主义辩护，甚至洋洋得意地为根深蒂固的种族主义站台。刚才我们所介绍的都是人文主义的积极的面相，也定义了人文主义的理想范式，不过我觉得我们要说说人文主义那些不太光彩的地方。

— 毋庸置疑，这是人文主义的最后一幅肖像。刚才我简要地介绍了第一次人文主义的结构性特征。我说过，第一次人文主义期间，人权被捧上了神坛，同时又被羞耻的殖民史嘲讽了。托克维尔著作中那些相互抵触的地方最为贴切地反映了人文主义的这两张面孔。一方面，托克维尔谴责美国的奴隶制，另一方面，他又为殖民政策做辩护。

之前我引用托克维尔的段落里，他说"法律面前人人平等"的人文主义原则其实是从"上帝面前人人平等"转化而来的，之后，托克维尔给欧洲人戴上了"消灭奴隶制的真正功臣"的帽子。在《反对拥护殖民主义和奴隶制的欧洲中心论》中，托克维尔再次强调："就世界的形势来看，难道我们不能说欧洲人之于其他种族就像人类之于动物一样吗？"然而，他也注意到，"切罗基人[1]的成功证明了印第安人具有走向文明世界的潜能"。

如果我们拿托克维尔的这些论述与他对殖民阿尔及利亚的相关文字作比较，我们会十分震惊：他一面是托克维尔博士，另一面是亚历西斯先生[2]！"托克维尔博士"是反对欧洲中心论和奴隶制度的急先锋，而"亚历西斯先生"则是对殖民政策异常坚定的支持者。在第一副面孔下他有多深刻、多鼓舞人心，在第二副面孔下他就多残暴、多冷酷无情："我们最紧迫的任务，就是要让寻求独立的阿拉伯人接受我们对其内政的介入。没有政治统治的殖民政策对于我来说是不完整的，不牢靠的"，因为"我们的对立面并没有武装，只是人民而已。压制一个民族要比战胜一个政府更加容易些"。当他觉得我们向"土著"施舍了一些仁慈的时候，他很气愤："在某些地方，最肥沃、浇灌最充分、照料最精心的土地并没有留给欧洲人，我们把这些土地拱

---

[1]　切罗基人是生活在美洲的印第安原住民之一，他们较早地接受了移民美洲的欧洲人的生产生活方式，走向了文明开化的道路。——译者注

[2]　托克维尔的全名是"亚历西斯·夏尔·亨利·克雷莱尔·德·托克维尔"。在这里"托克维尔博士"和"亚历西斯先生"两个名字指的都是《论美国的民主》的作者托克维尔本人，作者如此区分主要是为了体现托克维尔本人的两面性。——译者注

手让给土著了。"这种说法真是不知羞耻，实际上我们没少干坏事，"摧毁村庄，砍伐果树，糟蹋庄稼，劫掠仓库，开山挖沟凿洞等等，然后就是抢占老妇孺，霸走农畜和家产，我们做尽一切就是为了让这些野蛮的山里人屈服。"托克维尔非常清楚那些反对这些暴行的人会站出来，而他对这些人说："我们的行动的确是残酷的，但这是所有要和阿拉伯人开战的人必须服从的命令。"

请原谅我引用这么多，但是这些引用是十分必要的，因为我们能够从中强烈地感受到，在托克维尔深刻敏锐的思想里，最超前的民主概念和最野蛮的殖民概念竟然可以并行不悖。然而经过茨维坦·托多洛夫（Tzvetan Todorov）对托克维尔上述观点的分析[1]，我们看到了托克维尔协调两副面孔的方法，即他将自己的国家观视为一项超验原则，即当一个进步优越的帝国统治其他国家时，它是有资格把人权收起来的。总之，托克维尔将自己的两副面孔统一起来的诀窍是："为全人类争取到平等的民族有权统治其他劣等民族。"这句话听上去着实让我们感到震惊。

---

[1] 茨维坦·托多洛夫已经在 1988 年出版了他对托克维尔的分析，题为《对阿尔及利亚的殖民》。

——我的第一印象是，读托克维尔就像读尤内斯库(Ionesco)[1]的荒诞剧。我认为在这里我们清清楚楚地揭示了欧洲中心论和种族主义的思想根基，可以说，欧洲中心论和种族主义体现了第一次人文主义的幼稚思想，即只有自由、平等和进步才赋予人类以尊严，崇尚其他价值的民族，客气一点说是落后，直白点说就是劣等！

——这差不多就是茹费理(Jule Ferry)[2]的所说所想。他也算是第一次人文主义的另一个大人物了。茹费理本人是极活跃的共和种族主义和殖民主义理论家，这两套理论代表着他在教育政策上的全部逻辑。"共和种族主义"：估计这个表达方式会让读者们惊得跳起来！但是在大殖民主义者眼中（诸如茹费理），共和种族主义能够得到辩护，因为种族主义绝非可有可无。我们清楚，这种观点是和当时的时代精神相联系的。另一方面，茹费理深为认同某种共和主义观念。在这里我们有必要引用

---

[1] 欧仁·尤内斯库(Eugène Ionesco)：罗马尼亚裔法国荒诞派剧作家，最著名的作品是《秃头歌女》、《椅子》和《犀牛》，其作品展示了人生的荒诞不经。——译者注
[2] 茹费理(Jules Ferry)：法国共和派政治家，分别于1880年和1883年出任部长会议主席（法兰西第三共和国的"部长会议主席"相当于现如今法国总理一职），对内推动政教分离，对外奉行殖民扩张。——译者注

1885 年 7 月，他在议会上的讲话："先生们，我们必须打开天窗说亮话，说真话。实际上优等民族对劣等民族有一项特权，这也是优等民族的义务，这就是我们要教会劣等民族如何走上文明的道路。"这番宣言式的讲话呼应着保罗·贝尔（Paul Bert）[1] 的观点。贝尔于 1881 年任甘毕达（Gambetta）[2] 内阁的部长，他也是共和派里倡导世俗化的元老级人物。贝尔以同样的口吻，加上"科学的"论证作为支撑，他说："黑鬼比中国人笨，当然比白人更笨"，"我们必须同化土著人，或者让他们消失"（这可都是原文！）。历史学家一般都会对那些疯狂的观点小心翼翼，上面的种族主义向历史学家提出了两个问题：种族歧视下的殖民主义，第一次人文主义以及共和观念，这三者有没有实质关联？如果有，打破这种关联是否可能？

想要先说的是，我们每个人的头脑里全是"共和"，共和政体已经被捧上了神坛，这很容易掩盖事实真相。的确，虽然难以启齿，但不得不承认，种族歧视和殖民主义在那个时代的

---

[1] 保罗·贝尔（Paul Bert）：法国动物学家、生理学家和政治家。1881 年 11 月至 1882 年 1 月任甘毕达内阁的教育与宗教事务部长。然而贝尔的杰出贡献还是在科学方面，贝尔最先发表了关于中枢神经系统氧中毒的论文，这一研究成果也被叫做"保罗·贝尔效应"。——译者注
[2] 莱昂·甘毕达（Léon Gambetta）：1881 年至 1882 年任法国总理兼外交部长，在位时推行殖民主义政策。——译者注

确与共和主义有密切联系。之前介绍了托克维尔是如何统一他两张面孔的，其统一的方法说明了为什么殖民主义和共和主义存在密切联系，但我们还要想得再深一点。就像我们已经知道的，共和制下的人文主义把一切意义和价值都奠基在某种进步观念和大写的历史观[1]之上。这种人文主义认为，人类存在的目的就是要为人类的进步事业添砖加瓦，就像那些"知识分子和建设者们"，我还记得小时候接受了很多为这些建设者和知识分子大唱赞歌的学校教育。然而，根据这一历史观，"非洲人"（"非洲人"这个表达式意味着我们可以把所有的非洲人抽象成唯一的集合，其中每一个个体是"非洲人"的例示）则从来都没进入过人类历史：在他们那儿一代代传下来的生活风俗神圣不可侵犯，这种守旧实际上阻碍了他们走向进步和创新。于是，在"进步主义者"（他们是第一批人文主义者）眼里，非洲传统部落更类似于白蚁式的动物世界，而不属于所谓的"文明"世界。因此，我们从外部帮助他们祛除"自然性"，就像我们对小孩子和动物所做的一样。在这里，

---

[1] 所谓"大写的历史观"，大致是说世界在历史中的运行是有方向有既定目的的，历史进程有一套自己的逻辑，任何看上去是自由的构想其实都会收归于这一历史逻辑当中，为这一历史进程服务。因此，在这一历史观的基础上，欧洲殖民主义者自认为其文明成就符合这一历史进程的最终目的，他的殖民主义在他的意义上是帮助其他民族从落后走向文明。——译者注

我们看到了教育和殖民之间并不会产生冲突，两者会并肩同行。

—— 在当时，我们是否听到了不同的声音？

—— 是的，这不同的声音来自克列孟梭（Clemenceau）[1]。1885 年 7 月，他如此回应强势的茹费理："根据茹费理先生的观点，我们看到了一个向劣等民族行使特权的法国政府，它通过战争向劣等民族强行输送文明的果实。什么优等民族、劣等民族！倒是说得轻巧。德国人用科学证明法国人比德国人劣等，你们信吗？反正从这时候起我是不信民族分优劣这一套了！"克列孟梭第一时间站出来反殖民主义，支持德雷福斯[2]，他宣告了另一种共和主义的到来，即反种族主义、反殖民主义的共和主义。不过直到二战结束，这种共和主义才逐渐取代茹费理共和主义的主导地位。

_____

[1] 乔治·克列孟梭（Georges Clemenceau）：法国激进共和派人物，1917 年至 1920 年担任部长会议主席。
[2] 一位名叫阿尔弗雷德·德雷福斯的法国犹太人，被误认为向德国情报部门提供情报，并被判为叛国罪，而他成为嫌疑人很大程度上是由于他的犹太人身份。这在当时的法国社会引发了巨大的争议。经过重审和社会舆情的变化，德雷福斯最终被平反，史称"德雷福斯事件"。

第十二章

康德时刻

全新的知识论

—— 人文主义的完整形象已经呈现在我们面前,我们现在可以沿着人文主义这条线索进入伊曼纽尔·康德(Emmanuel Kant,1724—1804)的哲学了。康德哲学的确难读,但是康德哲学在近代哲学史中起着决定性的作用,如果忽视他的哲学贡献,我们的损失将是巨大的。康德在很多问题上给出了完全不同以往的深刻解答:客观知识何以可能,道德价值的基础,美学体验的特征,以及推动人类历史的动力等等这些问题。康德还明确的指出,理性的力量难以抗拒,它推动着我们构造出虚幻的、形而上学(自我、世界和上帝)的观念,这些观念超越一切经验并且难以验证;虽然它们能够帮助我们展开反思活动，然而也就是因为其难以验证，导致我们经常从这些观念出发进行过度的推论，最终让我们错误地相信这些观念是现实的反映。自文艺复兴以来，一些至关重要的哲学问题并没有得到很好的解决，而通过康德哲学，我们获得了解决这些问题的崭新思路。皮科·德拉·米兰多拉是人文主义思想家的开路先锋之一，我们的人文主义故事从他开始，而现在我们将从各种角度看到这场思想运动中最伟大的哲学成就，我们将试图澄清康德在哪些方面拓展和推进了人文主义思想。至此，我们善始善终地讲完了第一次人文主义的故事。

一 在哲学史上，康德涉猎的哲学主题十分广泛，其哲学成就令人肃然起敬。他的哲学涵盖了三大基本主题（知识论，道德哲学，关于拯救的学说），那些脱离古代宇宙论的所有哲学都包含这三大主题。因此，宇宙和谐已不复存在，于是康德需要给出一个"theoria（知识理论）"。我们已经看到，经过牛顿的物理学，宇宙只是价值上中立的一片混沌，或者说是一个物理规则作用下的力学场，除了力与力之间的作用，没有和谐，也没有任何的意义。于是，我们不再给自然界安装一副道德样貌，自然本身也缺少了任何可供我们凝视的神性。我们在此处重新回到了之前阐述过的主题上，但是康德将在这个基础上提出全新的问题，涉及这些问题的是他三本重要的著作：《纯粹理性批判》，《实践理性批判》，《判断力批判》。

如果现在的世界只是一片混沌，只是一个力学场，那么能确定的是，知识就能不再采取纯粹凝视世界的理论形式。因此，给出另一套知识论和真理论就是康德必须要做的工作。世界本身乍看上去没有提供任何秩序性，而正是人，或者准确地说，正是科学家们，变成了给世界制定法则的主体。于是，现代科学的工作已经不再产生于沉思之中，而是产生于**身体力行地去做、主观能动地规划**，甚至是**法则的构建**之中，三者让已经祛魅的世界具有了崭新的意义。科学工作的这种新的定位，是过去闻所未闻的。比如，根据因果性原则，"现代"科学家将在某些现象之间建立逻辑关系，揭示因果关联，也就是说，已知一些作为结果的现象，科学家通过实验的方法，揭示另一些现象是这些作为结果的现象的原因。"关系"从词源上来讲就是"综合"的意思（希腊语中"综合"意味着"放在一起"，也就是指"连接"），这也就是为什么《纯粹理性批判》孜孜追问的是：我们做出的"综合"命题以及"综合判断"的能力。可以说，科学规律建立了现象之间融贯的、清晰的关联，现象间的组织结构不再是现成的，而是建构的。

众多康德学者在下面这个问题上争论不休：《纯粹理性批判》构建的理论到底是对应牛顿物理学的知识理论，还是重新刻画了存在概念（关于世界本质的本体论）？毫无疑问，它兼有两者！一方面是存在的概念——康德所谓的"对象的客观性"，这一存在概念在康德著名的"范畴表"[1]里得到了定义，"范畴表"在《纯粹理性批判》中占据着核心位置。另一方面，康德定义的"思想"与希腊的"théoria（知识理论）"斩断了所有关系——也就是说，与视觉词汇紧密联系的"沉思"或"凝视"的知识观，被**精神工作**、**做综合判断的活动**以及**理智的"联结"**所取代，就像今天的逻辑学家所说的，这些是让真正的科学家获得自然规律的东西。

自由伦理学

  —— 于是，《实践理性批判》里所涉及的道德问题也有了彻

---

[1] 刚才作者写道，人或者说是科学家才是为世界制定法则的主体，而制定法则的依据就是范畴，康德的范畴表中有四大类（量、质、关系、模态），每一类有三个（成对出现的也算作一个）：量：单一性，多数性；总体性质；存在性，否定性；限制性关系：依存与自在，因果性；协同（交互）性模态：可能性与不可能性，现实性与非现实性，必然性与偶然性。在康德看来，所有的自然规律都可以放在这个范畴表里，这些范畴就是自然科学的形而上学基础。——译者注

底不同的意义，因为道德不再指望一个超验秩序，也不再指望"人的本性"中自带的理性演绎，我们刚才已经指出，根本不存在"人的本性"。

— 您说的对。这是理论视角大转变后造成的第一个结果。对于"我能做什么"这个经典问题，自然界本身不会再给我们任何答案。如何重构世界秩序，如果这种秩序已无处可寻？不仅自然再也没有伦理意义上的善，而且长时间以来我们是在抵御自然，抵御它给我们带来的危害以保全人类（我们还记得1755年里斯本大地震带给我们的反思）。对于我们自己来说，情况可能还要更糟：如果我只听从自己的"自然欲望"，那么我将深深地陷入毫无理由的利己主义之中，这种利己主义促使我一心只为满足私利牺牲他人的利益；于是，如果我只满足于听从自己的声音，那么我根本无法为普遍的利益着想，也就根本无法获得公共的善。所以真相是，带着自己的自然欲望，别人则只能永远等待！

现代世界已经没有古代宇宙论的地位，在这种情况下，我们面对的重要伦理学问题是：如果我们要的宇宙秩序是反本质主义、无宗教的，那么这样新的宇宙秩序扎根在哪里？我们之前试图回答过这个现代人文主义的基础性问题，我们说只有人的意志才是现代人文主义的道德观或者政治法律观的基础，并且，人知道这种行使意志的自由是受到限制的，也就是说，每个人的自由必须在他人之自由开始的地方停下来。康德把这一新世界（或者说是"第二自然"）叫做"目的王国"（"目的王国"指的是把自由无私的个体行动作为手段也作为目的而建立起来的世界）。"目的王国"的最高准则就是对他人的尊重，这种对他人的尊重完全脱离粗糙的自然本性，预设了一份个体自觉地付出和一种摆脱利己主义的精神意志。为什么说道德律令是绝对的，是一项义务：因为道德律令并不来自于自然，因为它并不是自己生成的，它预设着人的力量，预设着"意志的善"，或者更确切地说，预设着一个"善的意志"。

—— 在这方面，康德承认他必须感谢卢梭思想的启发。我们之前说过，康德把卢梭视为"道德世界的牛顿"。卢梭是把自由作为人类行动之基的第一人，同时他也阐述了这种以自由为基石的人类行动给教育、政治、哲学，以及人类历史所带来的影响。《实践理性批判》以更为严谨的方式论述了卢梭所提出的伦理学原则，卢梭本人对这些原则的论述在表述上不够系统，表达上也多采用暗示、映射等手法。特别是，《实践理性批判》详尽地探讨了自由在因果决定的世界里如何可能、一个自由行动的条件和必然性、如何辩护道德律令等问题。

— 之前说过，知识已不再是沉思，而是发现"综合"命题和因果关联，同样，这种崭新的伦理世界也是"人造的"世界，所有的一切都是建构起来的，在这个世界上，人不再是一个整体中微小的碎片或者微不足道的部分了，人是一种可以被工具化的存在（如果作为一个整体的人类需要这么做的话），然而人"以自身为目的"，拥有所有道德价值和道德尊严。总之，世界已不再是由自然创设的世界了，而是由人类意志锻造的世界——如何做到的呢？当然，正是民主的到来推动了这种新伦理观的产生。

拯救之道：扩展的思想

— 那么在康德哲学中，生活意义的问题，也就是关于拯救有限人生的教义又是什么呢？

— 因为之前讨论过，所以我们应该清楚的是：新的物理学和哲学在现代社会中开辟了新的视界，因此在现代人眼中，从有限的人生中获得拯救的办法再也不是把人消融在宇宙和谐里，宇宙和谐如今已经灰飞烟灭了。另一方面，对于那些非宗教信众来说（现代科学的产生对天主教世界的秩序造成了一定的破坏，世界不断地被祛魅），他们也不会从宗教中去寻找拯救的办法。

一眼看过去，第三批判——《判断力批判》是处理美的标准问题以及如何定义有生命的存在这个问题。之前我们看到，知识论问题在《纯粹理性批判》中得到处理，道德哲学则是《实践理性批判》的主题，但是关于拯救的问题呢？难道我们非要处理这个问题不可？在宇宙论和几大宗教之外，这个问题对于人们来说是否已经变得无足轻重，所以第三批判并没有给这个问题留下位子？

实际上，《判断力批判》在讨论美学理论和生命理论之前，首先分析了一种极为特殊的精神活动，康德将其命名为"反思"。我们不进入具体的论述细节，但是我们可以发现，"反思"最先介入了我们所说的"世俗化的智慧"或者"世俗精神"之中（两者都是去宇宙论和去宗教的）。虽然康德自己是基督徒，然而他给出的"反思"概念以全新的方式提出了人类存在意义的问题。"反思"实际上支撑着康德所谓的"扩展的思想"，后者与"画地为牢的精神"相对。所谓"扩展的思想"，是指人们**通过反思**突破自己的思想封锁线而达至对他者的理解。举个简单的例子，在学习一门外语的时候，我必须一方面要从母语习惯乃至思想习惯中跳出来，另一方面要进入一个更宽广、更具有一般性的思想领域，在这个领域里，我接触并理解另外的文化以及人类社会。也就是说，我从**特殊的自我**出发，然后到达**更普遍的人性**。学习一门语言的过程，就是我从特殊走向普遍的过程：我不仅仅因为会说一门外语，能与更多不同的人打交道，我通过语言可以接触到其他世界的概念和思想方式。同时，眼界的拓展让我突破精神的自然和社会局限。如果像圣经所希望的那样，我们将知识和爱合二为一，那么，我们便进入了一种相对于神学的、称之为世俗化的人类存在方式，而这种存在方式成功地辩护了"扩展的思想"，并赋予"扩展的思想"以重要的意义，于是，"扩展的思想"变得尤其重要并同时有了扩展的方向。对于康德的基督教信仰来说，这种面向世俗化的解释会让我们一步步地进入康德哲学。在这个意义上，他的哲学是当代思想之源。

前所未有的颠覆：有限的人类优先于上帝

一 康德给人类设置了限度，并完全割除了人身上的神性，凭此，他在神学背景下开辟了一条新的道路。对于康德来说，人类知识固有的局限性可以从两个互相独立的视角来理解。这两大视角首先是**从形而上学角度出发的**人与上帝之间的关系问题（也是相对与绝对、有限与无限之间的关系问题），然后是**从知识论角度出发的**人类知识的不完备性和可错性的问题（"不完备性"和"可错性"在一定程度上代表了人类知识的特征）。这一点极其重要，即使可能看上去非常抽象。我们在这一点上要花一些时间来好好理解，因为对于整个哲学史来说，这是最为深刻的思想之一。

从笛卡尔主义（笛卡尔哲学统治了整个十七世纪的哲学思想，即使在十八世纪其哲学影响也不可小视）的角度看，要点在于：上帝被认为是全知的，因此与上帝相比，人类的知识有其限度。**人类的有限性需要放在上帝全知的背景下得以理解。**此外，上帝的存在、上帝的全知和上帝的无所不能是毋庸置疑的；笛卡尔、莱布尼茨和斯宾诺莎都以不同形式的"形而上学证明"表现了这一点。我们知道，他们这些（所谓的）证明要说的是，我们必须如此构想上帝：上帝拥有全部的特征和属性，而"存在性"是非同寻常的一种特征，如果说上帝不存在，那将产生矛盾，所以上帝存在。康德是第一位彻底摧毁这一著名"证明"的现代哲学家。他的论证是：即使我们确信上帝存在，这仅仅是一个观念，这个观念没有给出任何关于上帝存在与否的证明；必然存在的**观念**实际上并不是**存在本身**。

我不在论证的细节上继续纠缠了。现在已经足以让我们清楚，与康德的态度相反，笛卡尔主义者满足于这个形而上学证明，在他们那里，绝对完满的上帝是第一存在，人类排名第二，我们可以这样形容人类与上帝的不同之处：无知、失足、错误、感觉，以及死亡。为什么这么说呢？因为严格说来人类是有限度的，并无知地被周遭世界所限定（自从我睁开眼睛，我就明白我自己并不拥有整全的存在！），因此人类也是一种情景化的，有感知的存在，这意味着人类被时空所限；同时人类也会犯错、作孽，最终迎接死亡。我们有感知地存在，这是好事也是坏事，毕竟，这让我们的肉体最终都归于朽败。

"康德时刻"——之前我已经提到过，虽然海德格尔和卡西尔之间有很大不同，但是他们二人对于"康德时刻"的重要性有着共识——意味着我们的思考视角要从笛卡尔的思路上完全转变，转变的力度思想史上前所未有。《纯粹理性批判》就像一个剧场，"康德时刻"便在这里上演，准确地说：康德**首先**思考的是人的有限性，这意味着感知和身体都受时空所限；**接下来**康德处理绝对性（不受时空所限）的上帝或者无限的神性——这就是为什么《纯粹理性批判》的第一个部分叫做"美学（Esthétique）"（这个词来源于希腊语"aisthesis"，意思是

"感知"），这也就是为什么康德首先分析了时间和空间这两个人类限度。

人的存在是有限度的，要证明这一点，我们只需看到：我的身体只占据着某段时空（我无法占据已知的全部空间，我的生命总会停表）。换句话说，所谓"存在的限度"，就是指我们的意识永远受到外在世界的限制，在这个世界里，意识不会自我衍生。"存在的限度"是**第一事实**，是解答所有哲学问题的出发点，因为我们认识到，关于这个世界的唯一真相，便是世界给存在确立了限度。当然，我可以试着从这种限度中抽离出来，比如不从有限的人类的视角看世界，而是从无限的上帝的视角看世界。然而，我有最起码的理智，我很清楚这只是想象，只是虚构的假设，真相从未变化：即使我号称自己是上帝，我永远也只能作为一个有限的存在进行思考。因此，我们的思考不能像斯宾诺莎在《伦理学》中那样从上帝出发，而应该从人出发，人有想象的能力，但终归人是被限定的存在。

如果人的存在没有这种限度，人可能连意识到底来自于哪里都无从知晓，就像胡塞尔在之后说的"所有的意识都是关于某些事物的意识"，意识表征一个对象，同时这个对象限制着它，显然这继承着康德的衣钵。另外需要强调的是，在康德的所有著作中，"反思"概念有着极其重要的核心的地位。如同意识（尤其是相关意识活动），反思是思想的应有之义，因为反思总会预设一个会同时限制反思的**意识对象**，以及一个自我之外的**世界**，反思会因此最终回到自我（我会之后再次详述这一点）。我们可以认为，人的自我意识可以让我们只留在主体内部，然而实际是，即使对于自我意识这种现象，客体性的问题仍然会出现：我们在客体中把握主体，于是**思想的反思与给思想设限的世界**形成一体两面的关系，自我与世界、自我与自我之间的通达也是由反思搭建的。上帝从不反思，因为他是全知的，他的理解力没有任何限制。上帝的存在与上帝的思想是同一的。斯宾诺莎对这一点的理解非常到位，就像他所认为的那样，上帝不会有意识——因为要有意识和反思，必然意味着有限制反思和意识的东西出现，而这与上帝的全知，也与上帝的无限性相矛盾。对于我们有限度的存在体来说，存在和思想是两分的，而两者那条分割线，我们叫做"感知"。以上就是为什么《纯粹理性批判》开始于对感知的分析，以及对时间和空间这两大感知维度的分析。

—— 因此，对感知的分析让康德给出这样的结论：有限度的人是第一位的，从人出发，我们才有可能去思考上帝和绝对性 —— 于是，上帝被彻底相对化了，因为如果不从我们受限的感官出发，上帝将不可被思考。

——是的。这一颠覆性观点的最终结果是：理解绝对完满的事物、证明上帝存在等等，这些企图在康德那里都被打破了，认识到人的限度则是第一要务。因此，"形而上学知识"的虚弱本质被揭露了出来，因为这些知识已经超出我们所能企及的限度。

我们需要准确理解这场事关神学的革命的深度，这里并没有触及任何我们刚才论述的有关宇宙论的问题。现在以最简单的方式来描述这场革命：**通过康德，绝对完满的、全知的神性已经无法再给人类设限，无法再把人类界定成低一等的存在，这样的神性化身已不复存在；取而代之的是完全相反的图景，人类知识的限度让绝对完满的上帝相对化了，上帝已经被降低为一个观念，而这个观念实际上无法通过任何哲学的或是科学的方式得以证明**。在我看来，"康德时刻"最为核心的内容既是康德哲学的起点，也是康德哲学的高峰。

第十三章

黑格尔和马克思：人文主义者
还是解构主义者？

历史哲学家还是否定历史的理论家

—— 如果康德树立了一座人文主义思想的丰碑，那么我们如何定位黑格尔（1770—1831）和马克思（1818—1883）？"相对性"否定所有合法性，而黑格尔却重新试图和解绝对性与相对性之间，凭此，黑格尔声称超越了康德：但是如何理解黑格尔的这种超越？从黑格尔再到马克思，我们看到的是后者努力地将唯意志论的世界观与经济决定论的世界观融合起来，这种思想图景让我们从马克思身上闻到了解构主义者的气息—— 保罗·利科把马克思放入他所谓的"怀疑的哲学家"的行列，之前分析过，在尼采的意义上，"怀疑的哲学家"以人文主义的那些"观念偶像"为靶子，逐一解构。总之，黑格尔和马克思将那些过去被认为是比较边缘的主题推到了极为重要的位子上（除了孟德斯鸠和其他一些哲学家，他们从道德角度处理过这些边缘主题）：战争，道德的演化，艺术的历史，经济问题，等等。尤其值得一提的是黑格尔和马克思的人类历史观，人类历史的发展有其独立于人类意志的"逻辑"——人类创造历史的时候并不知道他们创造了什么。一方面，黑格尔和马克思完全是"进步主义"哲学家，但是另一方面，他们所提出的人类历史发展的"无意识性"，又让我们觉得他们给出了理解人类存在的最终答案，于是我们可以说他们从事了一项解构的工作，也就是解构那些我们对世界抱有的幻想。

— 关键问题可能并不像你所说的那样。如果我们想更深入地理解历史哲学问题，就必须从主体性的两个现代维度展开，之前我也这么提过：**意志**和**理性**。然而这是一个很难的问题，在这些问题上我还没有一个很确定的答案。对于唯意志论的世界观，无论是革命主义的或是改良主义的，它告诉我们，人类朝着自己的理想目标有意识地创造着历史。对于理性至上的世界观，它告诉我们，人类历史在因果链上独立运行，我们并不是有意识地朝着某个方向推动历史，之所以如此，原因很多，最重要的原因是，历史事件的因果关系错综复杂，我们的意识难以企及全部，但这些因果关系却是历史进程的决定因素。我们可以说，理性原则试图从完全理性主义的角度解释历史，在这一原则看来，任何历史事件背后永远都有充分必要的原因。所以，只要在一开始我们能够掌握关于历史进程的科学，我们就能预见所有历史。我们生活在历史时间当中，然而我们所处的历史并不是随着时间的流逝而被创造出来，毋宁说，历史是处于时间之外的，它已潜在地完成了：这幅历史图景就像是我们正在照着已完成的乐谱演奏钢琴，或者像是一盘已经录制完成的 CD，所有乐音都已经在 CD 上了，我们只是听着它们随着时间播放出来。于是，悖论就此产生：**理性主义历史观揭示的真相是历史没有历史**，因为只有给出历史的初始状态，我们就可以根据历史演进法则（如果我们知道这种法则的话），推导出历史的终结状态！所有人都认为，黑格尔在创造历史，但是海德格尔继承了康德衣钵，他认为黑格尔彻底否定了历史！

我们觉得时间和历史当然是存在的，但是对于上帝和那些持各种历史决定论立场的学者们来说，并没有什么历史，这意味着历史的终结从历史一开始就已经确定了！充足理由律的直接结果是：我们假定一切都有原因，但这并不等于说，我们同时假定了会有一个历史学家掌握了所有历史事件的原因！我们并不知道这些原因到底是什么，我们只是简单地假设原因就在那里。这就是为什么我说在黑格尔的历史哲学里（在马克思的历史哲学那里也一样），没有人类历史。更让人不可思议的是，这是有可能的。实际上，这些历史哲学是对历史的极大否定，因为这一历史哲学相当于说，种子一旦就绪，我们马上就会收获果实，至少我们会知道果实成熟时候的样子。生活事件、历史事件在人们身边连续发生，而历史就是人们感受这些事件的方式，从黑格尔的绝对知识或者从马克思的唯物辩证法来看，这些事件一开始，它们就结束了；也就是说，它们的结果完全嵌在它们的起点处。在这里，我们又看到了莱布尼茨和斯宾诺莎式的必然性概念，然而，历史必然性的概念并不是从历史外部灌输给历史参与者的，而是从历史参与者当下的行动链中显现出来的。

时间的幻觉

—— 然而，依我之见，黑格尔分析了人类各种活动领域的特点，分析了每个时代的主流世界观，还分析了一种世界观"辩证地"发展到另一种世界观的方式，这种辩证法我们并没有在莱布尼茨的著作里看到过。我明白您说的，我们在他们的思想深处发现了解释人类历史的一般原理。只是根据莱布尼茨的"上帝创造世界的时候，上帝要计算"，上帝从最少的原则出发所创造的世界一定是最理性、最富饶的。总之，这个世界是"可能世界中最好的世界"。即使每个人都按照自己的意志行动，世界上的一切也都是上帝计算好的！然而在黑格尔那里，我们所谓的"精神"是自己展开自己（简单地说，"精神"是某种有意识或无意识的对世界的整体表征），这种精神孕育了世界，并通过个体的行动，催生了社会事实，以及文明和时代的延续。即使我们看到的只是莱布尼茨历史观的世俗化版本，但这一版本非同寻常；我不是一个黑格尔主义者，但是我认为黑格尔的历史哲学朝现代性迈出了重要的一步。坦率地说，黑格尔实际上一只脚留在了过去——他重新整理前人的思想工作，让他们的思想遗产重新散发光辉——另一只脚踩在了未来——他希望给出完全新颖的观点，挖掘那些被一直忽视的视角。而且，我觉得我们也许可以在贝多芬的音乐或者拿破仑一世的政治中看到与黑格尔思想相似的东西，他们都与黑格尔处于同一时代。

—— 如果我们想用几句话来概括黑格尔在哲学史上原创性的贡献（当然，我们知道这是一位产量丰富的思想家，在美学、宗教史、法哲学和其他主题上，他都有非常精彩的著述），如果我们想看到他与莱布尼茨和斯宾诺莎真正的区别，那么最好的方法就是通过一个充满怀疑论色彩的问题去理解黑格尔，这个问题是他在总结哲学史上的经验教训时提出来的，它成为黑格尔哲学体系的根基之一。他的这个问题是：哲学的多样性是否让哲学还有资格宣称发现了真理？黑格尔大概从1801—1802年间开始真正反思这个问题，其思考成果反映在《论费希特体系和谢林体系之差异》和《哲学批判的本质》之中。随后，在黑格尔1807年的《精神现象学》里，这个难题有了一份最终的答案。也就是在这部著作中，黑格尔通过对人类历史的分析，回应了他提出的怀疑论问题，这个问题反映了一直以来各路哲学众说纷纭的基本状况。

可以这样总结黑格尔的回答：我们不会在某一种哲学里发现真理（即使是历史上最后的哲学思想也不会蕴藏着真理），真理存在于所有哲学思想系统性的综合、升华之中，而所有这些哲学思想都是在时间长河中自我展开的。根据黑格尔，如果我们必然要从一个时代走向另一个时代，那么我们经历的每个时代都会展现出真理的一个侧面（这个侧面相对于真理也是错误的）。到最后，真理只会在所有片面、错误的观点以及所有的"意识形象"的综合中揭示出来，这些"意识形象"都展现在历史进程中，由此，所有"意识形象"综合而成的思想将超越过去的那些片面的哲学观。实际上，黑格尔认为在历史进程中展现出来的那些世界观会形成一个"体系"，这个体系本身是脱离历史的，因为这个完整的体系会把一种理性揭示出来，这一理性反映的是综合过程中的全体存在的理性，同时，这个体系在构建之初就注定了其结果，并在历史进程中一点一点地得到解释；显然，我们发现这里有一个矛盾。另一方面，不同时代展现出来的世界观，也都有各自的地位，于是在这里，我们看到了区别黑格尔和莱布尼茨的东西。之前说到过，莱布尼茨看重的是神学的、形式的原则，这些原则决定了我们的世界是"所有可能世界中最好的世界"。莱布尼茨的这一命题十分艰深，在这里我们只是概述。

黑格尔认为充足理由律对于时代的辩证法非常重要，它让多样的世界观随着历史进程逐一展现，因为"时代的辩证法"把历史进程综合了起来，文明的每一个新阶段既与前一阶段相对立，又超越前一阶段；在《精神现象学》的前言中黑格尔这样写道："真理在于全部。"换句话说，真理并不属于某一哲学立场，真理是所有在历史上出现的哲学观点的总和。黑格尔与莱布尼茨一样，都把时间当作一种幻觉，就像莱布尼茨所说的，时间只是来自于"理智的混乱"。那些在上帝或者绝对知识看来是共时性的东西，我们却只能在历史进程中一点点地感受到它们。这些东西完全像数学证明一样，证明结论已经包含在证明开始的地方。但是作为普通人来讲，我们显然只能困惑地认为真理的逻辑受到时间形式的制约。

黑格尔，启蒙运动之敌

—— 这样看来，我们也许能说，黑格尔是想反思历史而不是否定历史，但是在他那里**历史**好像是一本**哲学**书：书里的理论概念随着时间顺序依次展开。黑格尔写出了第一部伟大的历史哲学，而这部历史哲学本身却并不是历史，而是哲学。然而，黑格尔在自己的历史哲学中遇到了与拉马克[1]同样类型的问题。拉马克提出了第一个伟大的物种进化理论：之前持物种不变论立场的自然主义者建立起了物种图谱，而拉马克把这一图谱放在了历史演化背景下加以解释。在这一基础上，拉马

---

[1] 让-巴蒂斯特·拉马克（1744—1829）：最先使用"生物学"这个词的法国博物学家之一，演化论最早一批支持者，并提出了"用进废退"和"获得性遗传"两个进化法则。"用进废退"是说，动物经常使用的器官会逐渐发达，不使用的器官会逐渐退化；而"获得性遗传"则告诉我们，后天获得的性状是会遗传给下一代的。拉马克的生物演化学说在当今科学界并不被普遍接受。尽管如此，拉马克也称得上是生物演化论的先驱人物，达尔文在《物种起源》一书中曾多次引用拉马克。——译者注

克认为，生物进化是一个持续的、理性的进步，其中的动力就在于"获得性遗传"，而任何偶然性和突发性在这一进化过程中都不起作用。我们知道，达尔文也把时间维度加入了自然选择当中，然而达尔文进一步强调自然选择的随机性因素（某些突变有利于物种适应环境以及物种繁衍）。拉马克处于物种不变论立场与达尔文立场之间，与此类似，黑格尔在我看来处于新世界和旧世界之间，他来自以基督教独断论和新笛卡尔主义为标志的思想传统，而当他推动着哲学向前迈出一大步的时候，他其实仍然深受这个思想传统的影响。

— 我可能会用另一个比喻，即音列比喻：为了达到音色上的和谐，黑格尔要处理所有不和谐的乐音，也就是要处理所有历史上那些互不相容、互相冲突的哲学理论。在经验科学以及康德哲学的"有限的人类优先于上帝"已经问世之后，黑格尔想重新再把莱布尼茨和斯宾诺莎的古典理性主义形而上学拉回来。

在康德哲学中，人类存在优先于全知全能的上帝，上帝已经变成了一个观念，一个"调节器式的观念"(换句话说，借助这一"调节器式的观念"，人类能够校准反思的方向，同时我们也明白了上帝不再是真理，也不再是现实)：上帝只是人类理性的一个观念，并且，人类关于上帝的观念要比上帝关于人类的观念更加真实。

与康德相对立，黑格尔真正想重新加以说明的是，从上帝的视角出发，真理实际上在于对历史的消除，或者像莱布尼茨那样，将历史当作"理智的混乱"，也就是说，历史只是想象出来的而已。因为若是没有绝对性（上帝代表的绝对性——译者注）和相对性、客体和主体的和解，那么人不仅仅是有限的，也是彻底"未完成"的，这样的人是悲剧性的，是注定令人沮丧的。

黑格尔还为时间下了一个定义，这个定义表明了黑格尔将历史收回到绝对性里，并让其回到了莱布尼茨模式。这个定义是："时间是展开在存在中的概念（die Zeit ist der daseiende Begriff）。"这个定义确证了我们刚才所说的，黑格尔的确与莱布尼茨有类似之处，因为黑格尔的这个定义也的确可以找到莱布尼茨的声援，莱布尼茨曾说："时间只能在变化着的事物部分中才能被感觉到"。黑格尔宣称他在斯宾诺莎和莱布尼茨的战线上重新创立了的绝对独断论，以反对发现人类之有限性的启蒙哲学和康德哲学，后者是启蒙哲学的集大成者。这就是为什么对于启蒙哲学（我们所谓的"反思哲学"，也就是"关于反思的哲学"）来说，黑格尔是一个敌人。

历史的终结

— 黑格尔哲学另一处令人惊讶的地方是，他对所有过往哲学的综合最后难以避免这样的结果，即"历史的终结"。之前已有所暗示，弗朗西斯·福山明显援引了黑格尔，他将"历史的终结"这个概念重新开发出来。福山使用这个概念意在为人文主义的自由民主辩护，在他看来，自由民主是不可超越的。因此，历史的终结并不是说时间的终止，而是说人类文明中可能出现的那些最令人满意的价值已经全部登场。需要澄清的是，那些戏剧性的或者有积极意义的历史事件，那些会给人带来快乐或者不幸的科技发明，那些危险的经济衰退或者锐意进取的改革等等，这一切都还会出现，而"历史的终结"仅仅意味着，今天我们最为向往的经济结构类型以及社会基本组织原则（大致说来，就是社会的民主体制）已不再可能被挑战。福山和黑格尔的"历史的终结"并无太大分殊，只是黑格尔所谓历史进程的终结，其意义更加广泛。那么黑格尔是如何发挥"历史的终结"这个概念的呢？

— 历史上所有不同的哲学观点和所有不同观点之间的冲

突在黑格尔哲学中被整合、被超越之后，我们终于得到了一个综合性视角，一种各哲学观点间完美的协调，回到刚才用音乐做的比喻，这个综合性视角就像是一部被谱写完成的古典交响乐，即历史的终结。黑格尔是第一个伟大的历史理论家——可以确信的是，拿破仑和黑格尔完结了历史。

但是我们不能只停留在比喻上，还需要走得更远。如果我们想真正理解黑格尔体系的核心，就必须从他的历史哲学的概念工具出发——著名的概念三段论"自在"—"自为"—"自在自为"。该三段论对于非专业读者来说看上去难以理解，我们会将它们"翻译"成比较通俗的语言。黑格尔在其《哲学史演讲录》的前言中用一个植物有机体的比喻介绍了这个三段论。"自在"，指胚芽，此阶段一切都尚未区别，也就是希腊人所说的"无定"，存在还只是潜在的，像是赫西俄德笔下宇宙之初的混沌；"自为"，指种子内部不同的物质开始分化和展开；"自在自为"，指果实，也就是从植物开始生长直到结出果实的全部过程的综合。

我们举个例子。如果我们不是园艺学家，我们看一粒种子的时候，分不清它到底是什么植物的种子，我们不知道种子会长成冷杉还是梧桐，因为这时候一切还未区分开：这粒种子，就是自在，它包含着潜在性，这意味着一切还未区分、未明确、未清晰。现在如果我们种下这粒种子，它会慢慢成长，我们会看到它长出的是宽叶（如果是梧桐的种子），还是针叶（如果是冷杉的种子）：这就是"自为"的阶段，差异性和特殊性呈现在所有人眼前，这是一个从潜在到完成的中间过程。最后一个阶段，这些树木将繁殖出果实和种子，这些种子和果实又将产出新的树木：这是一个系统得到完成的时刻，所有的差异性得到整合的时刻，因此，"自在自为"是意识和主体性完成的时刻，植物生长各阶段的所有不同性状都将被统一在主体性中。如果我们把这个有机体模型运用到人类历史，我们将会明白黑格尔所说的"真理在于全部"：真理并不产生于历史进程的某一时刻，而是产生于整个历史进程的全体，诸多立场各异、相互争辩的哲学在这一历史进程中相继登场，最后在一个协调的整体中被综合起来，形成一个体系。

—— 而如今的观念是，我们必须看到历史的偶然性、突发性和不可预见性，它们对历史有持久深远的影响。这种观念在黑格尔和马克思之后是如何再次出现的？

—— 黑格尔主义历史观所体现的完全是理性原则以及如下观念：每个时代鱼贯而入，"过去"包含着能够解释"现在"的理由和原因，每个时代都以理性的方式创造着下一个时代。海德格尔和汉娜·阿伦特建议对这种理性原则进行一场真正的解构，他们提出，历史事件就像是安德鲁斯·西勒修斯笔下的玫瑰一样"没有理由"，历史上有无法预料突然发生的事情，历史事件的发生有纯粹创造性的一面。

我们需要看到，对于海德格尔和阿伦特来说，如果要从适当的历史维度来看待这些带有突发性质的"孤立事件"(所谓"孤立事件"就是相关历史事件的发生没有任何征兆，我们无法预先知道它会发生)，那么就需要让这些事件避免充足理由律的控制，也就是说，该事件的发生没有任何因果可言。在海德格尔看来，时代的延续并不遵从因果联系（nexus），即使这种因果联系像在黑格尔那里一样是"辩证的"；时代的发展模式毋宁是一种"花朵盛开"的模式，也就是说，每个突然出现的新时代都有新的特点，其特点至少有一部分并不依赖于滋生这个时代的周边环境。我们也会认为，历史事件（特别是历史事件中历史意义最为丰厚的部分）具有原发性、创造性，本质上无法预见，至少无法完全预见（历史事件的原发性超越所有导致历史事件的原因）。借用海德格尔的术语来说，这就是"存在的神迹"——而这种关于历史事件（Ereignis）的概念遇到的问题之一就是，我们如何让这种历史观兼容于历史研究的科学进路。

　　人类历史中包含有不可还原的原发性以及偶发性，这些特性被挖掘出来并不是偶然。海德格尔与阿伦特这种对历史的认识其实又让我们回到了康德与黑格尔之间的争论上：康德看到的完全是历史的原发性和某种程度上的不可预见性（他之所以如此，主要是因为他的哲学致力于阐明人类的有限性而不是绝对性观念，当然也是因为他对理性原则的批判），而黑格尔的目标是为绝对性观念平反，因为他倾其所能将历史和时间吸收到概念里，也就是说，历史的结果已经在历史开端处以胚芽的形式呈现了，从历史的开端到历史的结果只是理性的展开过程。

　　马克思的哲学有同样的问题：从某种意义上来讲，最终的共产主义已经以胚芽的形式存在于"原始共产主义"之中；对于生产资料私有制出现之前的这段历史，我们叫做"原始共产主义"。

马克思的历史观：冲突的两面性

　　—— 在马克思对黑格尔辩证法的一句著名评论中，他承认自己与黑格尔在哲学上的亲缘关系："黑格尔哲学让辩证法在头上运行，为了让辩证法具备理性的面孔，只需把它重新放在足上就好了。"但是就我看来，对于人在历史中的盲目性这个问题，两位哲学家有不同的看法。对于黑格尔来说，对过去所有错误观念的综合就是真正的关于历史的绝对知识，因此关于历史的绝对知识只是对前人所思的再思考的产物；与其说我们在否定前人的思想，不如说我们是在重新照亮前人的思想。对于马克思，情况恰好相反，如果是人创造了生产关系，那么不受人类意志控制的经济规律则决定了人类历史；于是乎，全世界共产主义的到来并不意味着所有之前的"错误"观念在一个体系内得到了综合，而意味着一个新时代的到来，这个时代完全剥离了过去，将过去夷为平地。黑格尔和马克思之间上述的不同思想进路是否能够将两者的历史哲学区别开来？这一问题直到现在我们还没有阐述得非常清楚。

一　不是的。无论马克思主义者怎么说，两者的历史哲学里都有着根本相同的结构。在这一背景下，马克思是完全黑格尔式的理性主义者：马克思和黑格尔一样，认为时代前进的链条是不可逆转的，更准确地讲，每个时代都是后一个时代的原因；另外，历史的不可预见性和突发性在马克思那里根本没有位置，这点更甚于黑格尔。简单讲，马克思以某种科学的方式

（或者号称是科学的方式），进一步具体分析了生产力与生产关系之间的矛盾关系，而这一矛盾则触发了阶级斗争。马克思试图详尽地刻画这一过程，因为他认为这里潜藏着重大历史事件的最终原因和历史发展的规律，而这些是黑格尔没有做的工作（至少是对经济和政治方面的分析，黑格尔并没有展开）。但是，马克思的解释模型从头至尾都是黑格尔式的：在《资本论》的前言里，马克思不断强调生产方式的更迭具有历史必然性，他还明确指出"这是一种掌管着自然界万物变化的必然性"。由此，共产主义将是历史上最成熟的果实。个体在生产方式的更迭过程中是无知的，他们难以避免地被裹挟着参与其中，虽然他们的参与会打着各种虚幻的价值旗号，然而他们对生产关系的变化终归是"偶像崇拜式"的无意识；可以说，对于生产关系的变化，个体是"精神缺席的"。

这里，马克思基本上在重复黑格尔关于"理性的诡计"这个主题。在"理性的诡计"面前，朴素的人类意识微不足道，因为这种人类意识既不会告诉我们人类从何处来，也不知道人类向何处去，它永远只能让人们感受到，自己完全依附的当下世界在坍塌，而对于已经到来的新世界，人类意识则感受不到它们的意义；人类意识不会想到，辩证法内在于人类占据的地位、内在于人类本身存在的矛盾中；辩证法**必然地**导致新的世界形象，其中，人类只看到了对抗人类自身的那些不幸。另外，黑格尔的理论模型在某种意义上被马克思强化了，即只要我们知道分析新的事实，那么当我们清楚历史的开端，就能演绎出历史的终结，因为的确存在"历史规律"，即一门历史的科学。

但是，就像我之前强调过的，马克思在著作里有一个很奇特的创发，就是他让历史的科学理论与历史的革命理论融合在一起；人们对于前者是无意识的，而对于后者显然预设了参与者能够意识到自己的处境，也能够知道之所以选择革命行动的理由。将这两种历史观在一种哲学中组合起来是有"冲突"的，这也部分地解释了共产主义的实现之所以需要人类的艰苦努力，我们看一看这是为什么。

如果肯定人类意识参与的历史观和历史的科学（"历史的科学"告诉我们历史**必须**朝哪个方向前进）同时存在，那么，我们首先要预设有意识的、有效的革命行动是可能的，我们还必须要拥有懂这门科学的专家带领社会完成历史的宿命，这些专家就是那些"伟大领袖"（列宁、斯大林等）。显然在这种条件下，任何反对革命行动的妥协之举都会被看作是令人羞耻的懦弱和蛊惑人心的后退，妥协什么都不是，妥协只意味着错误。因此，所有反对意见在理论上都必须被清除。西蒙·德·

波伏娃就是带着这样的思考写下了一句奇怪的名言："真理只有一个，而谬误千奇百怪，这并不是偶然，如果右翼人士承认多元主义的话！"因为伟大领袖和波伏娃知道拯救历史的真理。

这就是为什么与"历史的进程要符合充足理由律"这一观点进行决断是非常重要的，同时我们又要回到用人类的有限性去抵制上帝或者绝对知识的立场上去。毫无疑问，充足理由律只会是一个"调节器式的观念"(这个表达式要在康德的意义上进行理解)，它能帮助我们找到那些推动历史发展的因果关系，但是它不再是揭开历史真理的钥匙了。

第十四章

批判启蒙思想

　　—— 如今，启蒙运动时期的人文主义仍然是我们的核心世界观，他几乎是我们的第二自然——而这"第二自然"所涉及的其实是一种"反自然"的哲学。同时，我们把这种人文主义视作所有反思和判断的起点，甚至当我们想要批判它的缺点或者为其他哲学辩护的时候，这种人文主义仍然是我们的起点。虽然我们会不断地回到人文主义，但是我们还是希望能用其他原则来代替它，来为生活找到意义。现在，我们不再接受这种人文主义所暗含的欧洲中心论，我们不再相信欧洲文明要优于其他文明，另外，第一次人文主义也难以提供充分的思想资源，让我们能很好地思考某些人类的存在维度（这些存在维度与个体的独特性、感情，以及欲望相联系）。思想上的这种变化让我们对那些曾经批判人文主义的深刻思想重新有了兴趣——自从人文主义兴起，其他哲学思潮就没有停止过对它的批判，这些批判的强度、广度和持久度都远远超过那些我们对过往哲学的批判，比如对希腊罗马的古典哲学以及对基督教的批判。

一 在现当代史上，至少有四大类对人文主义的批判是十分重要的。首先是反对大革命的浪漫主义批判；随后是以"差异主义"为名的批判，这一批判来自于极端的价值相对主义，其背后的观念是：每一种文化都有独特的文化规范，这让文化之间不可兼容并蓄；再次，则是对理性进步观的批判。这一批判强调，人文主义不仅无法阻止法西斯和共产主义的野蛮行径，而且那种盲目地、罔顾人们意愿地强行推广新事物的做法已经失去控制，这让我们面对越来越多的风险；最后，来自深层生态学以及各种"去增长"理论的批判，这一类批判强调，人文主义试图让人们摆脱自然的控制，这是自杀式的疯狂行为，人类只是自然中的物种之一，我们的繁衍生息靠的是生态系统内部的持久平衡。我们先详细论述前两个批判，之后我们会分析后两个批判。

反对大革命的浪漫主义批判

— 第一类批判，我称之为反对大革命的浪漫主义批判，它在四个方向上展开：由卢梭开启的对文明和奢华生活方式的批判（这一批判表现在他与伏尔泰关于奢侈品、剧院生活和巴黎中心主义等话题的论战中）；在政治上对法国大革命的批判［雷贝格（Rehberg），伯克（Burke）以及德国浪漫主义者雅各比（Jacobi）、亚当·米勒（Adam Müller）都是这股批判浪潮中响当当的名字，有趣的是，这股批判力量延续到了二十世纪，比如在汉斯·格奥尔格·伽达默尔（Hans Georg Gadamer）的著作中[1]；对个人

---

[1] 奥古斯特·威廉·雷贝格（August Wilhelm Rehberg, 1757—1836）：从黑格尔到康德的德国古典哲学时代的先锋思想家，其重要的思想贡献在于对法国大革命的批判，他为传统社会制度辩护，反对革命的意识形态。埃德蒙德·伯克（Edmund Burke, 1729—1797）：爱尔兰著名政治家、政治理论家和哲学家，1790 年发表了《对法国大革命的反思》，他是英国最早最突出的法国大革命的批判者。弗里德里希·海因里希·雅各比（Friedrich Heinrich Jacobi, 1743—1819）：德国著名哲学家，他让"虚无主义"一词进入了哲学讨论之中，并认为虚无主义是启蒙思想引致的首要错误。亚当·海因里希·米勒（Adam Heinrich Müller, 1779—1829）：文艺评论家，神学家，德国政治家，浪漫主义经济学的先驱人物，反对亚当·斯密的自由市场理论。汉斯·格奥尔格·伽达默尔（Hans-Georg Gadamer, 1900—2002）：德国哲学家，著述《真理与方法》令其闻名于世，他的主要哲学贡献在于诠释学，伽达默尔终其毕生的哲学主题是人类的对话和理解。——译者注

主义的批判（反对把个人当作人类社群的中心）；最后，是对机械理性主义的批判（这一批判借助的是某种生机论，试图再次为"自然有终极原因"的观念辩护）。

卢梭的批判是一个比较特殊的情况：显然，卢梭的思想至少有一部分是富有启蒙精神的（他的《社会契约论》无论如何都是在为民主辩护），但是他又揭示到，启蒙精神容易把"实践中的自由"和"对人工修饰的痴迷"相混淆，后者包括文化的过分考究，奢侈的生活方式，文化产品的矫揉造作，以及把人分成三六九等的不计其数的生活装扮，这些东西都阴险地让人们彼此驱离。在这种矫揉造作的文化氛围中，卢梭看到了文明进步里的危险堕落，看到了把人类彼此隔离的那些东西。他特别注意到，这种氛围中的人已经远离了真实的自己。如同让·斯塔罗宾斯基（Jean Starobinski）[1] 所言，卢梭希望个体能够在自己、自然和他者面前，做自然而然、毫无粉饰的自我。无论是在政治、教育领域，还是在情感世界以及自己的生活自传中，他的所有著作都体现了他的理论方向，即去找到这

[1] 让·斯塔罗宾斯基（Jean Starobinski）：1920 年生于日内瓦，早年在日内瓦大学学习古典文学和医学；著名的观念史家和文艺理论家，日内瓦学派代表人物，致力于十八世纪法国文学以及现代诗歌、艺术的研究。——译者注

种个体与自己、与自然、与他者的单纯的统一，这也是他为什么会大加赞赏大众节庆的原因。在大众的节庆狂欢中，每个人既是表演者又是观众；另一方面，他极力批评剧院模式，因为观众在剧院里被封闭在座椅上，他们是被动的，他们只与作为剧场内第三方的舞台相连。舞台推逼着观众将身心全部投射到舞台上，使观众为那些刻意的剧情和激情所感动，而这些都是演员们精心扮演生造出来的东西。

重复一遍，卢梭既在启蒙思想的潮流之中，又对这股潮流展开了反抗。对于卢梭所引领的第一个批判方向，我们的分析就止于此。我将更加详尽地分析其余三点，当然，为了不让我们的对谈负载过重，我只从政治法律角度来分析这三点。

理性有缺憾

— 如果我们反思一下启蒙思想的基本要义即"世界的主体化"(所谓"世界的主体化"是指，我们对世界的所有表象，包括对那些最为客观的事物的表象，都是从主体或者说人类个体的表象能力出发的)，那么我们可以说，浪漫主义思潮揭露了世界的主体化思想有陷入建构主义的危险，而这种建构主义的特点是，它完全取决于人的理性，也许是雅各比第一个如此评论。这里

"完全取决于理性"的意思是，只通过人类的自主意志，人类就有能力构建出符合自己需要的历史和政治体制。1789年人权宣言以及法国大革命期间的恐怖统治就是这种建构主义的必然结果。1790年5月5日，雅各比给自己的朋友，法兰西学院院士拉·阿尔珀（La Harpe）[1]写了一封信，信中提到了拉波-圣-蒂利安（Rabaut-Saint-Etienne）[2]的话。拉波认为，法国大革命找到了一种"由理性完全主导的稳定的统治方式"。雅各比的这封信说明了反对大革命的历史主义的主要理论动机：

　　一位法国女士说，她完全可以想象月亮的用处，它在夜间照亮我们的路；然而她无法想象大白天里太阳有什么用。其实我们可以把"由理性完全主导的稳定的统治方式"（特别是对于两千五百万人民的灵魂来说，我们要通过理性把他们一起装进一个政治身体里）就当成"没有太阳的白天"，而这种错误的统治方式并不仅仅是法国大革命的错误，而是整个时代的错误。今天所有的文明国家都唯理性是尊，

　　[1]　让·弗朗索瓦·德·拉·阿尔珀（Jean Francois de la Harpe，1739—1803）：瑞士裔法国文艺批评家，作家。——译者注
　　[2]　拉波-圣-蒂利安（Rabaut-Saint-Étienne，1742—1793）：参与起草了1789年人权宣言的讨论，并于1790年3月被选为国民制宪议会主席。其在制宪议会上留下名言："我们的历史不是我们的法典。"——译者注

就像当初我们对待上帝一样；然而我们说，只有理性这个完美的救世主是不够的。我们在数学、物理学和天文学方面取得的快速进步造成了我们对理性本身的误解，而在其他领域的进步又让我们没能及时纠正这个误解。然而，经验马上会告诉我们，必须从唯理性是尊中醒悟过来，必须从各种理性的构建计划中醒悟过来，比如用固有的思想形式去建造思想基础，用意志去构建欲望，用抽象的概念去构建理性存在者，用戒律去构建德性，用结果去构建原因。

雅各比在这一段话里直截了当地表达了浪漫主义对启蒙思想的反驳。弗里德里希·卡尔·冯·萨维尼（Friedrich Karl von Savigny）发表于 1814 年的一篇论文，可以视作历史法学派真正的宣言书，历史法学派是第一个影响力极大的浪漫主义法学学派。萨维尼在这篇文章中问道，一些法学家对法国大革命的观念奉为圭臬，他们要采取法国的模式制定一部民法典并将其推行到不同的德意志地区，那么这是否合适？萨维尼的回答[1]围绕着"如何通过'生命'这个概念丢弃白板

---

[1] 萨维尼的答案与他的同事梯堡（Thibaud）在其著作《关于一个一般的德意志民法典的必要性》中的答案完全相反。

说"而展开。历史主义生机论的中心课题是揭露法律法规的人造性，这种人造性一直有僵化生命的危险（相反，带有生命的日常法典会体现出一种永远和谐的流动性）。为了避免与波旁王朝的复辟有太明显的关联，萨维尼从根本上界定了"政治浪漫主义"的意义：法学史专家的任务并不是要竭尽所能固守传统，而是要揭示传统中那些有关生命的东西：

> 严格的历史学方法并不像近来有些人所说的那样，只是挖掘罗马法的价值，他们的说法不可理解；当然，严格的历史学方法也不是无条件地留守在所有的史料里……历史学家的工作就是要对史料进行彻底的分析，找到把材料综合起来的原则，这些原则能够自然而然地区分出依然有存活价值的材料与已经死去的材料。[1]

各民族的原初状态和我们当下的联系能够通过这种历史学方法保留下来。相反，"如果我们失去这种联系，那么每个民族的精神生活中最优良的那部分将随之丧失"。好的法律反映的并不是历史进程，而是历史中真正存活下来的东西。**生命**是

---

[1] 弗里德里希·卡尔·冯·萨维尼，《论当代立法和法理学的使命》。

法律公正与否的标准，而不是**历史**。这里并不是要以尊重传统的名义拒绝所有根据理性制定的法律，毋宁是在一个新的综合中超越传统和理性这两个视角。

生命超越启蒙

— 为了能准确把握历史法学派对启蒙思想的批评，我认为我们需要说明浪漫主义者眼中的"生命"概念到底是什么意思。

— 我们不会纠缠于论证细节，但是如果我们把生命有机体当作一个整体，这个整体既超越又内在于那些生命有机体的各个部分，那么我们则能够理解"生命"这个概念：之所以说"超越"，是因为当某个部分（可以把这个部分看作一个人体器官）被侵害，甚至被摧毁的时候，这个整体仍旧不会消失，相反，在再生和代偿活动中它又会自然地生长出来；之所以说"内在于"，是因为这个整体只存在于它的具体部分之中。法律层面的问题与此类似：启蒙哲学将自然法等同于唯靠理性而制定的法律，它与纯粹事实性的实证法相对；换句话说，自然法宣称自己是普遍适用的，而实证法则是历史的、地理的、社会的特殊产物。因此，从这个角度看则非常清楚，自然法相对于实证法具有超越性的品质，仅仅因为在自然法体系下，我们可以批判内在于某种特殊社会规范下的实证法，因为这些实证法最终会导致不公正，而浪漫主义就是想借助"生命"这个概念超越自然法与实证法之间存在的矛盾：如同真正的生命是灵魂与肉体、普遍与特殊、理智与情感的统一（如果将其分开，我们会马上死亡），法律的真正生命必须是自然法与实证法的和解，超越性与内在性的统一，萨维尼想从这个意义上避免保守主义和相对主义。如果我们在这里并不是要竭力保留实证法（即使实证法是某个传统的必然产物），那么政治体就像所有生命体一样拥有了诞生和死亡。因此，我们必须要铲除那些在立法者看来有损于政治体的东西。

同样，只要那些不同的法律体系拥有生命并体现政治体（生物学意义上的"政治体"）的所有性质，那么我们就可以在这些法律体系之间找到一些共同点。

国重于人

—— 虽然浪漫主义派法学家也是小心翼翼，谨防将他们自己的以及其他民族的立法传统神圣化，可是就我看来，浪漫主义的法学观不可避免地会导向某种民族主义和立法上的相对主义。

— 这是显而易见的，并且，这种民族主义和相对主义解释了为什么他们仇恨法国大革命，仇恨从大革命中彰显的启蒙思想和共和主义。他们把政治体比作生命体，我们可以给这个类比做番总结，即不同国家之间的区分就如同是生命世界里动物之间的物种区分——这个类比让浪漫主义者想象了一种国家间的层级结构，这种层级结构类似于物种之间的层级划分。浪漫主义留给民族社会主义的遗产再次清晰可见。

另外，如果立法和政治过程被设想为一种生物学模式，那么，"个体"，这个1789年人权宣言的基础概念，其意义就要彻底改变。在启蒙思想特别是在康德哲学中，"个体"最终被等同于"人格"（一个独立的真实的个体就是一个人），而在浪漫主义那里，情况恰好相反，"个体"指的是由个人组成的社群，也就是指"国家"：这种对个体的解释依照的是我们已经看到过的亚里士多德的定义，亚里士多德把个体定义为普遍性和特殊性的结合。虽然浪漫主义思想最终会导致民族主义、传统主义，以及对个人自由的钳制，但是在关于"个体"这一点上，它的确很强势。为了超越理性主义以及经验主义的还原论（经验主义的还原论是指，把所有人类对世界的认识都还原为人类对世界产生的直接或间接的印象），浪漫主义思想家们所做的努力有助于从各个维度更全面地理解生命，因为浪漫主义哲学的目标是，我再重复一遍，把情感与理智、特殊与普遍、个体与群体统一起来。

以此来看，自然法理论家眼中的个人主义并不只是马克思意义上的"利己主义"意识形态（马克思在批判法国的人权宣言时给出了这个概念），它还是一个死去的抽象。抛弃个人主义、揭露个人主义的失败、民族主义，等等，这些浪漫主义的特征，使其与反对大革命的思想勾连起来，特别在一些非常根本的问题上。我们有必要援引德·迈斯特（De Maistre）[1]的那段著名的话：

> 1795年的宪法，像他的那些前身一样，为人而立。然而世界上没有人。在生活中，我看到了法国人，意大利人，俄国人，等等；孟德斯鸠让我知道了，我们也能是波斯人；但是对于人，我要说我从没在生活中遇到过；如果他真的存在，那的确是我的无知。[2]

---

[1] 约瑟夫·德·迈斯特（Joseph De Maistre，1753—1821）：政治家、哲学家、法官和作家。反对法国大革命的先驱人物。——译者注
[2] 约瑟夫·德·迈斯特，《论法国》(1797)，Vrin 书店，1936，81 页。

成见又复活了

— 这与现代德国思想家汉斯·格奥尔格·伽达默尔的思想如出一辙。伽达默尔的思想火药味儿和张力实足，他复活了躺在传统中的那些成见，以反对笛卡尔和启蒙思想遗留下来的对成见的批判。如同萨维尼，伽达默尔试图避免庸俗历史主义的陷阱；他肯定了传统的价值，又避免简单地赋予所有传统中的成见以合法性。他提出了这样的问题：“成见的合法性奠基于何处？具有合法性地位的成见和所有那些不计其数的需要批判和克服的成见之间的区别在哪里？[1]”我们在这里不进入艰深的论证细节，我们只强调这种“对‘批判成见’的批判”的两个基本方面，以此来充分评估这场解构主体形而上学的思想成果。

“启蒙思想自己造就的成见是批判一切成见，结果则是对传统的否决”——伽达默尔从这一观念出发开始了自己的论证。他并不想简单地否定所有针对成见的批判，他是要表明启

---

[1]《真理与方法》，p. 115—116，法语第一版，Seuil 出版社，1976；新版全集，Seuil 出版社，1996。

蒙思想本身就一直以来搭建在一个成见之上，用一个更恰当的说法就是，启蒙思想本身就搭建在"前理解"之上。如果简化一下术语和推理，他的论证旨在说明：在对话者之间能共同理解的所有反思之前，总有一个"前反思的共识"。海德格尔给出的分析为这个论证提供了基础。

——换句话说，要想有一个普遍的理解框架，我们必须先共享某些成见。在这普遍性的理解框架里，我们才能确立人们互相交流的观念，否则理解将无法达成（必须先共享某些成见，并不意味着我们不能去怀疑或者克服其他一些成见）。

——其实，我们可以这样概括伽达默尔关于成见的看法。区分合法性成见与需要被批判的成见的原则是：如果传统不只是反思的对象，而是反思和批判的可能条件，那么我们就必须复活传统，将其放到与真理同样重要的位置上，因为传统有助于发现真理（这暗含着我们可以批评那些掩盖真理的传统观念）。最为重要的是，对于伽达默尔来说，成见里所带有的前理解反映在语言的界域里——尼采已经说过，语言承载着最古老的形而上学，那是来自遥远时代的成见的集合。

——关于语言与前理解的关系，我们可以举个很简单的例子。如果我想为男女平等辩护，而辩护所使用的语言（这里尤其是说法语）却在词汇、句法以及语法规则方面兜售带有性别歧视色彩的东西，比如把"阳性"放在更优先的位子上。因此，我的论证里的那些必然存在的前理解就反映在我所使用的论证语言之中：当我使用这门语言去批判某些成见时，这门语言本身就包含我要批判的成见。

——伽达默尔试图通过对启蒙思想的批判，重新建立"传统的法庭"以代替"理性的法庭"，伽达默尔这一思想的主要难点与历史主义一样，甚至更为复杂：伽达默尔并不否认实际上我们永远活在历史和语言中，但是他认为我们必须要让某些属于"前反思"的境况具有合法性，因为它们无可避免。这里让我们想到了萨特的著名划分，即我们以何种方式才能区分**情境**和**决定**：并不是因为我们永远生活在情境中（"情境"意味着我的选择总会被其左右，被其限制），所以我们必然被情境所决定；就萨特看来，只要启动和享用我们的身体官能，我们就永远能自由地从情境中抽身，至少部分地抽身。

对普遍主义的批判

　　一 第二类批判，我之前说过，它揭露了启蒙思想中的普遍主义其实是一个幻象。这一批判怀疑普遍价值，同时也不认为我们能够根据我们的文明标准去评判其他文明世界，相反，这一批判要确立的是，每一种文化都有自己独特的价值标准，从"文化"的字面义来讲，文化之间不可比较。

　　更宽泛地说，我和阿兰·雷诺（Alain Renaut）[1] 所提出的"68思想"运动[2]［其中代表人物有吉尔·德勒兹（Gilles Deleuze）、菲力克斯·加塔利（Félix Guattari）、米歇尔·福柯（Michel Foucault）、雅克·德里达（Jacques Derrida）］以各种形式向**差异**致敬。我们确信每个社会都应该按照自己的实际情况来发展独特的文化和本土价值，同样，我们赞颂"变成女人"，"变成同性恋"以及"归根"的行动（无论是

[1] 阿兰·雷诺（Alain Renaut，1948— ），法国当代哲学家，著有《权威的终结》以及《68思想》(与吕克·费希合著)。——译者注
[2] 1968年5月至6月间，法国爆发了大规模的示威游行，这场游行示威运动由大学生发起，矛头对准的是资本主义、帝国主义和当时的戴高乐政府。在文化、社会和政治方面，这场运动给法国带来了深远的影响。吕克·费希提到的诸多人物都是这场运动前后的思想参与者。——译者注

布列塔尼人[1]，斯洛伐克人，还是西非人），抵御共和主义的碾压机对地方价值观的摧残，而共和主义正是启蒙运动及其普遍主义的产物。这里的悖论在于，寻求解放的初衷（人的很多存在维度一直以来被忽视，而人文主义价值观自称具有普世性，它想把所有的存在维度都归拢在理性维度之下，而我们则希望从理性的独断中解放出来）有再次坠落的危险，也就是会再次屈服于自然、社会以及社群的压力，这种屈服要比我们想逃脱的对理性的屈服更为严重。如果作为女人、同性恋，或是布列塔尼人的**事实**必须成为你如此这般存在的**理由**，那么你的命运会再次背上来自自然、历史和传统的重担，这将是自古典时代以来我们背上的最重的负担。

对普遍主义进行批判毫无疑问有很多理由。首先，我们曾经打着人文主义旗号做了罪恶的勾当，比如开拓殖民地的历史；我们还无望地发现，启蒙运动带来的进步（据说这种进步带来了世道的平和以及世界的和平）已经无力阻止法西斯主义的恐怖统治。其次，为理性、自由以及道德价值找到最终的基础是不可能的，我们希望能够避免这种状况带来的严重后果。

---

[1] 布列塔尼（Bretagne）：法国西北部的一个大区，而布列塔尼人的来源比较复杂，既有高卢人的后裔，又有威尔士人和康沃尔人的后裔。

最后，存在的许多维度在人文主义模式下都被边缘化了，解放这些存在维度已经成为个人生活的中心课题，这些维度包括人的性格特征、性欲、感觉、每个人身上的童稚性和兽性。

克劳德·列维-斯特劳斯：向差异致敬

—— 推进这种对启蒙思想的批判实际上有很多因素。这里我只大致论述一下我所谓的"列维-斯特劳斯时刻"，即对欧洲中心主义和种族中心主义的批判。这里的意思是，我们要彻底改变视角，不再以欧洲的眼光审视其他文明，总之，就是要从去中心化的视角去看待其他文明，意识到每个文明都有自己的特殊性。在1956年的《种族与历史》一书中，克劳德·列维-斯特劳斯给出了研究文明多元论的新视角：欧洲并不是文明的代名词，因此，我们所谓的"原始"社会，在列维-斯特劳斯那里叫做"野蛮社会"，它与欧洲具有平等地位；它们并不低一等，它们只是不同于欧洲。它们并不是低水平的文明，它们只是有着不一样的文化。

—— 茹费理对欧洲优越论深信不疑，我们在上面已经见识过他的高论了，而自那以后，情况已经发生了变化。列维-斯特劳斯也并没有忘记前人在非欧洲民族研究方面的成果，而这些研究也反映了欧洲优越论不断退场的过程。

— 斯特劳斯认为，人类学家在研究其他文明的时候，已经不能再以"这些文明在多大程度上达到了欧洲文明"作为分析思路，而是要**在差异性里**去研究它们，它们与欧洲文明的这种差异性不可还原。为了不再给文明划分等级，斯特劳斯的研究方法会让他走向彻底的相对主义，即文化不分高下。在斯特劳斯之前，大家都习惯以欧洲文明的标准来评判其他文明，而斯特劳斯打破了这种习惯。但是这种相对主义逻辑被他推到了尽头，他甚至毫不妥协地认为，我们只有不同的价值，而没有可排序的价值。这让斯特劳斯开始支持一些奇谈怪论，而那些论调缺乏最基本的善意和起码的同情心。当一个记者问斯特劳斯，纳粹的野蛮是否终结了某一文明（德国的或者欧洲的文明）？

列维-斯特劳斯答道：不是，因为野蛮不会终结文明。你所谓的"野蛮"，从一种文明的观点来看，也是文明之一。我们总说其他的文明是野蛮的。

费加罗报（*Le Figaro*）：但是，这种野蛮是希特勒主义。

列维-斯特劳斯：但是他们自己认为自己也是一种文明。想象一下如果纳粹赢了，您能够想象这种情况。

费加罗报："野蛮"总归是存在的吧。

列维-斯特劳斯：我们所说的"野蛮"在他们自己看来也一直是伟大的文明。

费加罗报：这种文明建立在摧毁其他文明的基础上。

列维-斯特劳斯：是的，即使在这个星球上犹太人被清除干净，我在假设希特勒赢了，几千年或者几百万年之后，这件事算得了什么呢？人类史上这样的事情屡见不鲜。如果我们以人类学家的眼光来看待屠杀犹太人这个历史时期，我们只能说：一场灾难降临在了一部分人类头上（我也是犹太人），就是这样。这对于犹太人很残酷，但是……[1]

对话停在了省略号上，因为结论已经非常清楚，只要我们跟上了人类学家的思想：从史前时代到人类史至今，这场大屠杀对于犹太人来说的确痛心疾首，然而这只是诸多悲剧中的高潮而已！如果是别人这样回答记者，毫无疑问就法庭见了。问

[1]《费加罗报》，1989 年 7 月 22 日。

题是，斯特劳斯为什么还要为犹太大屠杀辩护？他当然反对所有的反犹主义，因此我们有必要找到斯特劳斯这么做的理由：实际上，西方世界并不在乎他们对其他文明犯下的罪行，这让斯特劳斯感到愤怒，他要揭露西方世界的罪恶嘴脸，而他的方法就是把所有这样的悲剧放进悠远的历史里，这样一来，历史上所有诸如此类的悲剧都平等了，他对于此类悲剧的清醒认识也得到了辩护。斯特劳斯首先想到的，便是欧洲殖民者对美洲印第安人的屠杀，其丑恶行径登峰造极：沾染了天花病毒的衣服被欧洲殖民者扔在丛林各处，他们非常清楚，天花对于印第安人来说是致命的。

——欧洲人以"文明"自居，这种高傲和自冕的优越感，让他们在伤害其他民族和文化的时候肆无忌惮，而列维-斯特劳斯就是要遏制这种高傲的态度。他以此得出结论，铲除这种帝国主义观念的最佳方案就是为一种绝对的文化相对主义（也就是一类矛盾修辞法，它可以揭示某些矛盾）辩护：斯特劳斯认为，每一种文明自身就是他存在的理由，文明的多样性就是最为宝贵的人文资源，任何在文明之间分类划等的行为都是不可接受的。鉴于此，任何文明的消失，都是我们不可弥补的损失，而全球化带来的文明均质化现象意味着人类文化愈发贫瘤，这是一场文化的灾难。

— 列维-斯特劳斯的研究结论其实反映的就是这种观点，也就是说，如果在民主社会里纳粹势力占据上风，那么纳粹就能够成为一种伟大文明。我们再一次看到，斯特劳斯的思想在一开始，强有力地攻破了欧洲中心主义以及内在于第一次人文主义的帝国主义，并让我们看到了其他文化不可替代的价值，而到后来，其思想误入歧途，最终走投无路。究其原因，就在于斯特劳斯认为他能够给出一个全新的维度，而这一维度完美地"释放"了全部的人类存在境况，但是这种释放最终走向了对更强大的传统的屈服！我们会在本书的最后一个阶段看到第二次人文主义（也就是爱的人文主义）如何通过夯实人类各种可能的共享价值，解放人性的那些新维度，使人性向他者敞开，让人们能够从他们所归属的传统中解放出来。

— 斯特劳斯的思想又是以下观点的一个例证：哲学的某些"进步"换来的是在一些问题上的"退步"。即使所有的哲学体系都无可避免地只从自己的角度看待问题，但是我们会发现，哲学家们在推进哲学的时候都会采取不同的策略。有一些哲学家会在自己的思考中特别注意其他哲学观点——我认为康德就在这条线上推进得很远，亚里士多德和黑格尔这两个人与康德类似；而其他一些哲学家则倾向于为一种全新的哲学观点下足赌注，于是，对于那些没有直接回应这种新观点的哲学，他们会开足火力向这些哲学宣战——某种意义上讲，列维-斯特劳斯至少属于这一类哲学家，而笛卡尔则肯定属于这一类。现在，让我们来看一看对启蒙思想的最后两大批判吧。

对进步的批判

一　第三类批判所斥责的，并不仅仅是启蒙运动错误的思想基础或者是启蒙思想对人类重要存在维度的遗忘，而是通过反对启蒙的核心观念，揭露启蒙观念里的一项原罪，它让启蒙思想逐渐走向了自己的反面：启蒙思想把技术理性作为手段，试图将人类从自然束缚中解放出来，并为人类找到幸福之路；但是技术理性的逻辑让人们永无止境的鼎故革新，而改善人类的存在境况却并没有列在任务表里，技术理性最终沿着自己的逻辑杀死了自己。技术理性远不足以解放人性，相反，它造出了一个既让人拒斥又无人可控的极端合理性的社会，在这样的社会里，每个人都屈从于那些苍白的条条框框，都屈从于市场欲望，这场欲望不断提高着商品更新换代的速度。但是，这一切不再是为了满足人类的需要，而只是让企业和国家在一场漫无边际的竞争中继续活下去而已。

这类批判的基本观念是，如果启蒙把全部精力只奉献给理性、科学和技术，并以之确定人类的发展目标、构建人类未来和保障人类幸福，那么启蒙最终南辕北辙就在所难免了，这是启蒙的内在特征。这一观念尤其反映在狄奥多·阿多诺（Theodor Adotor）和麦克斯·霍克海默（Max Horkheimer）[1] 的理论中。当一个社会把全部精力都投放在如何让人类活动符合理性，以及如何控制自然这两方面时，人在这样的社会里就被贬低到"物"的地位上了，于是人就有了被"物化"的危险。自由民主社会并不回避这些堕落的、让他们引以为傲的启蒙教条，由此我们可以得出这样的观点：二十世纪的极权主义可以理解为启蒙运动以来人类的整体理性化过度膨胀的结果。从这一观点看，人文主义不仅无法阻挡野蛮，它甚至就是野蛮的温床！我们会在后面再次回到这个批判，并借助德国社会学家乌尔里希·贝克（Ülrich Beck）在"风险社会"以及"第二次现代性"这些概念上的反思来推进这一批判。我们现在完全进入

----

[1] 参见狄奥多·阿多诺和麦克斯·霍克海默出版于 1947 年的著作 *Dialektik der Aufklärung*（直译是《启蒙辩证法》，然而在 1974 年的法语版里，书名被奇怪地译作《理性辩证法》）。

了"第二次现代性",于是第一次现代性的那些观念(启蒙运动带来的观念)都被颠覆了,就连"进步"都不再被视为一种希望,而被视为一种威胁。

来自生态主义的批判

一 最后,对启蒙思想的第四类批判来自"深层生态学"和去增长理论。深层生态学强调,作为大自然的成员之一,我们的繁衍生息离不开自然界的其他成员,人类的发展计划必须要照顾到自然界的物种平衡,彻底摆脱人文主义中普罗米修斯式的野心(这一野心就是:我们能够解除自然对人类的约束);去增长理论认为,启蒙思想中的进步观内在地要求经济的持续增长,而这种增长是站不住脚的,因为它必然会导致资源枯竭,于是,人道主义危机和严重的经济萧条接踵而来。

我们此时又看到了某种不安,也就是说,人类洋洋得意于自己的理性、技术和进步,希望借此能从自然束缚中解放出来,进而可以"肆意妄为",但是当理性、技术和进步的坏效应发酵时,它们又会给人带来灾难。在这种情况下,我们会说,人自以为君临自然,其实只是自然的一小部分而已,人的存活依赖着自然。

——奇怪的是，现代生物学同时存在两个趋向，一方面是向自然至上论的浪漫主义复归，强调人类只是自然的成员；另一方面，也就是更新潮的方向，即努力将一直被忽视的一个人类存在维度——"人类的自然性"——释放出来。

——总体来说，生态学里涌动着两股独立的思潮，其中之一确实联系着某种浪漫主义哲学，另一股潮流则在社会民主原则的框架之下。深层生态学引领的第一股潮流认为，自然要高于人类，后者的头等任务（甚至可以说是义务）就是要让自己的行动反映出自然的优先地位，当人类的轻率、愚蠢和傲慢破坏了这一排序的时候，我们就要修复它。汉斯·约纳斯（Hans Jonas）[1]精彩地概括了这一要求："目的坐落于自然。"第二股思潮是从人类的角度来看问题，即我们不再强调自然的优先地位而是优先考虑人类，因此我们必须要保护宜居环境，确保后代也能像我们一样享用充足的自然资源，总之，就是要为"可持续发展"创造条件：这是一个改良主义的选项，但是扩展到了生态问题上。

---

[1] 汉斯·约纳斯（Hans Jonas, 1903—1993）：犹太裔德国哲学家，在诺斯替宗教以及生物哲学方面的思想有很大影响力，代表作有《生命现象》、《责任命令》等。——译者注

我重复一遍，自由主义和社会主义出现之后的很长时间以来，生态主义政党是一个新的政治派别。"我们要给后代留下一个怎样的世界"以及"未来世代会有怎样的未来"这些议题历史上第一次被这一政治派别引入了政治论辩当中。同时，他们也带来了一项深刻的变革，这一点我放到后面再说。仅就这些议题，没有人再会轻视环境问题了。但是，生态主义政党提醒我们不要忽视一个根本性的矛盾：如果想要让我们的行动体现自然优先的地位并遵守这种秩序，那么我们必然会再次坠入政治的宇宙论模式当中，换句话说，我们会在政治领域再次臣服于超越性的自然，于是，对于我们**必须**拥有的生态技术，专家们被认为最有发言权，他们自然而然地会从中获得一部分权力，而这会彻底限制甚至终结我们的民主制度；另一方面，如果我们想要在自然面前完全捍卫人类的自主性，那么这样做的危险在于，若干代之后，我们留下的世界将很难让子孙们继续活下去。唯一合理的办法就是，在政治议题的讨论中加大对可持续发展问题的重视力度，在此基础上，不断扩大对生物循环技术和绿色能源技术的投资。

—— 虽然我们要捍卫第一次人文主义所带来的自由和进步的价值观，但是在分析了对启蒙思想的四大类批判之后，我们已经阐明，第一次人文主义已经不能再继续流行。因此，在守住第一次人文主义中的那些好价值观的同时，我们必须要有新的思想来超越它。这就是第二次人文主义需要做的，我们将在这场哲学之旅的最后阶段涉及这个主题，而在这之前，我们先要进入解构时代，若是没有这个时代，第二次人文主义将是难以理解的。

解构的时代

第十五章

叔本华：从悲观主义到幸福的艺术

驱散幻象

— 浪漫主义对启蒙理性的批判已经表达了一种甚为激烈的哲学抗议，这股声音要否定所有理性的合法性基础和一些启蒙价值观，转而提出一种适合这个世界的哲学，用尼采的话说，在这个世界里"没有事实，只有解释"。我们现在就走进这些解构时代的哲学家。启蒙运动批判传统和蒙昧，然而这种批判实际上只会最终反过来扑到启蒙思想自己身上；法国大革命的恶习、拿破仑一世对一些大革命精神教条的复兴（拿破仑的帝国模式实际上恰恰与大革命精神背道而驰）以及拿破仑的失败结局，使人们不断加深了对百科全书派哲学家以及革命者所鼓吹的理性价值的怀疑，而解构主义哲学家向前的速度更快：这支哲学力量中的第一位伟大思想家亚瑟·叔本华（Arthur Schopenhauer，1788—1860），他的重要著作《作为意志和表象的世界》在 1819 年[1]就问世了。

— 叔本华时常被看作悲观主义哲学的突出代表。有很多人给叔本华贴这种标签，唉……怎么说呢，对于他们来说，给看破红尘的悲观主义贴金是一件很讨好的事，这样就会显得自己更深刻、更英明，而乐观主义则会给人一种很傻很天真的印象。这些人的说法可能有那么丁点儿道理，但是远不如想象的那么正确，如果真如他们的陈词滥调那样，我们会错过叔本华最核心的思想。因为叔本华并不是我们所认为的真正的悲观主义者。首先，他并没有论及某种心理学观点，他论述的是一种哲学立场：他并不抑郁也不精神衰弱，相反，他希望用理性论辩的方式来证明，存在没有意义，存在是极为荒谬的（从这点看来，叔本华像是康德的得意门生，在因果律问题上，他也继承了康德）。然后，叔本华的悲观主义主要具有方法论意义，同时也是出于论证上的策略考量，有点像笛卡尔的"普遍怀疑"：笛卡尔的目标是发现一个不可置疑的真理，这一真理的基础是对世界的可靠的表征，与

---

[1] 这本书分别于 1844 年和 1859 年出了第二和第三版。

此类似，叔本华想要发现那些能满足一种新乐观主义的条件，挖掘出能够打破观念幻象并带给我们幸福的智慧。叔本华并不仅仅满足于告诉大家这种智慧是可能的，他在一本书名动人的著作《幸福的艺术》[1]中，也进一步论述了这种智慧何以可能。叔本华还给这门"幸福的艺术"起了另外两个名字"幸福学"或者"幸福主义"——多么奇怪的悲观主义者，在自己生命的最后几年，他的研究主题就是这种幸福主义，而这一点大概是他的那些神经衰弱和抑郁的门徒们不愿提及的。

如果叔本华的确有那么一刻持悲观主义立场，那么这与其谱系学研究有关。谱系学之于叔本华，如同之于稍晚一些的尼采，这门学问旨在揭露隐藏在道德规范和处世信念之后的那些利益、冲动和或多或少难以启齿的动机。总之，通过怀疑所有招摇过市的信念，谱系学指出，这些我们供奉为真理的信念只是幻象而已，我们要将其驱散。最大的幻象显然就是几大宗教和伟大哲学家们代代相传的那些理念，理念告诉我们：世界是理性的，我们的存在是有理由的。这两个论断在过去的所有伟大哲学中都具有核心地位，而叔本华引述康德的论证挑战它们。在这个意义上，叔本华是第一个伟大的解构者，他为"强

---

[1] 亚瑟·叔本华，《幸福的艺术》，Seuil 出版社，2004。

烈的怀疑"开辟了场域，等待着尼采对这种怀疑挥笔宏论，而尼采在《善恶的彼岸》里明显地参照了叔本华的思想。关于"怀疑"的具体所指，谱系学方法，对传统世界观的拒斥以及对理念幻象的抛弃这几个问题，我将引述以下段落，在所有能找到的材料中，这是尼采在这些主题上最为清晰的论述：

> 隐士并不相信，一个哲学家——假设所有的哲学家首先是一个隐士——在他的著作中表达了真正的最终的观点。著书立说不正是为了隐藏我们心中的东西吗？隐士甚至怀疑一个哲学家通常能否拥有真正的最终的观点，他还认为，就其哲学家对自身的必然要求来说，在所有洞穴之后还有另一个更深的洞穴——一个更辽阔、更奇特、更富饶、越过外表的世界，一个在所有底层、所有基础之后的深渊里的背后世界、背后基础。所有哲学都是表层哲学——这就是一个隐士的判断。到底停在哪一层放下铁铲，观望身后及四周，并不再继续深挖，这对哲学家来说是任意的——停在哪一层哲学家都会有怀疑。所有哲学里都还隐藏着哲学，所有看法都是藏身之处，所有言词都是虚假面具。[1]

---

[1] 弗里德里希·尼采，《善恶的彼岸》，p. 289.

我们抓到了谱系方法的根基，这就是"不相信"，如果我们更喜欢用尼采的话来说，就是怀疑一切"表层"、表象和错误的显明之物。我们在弗洛伊德那里找到了同样的东西：在病症和言语背后，总有无意识在说话。同样，这也是马克思哲学的成分之一：在所有的意识形态背后，都隐藏着未言明也难以启齿的利益，社会批判必须将其拽出来大白于天下。

但是叔本华仍是第一位怀疑主义哲学家，第一次将世界刻画成两副面孔，他用书名区分了两者：一面是世界作为**表象**——这是表层、冰山一角、意识中虚幻的世界；另一面是世界作为**想望**、**意志**、盲目和无意识的支配力量，这些比表象更为重要，就像真正的冰川那样——这就是尼采所谓的"背后世界"，陀思妥耶夫斯基所谓的"暗道"，弗洛伊德的"无意识"。

作为表象的世界

—— 现在我们已经明白了叔本华思想的基本要义，接下来要看一看其思想的基本概念的含义，也就是说，叔本华在一开始通过"作为表象的世界"这个表达式想要说什么呢？

—— 我们重述一遍叔本华的这两幅关于世界的面相：为什

么世界被描述为这两种形态，一面是表象——表象到底是什么呢？另一面是意志——实际上将其表达成"想望"更好，因为这里本质上没有牵涉到意志（如果把"意志"理解为由意识和动机操纵的力量），而是牵涉到所有的冲动、所有的力量，这里的"力量"包括最盲目的力量，万有引力，以及动植物生长所需要的生命能量。

表象的世界，在尼采早期的著作中被叫做阿波罗的世界，光明的世界，意识的世界，有独特和清晰之亮度的世界，我们再次看到尼采直接受到叔本华的影响，而这样的世界有三个特征：1. 一切可被辨别、被限定、被决断（这与前苏格拉底时期的哲学家所谓的"无定"完全相反，对于赫西俄德来说，"无定"是世界的来源，是原初的无确定性的混沌）；2. 一切都是理性的，科学通过因果律和充足理由律可以解释一切；3. 一切都是有意义的，这里的"有意义"有两个意思，一个是"朝某个方向"，另一个是"最终的所指"。可以说这是一个高枕无忧的世界：事物是其所是，并且不会掉进深渊，也没有什么背后的暗道。另外，事物能被我们的理性所理解，它们有丰富的意义，因此在这个世界上，人类相信自己有能力发现并渐进地解释世界的运行规律，给生活赋予意义。假设如此，我们就更要进一步分析这三个特征。理解这三个特征极其重要，因为我们将看到意志的世界与表象的世界完全相反。

第一点，我们用各种清晰的知觉表象来感知这个世界，这个世界中的所有事物都是可辨别的，并且已经被辨别。根据"个体性原理"[叔本华还写了一篇文章专门论述"个体性原理（principium individuationis）"]，事物遵守同一性原则，也就是说，事物是其所是，事物与自身没有矛盾，而当我们接受"无意识假设"（主体分裂成两半，变成破裂的主体），事物就变异了，它脱离自身，与自身产生矛盾，就像兰波的名言"我是另一个人"。然而在表象的世界，"我就是我"，"我 = 我"，"我与自己同一"。

第二点，表象的世界是逻辑上可解释的、有果必有因的世界，没有什么毫无理由；这是一个科学的世界，科学家们为这个世界探寻理性的解释并找到这些解释——然而问题恰恰在于，我们由此会产生这样的幻象，一切都可被最终解释，在宇宙中没有神秘的东西。我们要澄清过去的一个深深的误解，叔本华并不是人们常说的"非理性主义者"，他完全不否认科学可靠的解释能力，也不否认科学能到达某种形式的真理。科学家确确实实发现了某些现象的原因，只是他们永远无法揭示终极原因（我会再回到这一点），他们想象着科学可以让这个世界变得可理解，然而这是一个纯粹的幻象。所有的科学解释可以在流沙里支撑一刻，却永远找不到落根之处：这就是当他说世界是荒谬的、无意义的时候想告诉我们的东西。

最后，表象的世界是一个有意义的世界。就举一个我们自身的例子，在日常生活中，我们一直有这样的感觉，意志是有意义的，是能被感觉到的，意志发生作用的时候，我们能理解它，它是清楚的。当我从办公桌前起身，去街角的烟店买烟的时候，我清楚我为什么会套上大衣，带上钥匙和钱包：所有这些都呼应着一个清楚的目的以及能感觉到的诸多意图，它们都是有意义的。

另外，表象的世界符合同一性原则、因果律以及目的性原则。

作为意志的世界

—— 那么什么是意志的世界？它有什么理由怀疑表象世界里的那些信念呢？

—— 如果挖开表象世界那规整的地面往下看，并勘察表象世界的底层，我们发现，那里满是完全盲目的力量、无意识的冲动，以及本能——这就是尼采所谓的"权力意志"，或者简单地说，就是"生命"，这一点尼采又继承了叔本华。总之，清楚的意识世界之后，也就是表象世界之后，还藏着**另一个世界**，这个世界与表象世界完全相反，而表象世界只是这个世界的副现象而已。这另一个世界就是想望的世界，它无意识，它意义缺席。植物生长的力量，石头落地的力量，从办公桌前起身去买香烟的力量，都只是同一种力量：想望（或意志）。叔本华认为，这个根本的事实毫无歧义地表明同一本质以不同形式显示出来。进一步说，这个处于表象后的想望的世界，实际上不知不觉地塑造了表象世界，而表象世界的生命也源于此。

—— 但是，当我们相信意志世界决定了行动、欲望和最理性的表象世界时，这个信念为什么会必然导向极端的悲观主义呢？

—— 表象世界自身不会有力量产生，它只能在意志世界找到支撑自己的力量。相反，意志世界却包含无限种类的力量——动植物生长的力量、重力等所有自然力量，而它们都有唯一的力量之源。尤其要注意的是，意志世界最显著的特点是它的权力，这是一种绝对的权力，对表象世界封闭的权力。于是叔本华说："所有在表象层面上实现的所谓智性，与直接源自意志的东西相比，简直就是一个笑话。"我们发现在世界上所有的力量背后，意志的力量难以置信，这种隐藏的权力是表象根本无法理解的。意志的这一特点让叔本华将意志的世界与康德的"物自体"相类比（这已有很多讨论，在这里，那些讨论并不重要），"物自体"也是不可知的。

无论怎么说，意志的绝对权力完全统治和覆盖着清晰的意识世界，以至于自由放任和自由选择的概念都毫无意义了。在这种情况下，并不存在什么人类的自由，也就是我们所认为的选择的自由。选择的自由是纯粹的幻象——在这个意义上，叔本华要更靠近斯宾诺莎和莱布尼茨，而不是康德，虽然叔本华将意志世界与物自体相比。对于叔本华来说，真相是，我们表面上进行选择，表面上我们对所言所为有着意识，然而在它们之后，其实是意志在不知不觉地运作着："十分明确的是，意志永远是首要和根本的，它对智性的主导地位是不可挑战的，而智性则完全是次要的、从属的、受限的。"因此，智性的、表象的世界，也就是所谓的意识，并不是冰山一角，它只是附加之物，就像我们刚才说的，它完全是"从属的、受限的"，而来自意志的力量则隐藏着，无法控制也毫无意识，但决定着意识。

— 如果一切都在意志世界那不可捉摸的无底深渊中，那么从谱系学的定义出发，谱系学方法就无法付诸实践了。我们知道，谱系学方法，就像在尼采、马克思和弗洛伊德那里一样，旨在探索无意识的力量并服务于解构。那么，叔本华如何避免谱系学方法在他的诊断下最终无可奈何地窒息？

— 实际上，正如克莱芒·罗塞 (Clément Rosset)[1] 所强调的，谱系学的研究方法在解构主义哲学家那里根深蒂固，他们试图用地基解释表层，用经济基础解释上层建筑，用冰川深入海面的部分解释冰川可见的部分，而这种研究方法在叔本华那里很少出现。无论是我们今天所谓的"社会科学"、对神经官能症的心理学分析，还是对自由选择、价值观、社会阶级诸如此类话题的社会学解释，叔本华毫无兴趣，他对世界荒谬性的证明完全是哲学式的。

主要说来，他的悲观主义时刻是其哲学的第一部分，这种悲观主义有三个基础。首先，建立在因果性和人的智性基础上的所有科学解释都会在沙海里沉沦，就像我们刚才提到的，深

[1] 克莱芒·罗塞 (Clément Rosset，1939—)：法国哲学家，一直追随尼采的思想，并在自己所有的书中都会引用尼采，著有《真实的两面》等。

层理由是：因果性本身并无原因。第二点与此类似，叔本华认为表象世界理想地预设了人们的行动里存在着目的，但是这个目的实际上没有终点。我们相信我们的行动是有意义的，因为在表象层面，行动好像总会有一个意义，但实际上，这里的意义到后来都会扎根在绝对的无意义之中。叔本华的悲观主义在最后这一点得以圆满，即这个缺乏意义和理性的世界只有煎熬和无聊，任何消遣娱乐都无法把我们从中解救出来，更不用说安慰了——在这里我们同时看到了伊壁鸠鲁和帕斯卡尔的哲学主题。叔本华要给出一个论证，它在严格性上堪比数学证明，这个论证要告诉我们，人类的生活永远在煎熬和无聊间摇摆。

这个世界没有原因

—— 为了能说服读者接受以下两点，即所有的科学解释最终会在沙海里沉沦，以及这个世界没有原因，叔本华采用了什么特别的论证呢？

—— 为了辩护他划分出的两个世界，即表象世界和意志世界，叔本华给出的论证非常强大，既非常理性又十分辩证，其中很大部分借助了康德（在这一点上，他与康德的前后关联是连贯的)。虽然叔本华从这个论证出发得出的最后结论是：世界是完全不理性的，但是他试图表明这种非理性是通过理性论证得到的。叔本华的论证首先涉及的是因果律问题，他断言因果性本身并无原因（德语是 grundlos），也就是因果性没有"依据"，没有"根基"。在《作为表象和意志的世界》中，他强调：

> 意志，就像物自体，如同我们已经说过的，它与理性原则无关，它在所有理性形式之后；所以，理性是没有理由的（grundlos）。[1]

克莱芒·罗塞把这个论证追溯到休谟关于因果律的观念，即因果性只是一个信念。我们之前对休谟的经验主义只是蜻蜓点水，现在我简略地复习一下休谟（1711—1776）对因果性的批判。休谟认为遵守因果律的科学解释只是通过非常不牢靠的归纳推理得到的。比如，我发现了十次水在 100 度沸腾，那么我推论出，在第 11 次测量时水还是在 100 度沸腾，因此，十次以后，我会等待这样的第 11 次；实际上，这样的等待只是

---

[1] 亚瑟·叔本华，《作为意志和表象的世界》，A. Burdeau, Félix Alcan 译（法译本——译者注），1909，第一卷，第 23 章，p. 117

一种信念而已，这种信念并不比对其他事物的信念更有价值——休谟通过这个例子某种程度上是在捉弄一种科学教，他甚至认为科学与其他迷信是一样的。休谟这里的怀疑主义实际上也同样吸引了叔本华。

然而，叔本华在因果性这个问题上参考的并不是休谟，而是康德在《纯粹理性批判》中的第三组二律背反[1]。康德是一个真正的理性主义者，大体上对科学方法很赞同，尤其是对牛顿的物理学偏爱有加，而他通过这第三组二律背反想说明的是，因果律总会被一个矛盾所侵蚀，而我们又无法从这个矛盾里逃脱。科学家为各种现象寻找原因：地球公转自转的原因，疾病的原因，地震的原因等等。为现象找到解释几乎是科学家的中心工作，而解释现象如同希腊人早就说过的"拯救"现象"，即给现象"提供原因"(拉丁语是 rationem dar，希腊语是 logon didonai)，这些古代的观点都在把科学形容成一种寻找原

[1] "二律背反"是康德的哲学概念，指对同一个对象或问题所形成的两种理论或学说，虽各自成立但又互相矛盾的现象。康德在《纯粹理论批判》中提出四组二律背反，而其中第三组二律背反关于自由意志：正题是，宇宙的各种现象，不只是遵照自然法则的因果律而运行，还有自由意志的影响；反题是，不存在自由意志这种东西，一切都是按照自然法则的因果律运行的。——译者注 (参考罗素《西方哲学史》，商务印书馆，2008 年版，何兆武、李约瑟、马元德译。)

因的意志。但是理性主义者的持续努力给自己带来的是一个无法解决的矛盾，这个矛盾的结果是因果性被自己绊倒了：原因的序列永远不会终止，因此没有任何真正完整的科学解释。为什么？确切地说，因为我们对因果律的应用停不下来。比如，您去找第一次世界大战的原因，在大战前的国际形势中您找到了战争原因，它们都发生在过去，然而历史是延续的，这些发生在过去的原因本身就是另一组原因的结果。因此，正是因果律的定义，让因果律陷入了无限倒退之中，于是，我们对原因的追溯根本停不下来：我们寻找一个现象的原因，然后是原因的原因，然后是原因的原因的原因等等。这就是为什么叔本华会由此得出结论，科学解释总会在沙海里沉沦：我们永远发现不了第一原因，也就是原因的起点。如果我们宣称找到了第一原因（比如上帝），然后暂停了因果序列，那么这个第一原因本身将不再有原因，而这是违反因果律的。于是，即使是最杰出、最完美、最合理的科学解释，也会陷入无根（grundlos）的结局。

总之，恰恰是因果律把我们引向了"原因的缺失"：这就是叔本华所说的荒谬。荒谬并不源于：我们永远找不到原因——这是休谟经验主义怀疑论的立场，休谟认为因果性只是信念而已。与休谟不同，叔本华并没有说科学是错的、是不确定的。

相反，正是因为科学运转得太好，才暴露了这个世界的荒谬；对某些现象的科学解释越可靠，我们便越会觉得科学理性的光辉终将被一处深渊所吞噬，这深渊就是永无尽头的原因序列，序列本身则毫无缘由可寻。理性原则建立在理性缺席之上，因果律则会导向原因的彻底消失。于是，所有的科学解释，包括那些最有力最完美的解释，都是飘摇不定的，它们就像一枚瓶塞，虽然工艺精致，却在海洋上流浪漂泊，而这片海洋就是意志的海洋。因此，科学解释朝荒谬走去。真正的科学家非常清楚，他永远不会获得绝对的知识，永远不会获得对所有解释的最终解释——这就是典型的荒谬，世界深处的一场悲剧。

人类存在的荒谬性

—— 叔本华论述了世界是没有原因的，在这之后，他又向我们解释了为什么人类的存在也是没有意义的！人类的存在也会随流沙消散，我们的所有理想都是幻象，我们没有真正的目的地……

—— 这是叔本华悲观主义的第二个方面：人类的行动是无意义的，即使我们常常感觉每个动作都是深思熟虑的结果。在表象领域，在意识会介入其中的智性领域，一切都显得意义饱满。还是那个例子：我从办公桌前起身去买烟，这里涉及的所有动作都伴随着相应的意图（要拿上钥匙、我的钱包和大衣等等），并且所有的动作连贯起来指向一个目的，我们在这里好像看到了自由的选择和清晰的意图。同样，我们每天生活在意义充沛的表象世界里，即使有时候意义会短路一会儿，这只是意外罢了，比如口误或笔误、动作倒错、失忆等，这些意外的偶发是荒谬的一部分，在日常生活中，这样的意外偶尔会不由自主地发生；梦显然是另一个意识缺口，在梦里，无意识的东西强加到我们身上，但是，把有意识的行为过程与这些无意识的东西区别开来其实并不困难。除了某些形式的精神疾病，几乎在表象世界里的一切都具有意义，因为我们的行动一直配合着我们的意图，同时，我们能够用看上去最为合理的方式达成行动目的。

但是，当我们问自己，这些个别的行动意图的最终目的是什么？我们的意义世界就开始松动了。如果能轻松地为我们的大部分选择辩护，并在需要的时候解释清楚一件事件何以导致另一件事件，那么，当我们重复"为什么？"这类问题时，我们实际上会相当无奈，因为每一次回答都会马上引出一个新的"为什么"，就像小孩子不断地追问为什么一样。总之，"为什么"问题的终点在哪里？这个问题没有终点，我们没有一个确切的答案。一般来说，被激怒的家长会这么打断孩子的追问："因为就是这样，现在你懂了!"然而，如果家长生气了，这恰恰是因为他们觉得再不这样强行了事，孩子的追问将没完没了，与孩子的对话也会没有终点，或者说，孩子如此追问的终点就是没有终点。为了能让追问停下来，我们要走出理性和"日常"生活领域。其实对"为什么"的追问，让我们接触到了叔本华所谓的"哲学的好奇"，它区别于"科学的好奇"：

> 同样，人永远有一个目标和诸多动机，凭此完成自己的行动：他能在每一件事中思考自己的行为。但是当我们抽象地问为什么他想，以及为什么他想如此这般时，他不知道怎么回答；这个问题对他来说甚至是荒谬的。[1]

正是这种荒谬感，让成年人在面对孩子没完没了的追问时失去了耐心，而孩子在这里是有道理的，他们处于一种哲学的好奇状态，在这种状态下，我们经常不会留意到我们正处于一

---

[1] 亚瑟·叔本华，《作为意志和表象的世界》，A. Burdeau, Félix Alcan 译（法译本——译者注），1909，第一卷，第 29 章，pp. 168—169

个任何行动都具有明确意义的表象世界。总而言之，表象世界里之所以一切看起来都有意义，这仅仅是因为我们从来不向自己追问**意义的意义**这样的问题。如果我们偶然问到这样的问题，它马上就与关于原因的问题相类似，陷入沙海找不到回应。再一次，我们沉没在荒谬之中。

换句话说，存在没有意义。在我看来，叔本华在这一点上说得对：从世俗社会的观点看，如果**存在的状态**有意义（不仅我们会赋予行动意义，而且我们可以把那些看上去最珍贵的东西当作生活的意义），那么**存在**就没有意义，否则我们就会假设，存在一个外在于我们的实体，这个实体能够给存在赋予意义。当然，如果我们从宗教，特别是从基督教的观点来看，情况就大不一样了，而基督教的观点在叔本华的所有哲学思考中都不受待见。叔本华倾慕佛教，而猛烈批判犹太-基督教思想。

只有煎熬和无聊

— 世界是无理由、无目的的，但是这何以导致这样的结论，即我们只会有煎熬和无聊？叔本华对这个结论言之确凿。

— 如果这个世界是没有理由、没有目的的，那么为了给行动找到动机，为了让我们觉得生活还有那么一点意义，我们就不得不努力去满足自己的欲望。但是欲望的逻辑［叔本华在这里采纳了很多伊壁鸠鲁和卢克莱修（Lucrèce）的观念以及帕斯卡尔对消遣娱乐的批判］，是沟壑难平的逻辑，是永远不满足的逻辑：一旦满足了，欲望消失，快乐停止，而这为另一个欲望腾出了空间，于是不满足又出现了；换句话讲，当欲望上身，它就永远难以填平、难以满足，而欲望得到宣泄的时候，我们从中期待的快乐也随之消失。就像是唐璜，他不断地追求女人，享用完了又马上将她们抛弃。满足永远都会转换成不满足，对于这个辩证法，黑格尔如此解读：唐璜自认为是自由的、是情圣，实际上他依赖于欲望"对象"；唐璜把自己当作帝国的暴君，实际上他自己就是被专制的对象，就像毒瘾缠身的人一样。一旦陷入这种长期的欲望消费，我们对囊中之物打不起任何兴趣，能让我们朝思暮想的只有那些还未到手的东西。另外，为了能满足自己的欲望，人们想方设法、耗尽心思，这会让人与人之间处于长期的对抗竞争状态，这样一来，失败的风险、不知羞耻和强取豪夺的行为将不断增加，更严重地，则会引起饥荒、犯罪和战争。如果再加上疾病的疼痛和痛失亲人的悲伤（《幸福的艺术》对于叔本华来说，主要讨论人类如何战胜对死亡的恐惧），我们便能理解为什么《作为意志和表象的世界》的作者会得出这样的结论：生活归根结底是煎熬。

但是，当煎熬的感觉稍有缓解，无聊就要折磨人了。欲望的逻辑是无聊的原因之一，因为对欲望成瘾的我们总是沉浸在对过往的懊悔和对未来的希望之中，因此，占据我们的都是令人沮丧的幻象，这些幻象来自于只供追忆的往日时光以及尚未敞开的未来世界，而"当下"则被搁置，虽然我们实际上只能体会到"当下"的爱。这一主题我已在古典哲学部分讨论过了，这里就不再啰嗦了。

无聊内在于世界的荒谬性中，而现在我想谈谈无聊的另一个重要来源：不稳定的欲望结构。欲望有一个不稳定的结构，原因在于，追求快乐的行为是无穷无尽的，然而到头来，这场对快乐的苦苦追求都会转变成一场无目的、无意义的追求；并且，由于这个不稳定的欲望结构，我们会不断解释自己所作所为的效用，不断为欲望寻找理由和合理的解释，或者直接给欲望赋予一个不可辩驳的存在意义。这个问题极为深刻，海德格尔（在这一点上，他与叔本华惊人地相似）特别在《形而上学导论》中论述了这个问题。用通俗的语言来表达这个观念的话，就是如果我们只从实用的角度看世界，世界是一个巨大的储藏室，里面的物品全都是为了满足人类的欲望，那么，这样的世界就是一个无聊的世界，一个纯粹的消费世界，我们在其中不断地从一个物品滑向另一个物品，这里没有终极意义可寻，也没有意义的意义。煎熬和无聊让人类生活的荒谬性达到了极致：如果生活有意义，那么我们也许就要接受生活里的煎熬；如果生活是美好和动人的，毫无疑问，伴随我们的将是没有意义的生活。但是，自从生活既成了煎熬又缺乏意义，我们就要严肃地扪心自问，这样的生活是否值得一过。

叔本华：幸福的艺术

—— 这三个关于世界和生活荒谬性的论证清楚地表明了叔本华走向极端的悲观主义哲学的历程。极端到这个程度，问题就来了，他如何能从这种悲观主义走出来，走到他所谓的"幸福的艺术"中去呢？

—— 如果我们从对生活如此绝望的哲学出发，那么套用叔本华自己的表达式来说，我们该如何"学着生活"呢？方案就在于找到最好的方法远离这种暴君般的意志世界：意志世界里的存在具有荒谬性，这让清晰的表象世界永远不再可靠，因此我们必须找到相应的通道，把我们从意志世界以及无意义的生活中解救出来。叔本华挖掘了三条通道：**慰藉心灵的艺术，施行同情的道德，通往平静之路的灵修。**

实际上，艺术能让我们在生活中不再冲动，让我们从盲目的、非理性的、意义缺席的意志世界抽身，这就是为什么艺术能带给我们慰藉（我们会在尼采那里看到完全相反的观点，尼采认为艺术远不是抑制无意识力量的药方，恰恰相反，它是对无意识最强烈的巩固）。

另一方面，叔本华发展出了一种同情的道德，其与卢梭的道德观十分相近；叔本华认为这种道德能把我们从意志世界中解救出来，它完整地代表着一条通往拯救的路：对动物、树木和植物抱有同情心（叔本华将自己所有的遗产都留给了他的贵宾犬阿特玛），总之，对所有缺乏意义和陷入痛苦的生灵抱有恻隐之心。从某种角度来看，叔本华思想的这一面可以看作是生态哲学的思想基础之一。

最后，只有通往平静和涅槃的灵修能让我们走上战胜恐惧的道路。叔本华在这里借用了很多佛教思想。我们要克服所有恐惧，而在所有恐惧之后，还藏着恐惧之恐惧，这是一个最根本的恐惧，即对死亡的恐惧。这一最根本的恐惧间接或直接地催生了其他恐惧。说到底，给我们带来最大不幸的永远是恐惧对我们的专制，而恐惧的专制就诞生于世界的荒谬性之中。

这就是为什么叔本华承认自己所有的哲学是关于死亡的哲学，同样，他的死亡哲学也重现了斯多葛学派的爱比克泰德 (Épictète) 以及伊壁鸠鲁学派的卢克莱修的中心课题，卢克莱修曾明确提出过：我们所有的思想必须有一个目标，就是战胜对阿刻戎河（Achéron）的恐惧。阿刻戎河是一条地狱之河，是死亡的象征。叔本华甚至写道，没有对死亡的恐惧，过去的哲学和宗教就不会存在了。叔本华认为，哲学和宗教担负着一个相同的使命，这就是战胜存在论层面上的恐慌，但是，宗教以上帝和信仰为路，而哲学却只依靠人类自身和明晰的理性（在我们的对谈一开始我就说过，这样的哲学就是一种"世俗的精神性"，一门"没有上帝的拯救学说"）。其实，很少有现代哲学家把哲学清晰地定义为"没有上帝的拯救学说"，然而叔本华用不同的表达方式说明了这种定义。比如，在《作为意志和表象的世界》当中的这一文段：

> 确切地说，死亡是启发人的精灵，或者是哲学的"阿波罗"，苏格拉底也曾把哲学定义成"习死之学"。没有死亡，哲学甚至寸步难行……这种哲学反思是死亡观念的源头，它把我们引向了慰藉人心的形而上学，而这种形而上学对于动物来说没有可能，也没有必要。所有的宗教和哲

学体系都在为引领我们获得这种形而上学而努力。哲学和宗教首先都是从理性的反思力量中提取的对抗"必有一死"之命运的解药。[1]

因此，正是生活中的煎熬，或者说，正是在必有一死的荒诞命运里的煎熬，促使着我们去寻求这样的哲学：它勾画着慰藉心灵的景色，而艺术和道德也要通过它才能慰藉人心。

—— 我们理解艺术、道德同情心以及哲学的慰藉作用。但是，叔本华说我们要通过精神的沉思来到达内心的平静，那么引导这种沉思的主要观念是什么呢？

—— 这些观念可以从对个体观的批判分析中找到线索。一般观念认为：只有个体才会死亡，而抽象的类则不会。所谓圣贤，就是首先能够理解由这个一般观念所带来的全部结果的人。如果我们用叔本华的基本哲学范畴来理解这一观念，那么这意味着死亡只发生在表象世界，意志世界并不存在死亡：关

---

[1] 亚瑟·叔本华，《作为意志和表象的世界》，A. Burdeau, Félix Alcan 译（法译本——译者注），1909，第三卷，第 41 章，p. 273

于个体的观念实际上是意识的纯粹幻象，它全部属于表象世界，而意志世界没有个体观念，甚至可以说，作为无意识的力量，意志里甚至完全无视了个体性。然而不难看到，只有个体（这种幻象）会死亡，意志、一般的生活和抽象的类则不会。因为在意志世界没有得失可言，所以圣贤会理解，他作为个体（表象和意识下的幻象）是死了，但在意志的层面上他还活着，那些组成意志的元素以及意志参与其中的本能力量是让他继续在意志世界活下去的空气。叔本华写道："存在的永远是类，并且，如果意识到类的永恒性，意识到这些类与永恒性是同一的，个体就会自信快乐地活着。"

于是，我们可以把那些与获得幸福有关的学说整合起来：当我明白我不会死，或者准确地说，我只作为个体而死，这时候我会自信快乐地活着，因为个体无足轻重，个体性只是一个幻象。实体存在的深处是意志，就像斯宾诺莎的哲学所言，我在其中是永恒的；在这样的实体域里，我生活在一个由人类和动植物一起构成的存在者社群——这就是同情的道德以及叔本华的"生态主义"。这样的思想背景下，如果说在叔本华的眼里基督教的死亡观显得出奇地幼稚和荒谬，这就没什么好奇怪的了，因为对于基督教来说，它向我们承诺的恰恰是个体作为个人而得到永生。然而，叔本华所反对的，不仅仅是犹太基督教，而是各种形式的人格主义[1]，以及笛卡尔主义、启蒙哲学。我们有理由认为，叔本华眼中的启蒙哲学只是基督教思想的世俗化版本而已。但是另一方面，叔本华服膺于佛教，他认为佛教是唯一能够在意志层面上思考存在者社群的伟大世界观（也许还有斯多葛学派）：我们全都在一个宇宙秩序中生活，在永恒宇宙里，我们每个人之间都是相关的。

死亡万岁？

—— 表象世界的幻象让我们深陷煎熬和无聊之中，如果死亡能把我们从幻象中拯救出来，那么死亡看上去就是一种解脱了。考虑到他所辩护的论点，我理解为什么叔本华会认为死亡是快乐的源泉，但是我不得不承认他的这种想法实际上让我脊背发凉！我认为死亡本身已经是一幕悲剧，但是看到叔本华这等重量级的思想家还以死亡为乐，我就更担心我们在面对死亡的恐怖时会太过容易地放弃反思。现在也许是时候解释一下叔

---

[1] 人格主义（personnalisme）：现代西方宗教哲学流派之一。人格主义大致是说，人格是第一存在，世界的意义都来源于人格。人格作为一种道德实体，其内部存在着善与恶、美与丑的价值冲突，这一冲突是社会冲突的根源，因此，提倡信仰上帝，把事实问题交给科学，把价值问题交给宗教。——译者注

本华何以会向自杀致敬了。

—— 这种关于死亡的思想的确是极端悲观主义的，极端到它甚至导致了一种病态疯狂的乐观主义，即死亡不仅不可怕，甚至还是一个难得的机会，因为死亡会把我们从极端的幻象即个体性的幻象中解救出来，个体性的幻象让我们误以为人类是清晰的、人格化的意识载体。真正的智慧孕育于死亡，就是在这个意义上，叔本华毫不犹豫地说："我渴望死亡。"然而，这里并不是在鼓动人们自杀，因为自杀还是一个意识的陷阱，也就是说，一个人决定自杀实际上意味着他要通过自杀达到一个目的，这说明自杀本身就是表象世界的事情。叔本华因此非常明确地排除了用自杀拯救自己的方式，相反，他渴望的死亡，是一种与世界、与意志和解的死亡，他希望每天在艺术中逃离意志世界。

—— 无论如何，把死亡当作生活的意义不只是彰显了一种辩证法，毫不夸张地说，这还是一个关乎拯救的问题！在之前的某些哲学家那里，他们会为"无意识的必然性决定我们所有的判断"这个观点进行辩护，同时我们也已经讲到过，他们的哲学里有双重的矛盾，而这种双重的矛盾也存在于叔本华的哲学里：我们首先要问，叔本华如何能够相信他发现了隐藏的本能力量，并确信这些力量必然逃脱了我们的意识（即使他推论出这些隐藏的本能力量具有不受规约的清晰性）；其次，我们还是不明白，他一方面要求我们离开表象世界和个体性，另一方面又坚持认为，宇宙间的一切，包括我们的幻象，都毫无例外地来源于意志世界释放出的能量。

— 叔本华的哲学确实提出了不少难题，其中至少有两处需要停下来讲讲。

实际上，那些彻底反对自由意志的哲学都会遇到我要说的第一个难题。也就是说，他们一方面完全诋毁自由观念（这里的自由是指在不同的可能选项间做选择的能力），把自由描述为意识的幻象，而另一方面又毫无压力地把自由观念偷偷拉回来（这完全违背他们的哲学基础"极端决定论"）。他们之所以要再次启用自由观念，主要是考虑到，要想成功说服读者摒弃幻象，重新团结起来去追寻他们伸张的智慧，那么他们的这些哲学起码要有意义，起码能够成为可被选择的哲学之一。这就像人类奇迹般地又重获了自由选择的空间，也就是重获了自由选择的可能性，虽然叔本华对这种可能性持彻底否定的态度，但是它至少保证了人们可以在两者之间进行选择，是要继续当天真的基督徒，服从于所谓的"自我（ego）"，还是要获得叔本华式的智慧，欣然接受死亡并时刻准备溶解在意志海洋里?!

第二个问题在我看来和以下这个奇怪的信念有关，即**存在**必然只于煎熬和无聊之间摇摆。当然，如果这个信念的用意在于批判消遣娱乐和欲望逻辑，那么它的确有一定的道理，同时，说不定还会有一个关于无聊的美丽哲学就此诞生；但是，煎熬和无聊并不能穷尽我们与世界之间的所有关系。显然存在着另一脉思想传统〔皮埃尔·阿多（Pierre Hadot），古典哲学造诣最深的哲学史家之一，他的一本关于歌德的书《勿忘生活》描述了这一思想传统〕。与叔本华不同，这一思想传统认为："我们生活着"——这一简单的事实就是快乐，就像卢梭和歌德一样，而这种快乐的感觉并不接受叔本华的批判。我们获得这种快乐，并不是因为它有意义，而是因为"我们生活着"这个简单的事实就是幸福，那里没有痴心妄想，没有贪欲邪念，没有惊涛骇浪等等。在世上生活着就是幸福，仅此而已！叔本华认为世界只是一片煎熬和无聊的海洋，然而我们其实根本无法证明这一点，叔本华的观点与其说是哲学论证的结论，还不如说是叔本华个人的抒情。总之，在我提到的哲学传统里完全没有叔本华的悲情，无论是卢梭的哲学，歌德的哲学，尼采的哲学，还是所谓的"生成的纯真性（innocence du devenir)"，哲学当中都没有。这一哲学传统告诉我们，我们能与这个世界和解，我们会发现在这个世界上快乐要多于痛苦。当然，不幸一直上演着，而每个人都知道这一点，用不着一个大哲学家提醒我们。

第十六章

尼采：过上最有强度的生活

世界无意义，这正是一个机会

——对于叔本华来说，生活没有意义，因此生活是煎熬和无聊的。尼采（1844—1900）则要不遗余力地挑战叔本华这个结论。尼采选择先从叔本华的观点出发，然后完全颠覆叔本华。他讲道，生活没有意义，但这不足以说生活是空虚的；只要我们一直担负着生活，那么"无意义"就会最终解放生活并让我们从那些捆住头脑的超验观念以及其他思虑中逃脱；同时，"无意义"会促使我们利用内在的生命力量去寻求最有强度的生活。换句话说，存在的无意义不是一场灾难，而是一个机会，因为它一方面把理性和道德的标准过滤为幻象，另一方面，无意义也铲除了阻碍生活成为生活本身的屏障，生活以此恢复了自己的本相，找到了自己独特的视界。世界的荒谬性恰恰是让我们最终能够"以生活的名义去生活"的担保。

尼采对叔本华天才般的颠覆并不复杂，但这足以说明，虽然无意义的生活看上去毫无乐趣可言，但是"无意义"恰恰是我们得以与生活和解的关键。尼采以此为起点，发展出一套内涵极为丰富深刻的谱系学，这套学说展现了最为多样化的人类存在维度。尼采之所以会创立这样的谱系学，主要在于我们所有的存在维度都会影响到生活，或者让生活更有强度，或者让生活更加衰颓。在关于人类存在维度这一点上，尼采仍站在了叔本华的对立面，他认为叔本华对生活的蔑视完全无法让人们看到生活色彩斑斓的地方。

— 是的。您的上述评论首先告诉我们，在关于世界的荒谬性这个问题上，尼采颠覆了叔本华。但是我认为必须将您刚才所说的内容放在一个更宏观的范围里来讨论。针对尼采的哲学工作，现存三大类型的解释，在进入尼采的核心思想之前，我们有必要了解一下。

首先，我们在"简明最美哲学史"里也说过，尼采可以被看作启蒙思想的继承者。伏尔泰和百科全书派在十八世纪开启了对宗教和形而上学的大批判，尼采追随他们，继续为这场批判推波助澜。与此同时，尼采也向他的这些前辈们开火，指责他们在批判的道路上没有走到底，并揭露到，这些前辈们自己仍然残留着诸多形而上学幻象（科学的理性主义，世俗化的基督教道德观，进步观念，民主观念等）。这些形而上学只会更长久地奴役人类。

我们在吉尔·德勒兹（Gilles Deleuze）[1] 和亨利·毕洛（Henri Birault）[2] 等人的著作里可以发现第二类解释。相比之下，这类解释认为，尼采并不是启蒙人文主义思想的继承者，而是一个对人文主义思想持强烈批判态度的哲学家。在尼采对现代性毫不留情的解构中，人文主义也被他当作解构的对象。米歇尔·福柯（Michel Foucault）的解读也近乎相同。在这种解读之下，尼采成了第一位既宣告"上帝已死"又放声高喊"人已死"的伟大哲学家；在某种意义上他成了一位坚定的**反人文主义者**，因为他批评道，启蒙思想借助一种近似宗教和

---

[1] 吉尔·德勒兹（Gilles Deleuze，1925—1995）：法国著名后现代主义哲学家，在形而上学、认识论和伦理学，以及对尼采和斯宾诺莎的创造性解读，都赢得了广泛的关注。"同一"和"差异"是其形而上学主要关注的一对概念；另外，德勒兹认为与其说哲学是发现真理，不如说哲学是对概念的创造。对于德勒兹来说，对哲学著作的解读，并不在于给出一个确定合理如实的解释，而是要去发现和光大著作里的潜在性和暗示。——译者注
[2] 亨利·毕洛（Henri Birault，1918—1990）：法国哲学家，海德格尔研究专家。从帕斯卡尔、康德、尼采和海德格尔的文本中开始了他对存在问题的反思。

偶像崇拜的方式把人权和进步观念神圣化了。

最后第三类解释来自于海德格尔。虽然其他解读道出了尼采哲学的部分真相，但是海德格尔的解读在我看来是最深刻的。海德格尔认识到，尼采首先是一个反思人类技术的思想家，因为尼采的"权力意志"这个概念完全体现在这个彻头彻尾地服从工具理性的"技术世界"里，技术世界只想拼命繁殖出那些能够提高生产力的手段，并不考虑终极目的的问题。在这样的世界里，除了生产的增长以外，意志别无他求（甚至不想幸福、自由、进步，或者人权）；现代资本主义的疯狂意志如同尼采的权力意志，除了想要资本的自我繁殖之外，其他的都难入其眼；现代资本主义的意志里只有资本力量和资本控制，这些都是以力量为目的的力量，以控制为目的的控制；海德格尔在自己的哲学思考中再次使用了尼采的"意志的意志"这个概念，而现代资本主义的意志就是这种"意志的意志"。

批判虚无主义

—— 我们在"简明最美哲学史"的部分介绍了解构哲学，尼采当时充当了我们的向导。他著作中的一些核心课题我们也已经解释过了。现在我们就大致概括一下他的核心思想，为更深入的探究铺平道路。

一 必须首先明确一点，尼采对所谓"虚无主义"的批判处于其思想的核心位置。我们讲过，尼采所理解的"虚无主义"与我们对这个词的日常理解完全不同，因此，他的"虚无主义"并不指代那些无所信仰之人的超脱态度或者他们的犬儒主义，而是指代某种信念，即人们对于那些超验理念和超验价值的信念。在尼采的词汇里，虚无主义不意味着任何对世界的消极或绝望态度，甚至恰恰相反，虚无主义表达的永远是理念与现实、天与地、此岸与彼岸、自然法权（代表着理想的法权）与实证法（代表着现实的法权）、来世与今生之间的对立。

这种虚无主义哲学的实质是柏拉图的二元论，它把世界划分为理智世界（理念世界）和感性世界（洞穴里的世界，被视作有欺骗性的幻象）。借用一下尼采的表达，基督教就是"普罗大众的柏拉图主义"。在尼采眼中，基督教将彼岸的天堂和此岸的现实对立起来，柏拉图主义也由此变得更加通俗。这样看来，基督教是柏拉图主义最完善的大众版本。理智世界一方面是通透的、明晰的、无矛盾的和智性的，另一方面，它又是稳固和永恒的。实际上，这就是叔本华笔下的那个表象世界。

尼采完全站在感性世界的对立面上。他认为感性的世界是谬误丛生的世界、身体的世界、欲望的世界，它是堕落和污浊的，充斥着不同程度的幻象，同时还代表着死亡和终结。理智与感性的这种对立，涉及的是所有理念，无论是形而上学的理念，还是宗教或政治的理念，比如上帝、进步、民主、革命、社会主义、人权、科学、国家、共和，等等。这些理念都有一个共同的缺陷，就是贬低当下的、现世的生活，并且假设出一些更真实、更崇高、更绚丽、更动人的理由，强迫我们的意志和思想遵从于这些理由。这些就是尼采所谓的"偶像"。在这个意义上，基督教的天堂与马克思的共产主义没有什么不同，它们都是观念偶像而已。

为什么"虚无主义"这个词指代的是那些与现实相对立的宏大理念？——我们得承认，一直以来这些理念代表着一切宗教和几乎所有哲学（斯宾诺莎是一个伟大的例外，所以尼采把他当作一位"长兄"）。因为尼采的基本思想是（伯格森把这种"基本思想"称作一个哲学家的"基本直觉"），人类创造的所有理念，就其本质来说就是偶像，这些偶像只是为了更好地否定和贬低现实世界的价值，只是为了让人们确信现实没有任何意义（拉丁语 nihil[1]，就是虚无主义 nihilisme 的词根）：我们创造天堂，为的是让大家确信尘世生活无足轻重；我们承诺无

---

[1] 拉丁语 "nihil" 的意思是 "无"，"缺少某物"。——译者注

阶级的社会即将到来，为的是捍卫我们对当下社会的仇恨；我们鼓噪人权，为的是压制其他社会的那些反抗，因为有的文明并不认同以单一的人性观作为基础的人权观念。换句话说，我们创造某种理念，为的就是给我们的行动和生活赋予某种意义，就好像在说生活和行动自身本无意义一样。

—— 我们创造的理念都有两重幻象：首先，这些理念告诉我们生活是有意义的，尼采和叔本华都在极力拆穿这第一重幻象；其次，这些理念都超越于生活，也就是说，它们宣称能凌驾生活，使生活成为其所不是，忘却其所是。这就是为什么尼采要向这些理念宣战的原因，在他眼里所有的理念都是对生活的否定。

—— 我完全同意。尼采说："为了行动，我们要摘掉幻象的眼罩。"尼采认为，那些形而上学的、道德的、宗教的，或者政治的理念都是浮肿，它们作为价值、作为理念的最终命运就是被摘掉。

砸碎偶像

—— 我们之前也讲到，尼采想"用铁锤砸碎那些偶像"。我们现在又进一步理解了，为什么尼采的选择（用铁锤对付观念偶像）与他的其他思想是融贯一致的：要想清除这些观念偶像，光是把它们与理性的论证（"理性的论证"是另一个幻象）对立起来是不够的，我们尤其还要把隐藏在这些观念背后最隐秘的动机揭露出来，这些动机与否定生活价值的意志有紧密的关系；因此，我们必须从理念论者们创设的讨论场域中离开，去搜寻藏在这一场域背后的东西，即鼓动这些理念论者的那份对生活的愤恨，以及他们对生活发动战争的欲望。回应这场战争唯一公平的方法就是，我们主动向这些理念论者宣战。我认为这就是尼采所谓的"铁锤哲学"。

— 如果尼采对理念的抗争符合您所描述的这条思想线索，那么我们就需要确切地说，他并不想支持某些犬儒主义，无论如何，犬儒主义都不是他所期望的东西。其实，尼采的思考重点反而放在了如何重估希腊理念上。我们会果断地指责尼采前后矛盾，因为尼采告诉我们所有理念都以虚无主义的形态存在，而虚无主义是最坏的立场。除非希腊的理念不同于其他理念，也就是说，希腊的理念能指引我们走向一个最好的世界，值得我们为之争取和奋斗的世界；公正地讲，至少之于尼采，希腊的理念的确有所不同。希腊的理念并不与彼岸的欲望为伍，它是与此岸的意志相和解的理念，这就是尼采所谓的"amor fati"：命定之爱，眼前之爱，此刻和当下在现实中行进的爱。

为什么尼采讨厌那些被创造出来的观念偶像，也就是那些他称之为"虚无主义"的东西？因为这些超验的价值观念虽然表面上让生活可能变得积极阳光，但它把"生活总归有意义"这一幻象强加给我们。我们不禁要问，拥有这样的幻象有什么问题吗？尼采认为这里的问题非同小可：超验价值永远是我们与现实之间相和解的屏障，它阻碍我们像古希腊圣贤所期待的那样安然于当下，同时，碍于这些超验价值，通向"命定之爱"的道路也难以疏通。"命定之爱"并不是听天由命之爱，而是当下之爱、现实之爱、与天国相对立的尘世之爱。命定之爱是尼采的最终告诫，也是其智慧的终极时刻，就像是回到伊萨基岛的奥德修斯，这是一个与世界、与当下和解的时刻，一个最后获得永恒的瞬间。"未来"这个词总暗示着那些需要为之不断奋斗的理想，但是"命定之爱"让我们不再用未来贬损和苛责当下；同样，我们也不会在怀旧、内疚和懊悔中纠结于过去。

如同斯多葛学派和伊壁鸠鲁学派，尼采认为有两类顽疾丑化着人类的生活，并阻碍人们获得智慧，即过去和将来。固守过去的结果，只能是陷入"伤感的激情"，用斯宾诺莎的话来说，我们沉沦在懊悔、内疚、羞耻和罪恶感之中。或者，我们生活在未来、希望和尚待实现的理念里，然而这样的理念只会让我们远离现实，妨碍我们活在当下。如果尼采想砸碎偶像（偶像即理念幻象），那么就不能只是解构，不能为了砸碎而砸碎，他还需要提供智慧的另一种可能性——与世界和解的智慧，"拥抱世界的智慧"，借此，我们最终会生活在当下。我并没有说我和尼采有相同的思想（我已经说过为什么我不得不对他展开各种深入的批判），但是在我们继续往深处挺进之前，首先要好好地理解尼采，看到他的所有伟大之处。

在《查拉图斯特拉如是说》(1885) 的一个段落中，尼采提醒我们，"亵渎"在过去指的是对上帝、对宗教，以及对信徒们笃信的观念偶像的控诉。然而根据尼采带给我们的新智慧，"亵渎"不但意味着指控上天，还包括指控大地：

> 啊我的兄弟们，我恳求你们对大地保持忠诚，不要相信那些对尘世之外的希望高谈阔论的人。无论他们是否承认，他们都是生活里的毒枭和恶棍，都是大地厌恶的瘾君子和垂死者。因此让他们去死吧！[1]

---

[1] 弗里德里希·尼采，《查拉图斯特拉如是说》，日南斐法·布朗基 (Geneviève Blanquis) 译（法译——译者注），GF-Flammarion 出版社，2006，"查拉图斯特拉的序白"，§3，p. 48

您看到了，真正的亵渎不再是诽谤上帝（这种态度非常能代表尼采，我们知道，尼采是《反基督》这本书的作者），而是对大地的诽谤，因为真正的神，是大地（大地代表着与现实的和解，以及"命定之爱"的智慧）。尼采把查拉图斯特拉刻画成一个模仿福音书说话的诙谐形象，他不断地重复着上帝的箴言，却并不是赞颂基督教的神性，而是在向另一种神性致敬。亵渎上帝在过去看来是最严重的亵渎，但是"上帝已死"，所有的亵渎者也随之死去。尼采在同一段接着写道，如今最大的罪恶，就是为玄奥难懂之物赋予更多的价值，而大地的意义则遭到轻视。这一罪恶体现了虚无主义的本质。

—— 在彻底地解构了客观真理、道德原则和观念偶像之后，尼采如何还能建构一套完整的哲学，就像在我们的对谈一开始提到的，尼采在解构的同时是否意味着他又重新建构了一套知识论、伦理学，以及关于拯救的学说？

—— 有点悖论意味的是，从批判虚无主义和解构理念一开始，尼采就要由此探索出一条新的思想之路，在这条路上，尼采重新构建了所有伟大哲学都会涉及的三大领域。首先看他的知识论。我们看到尼采的理论其实是**反理论的**，他要彻底解构传统知识理论；他希望用所谓的"谱系学"来代替知识理论，于是那些伦理的观念和价值，包括真理在内，被谱系学解释为怀疑或憎恶生活的病症。再看他的伦理学。尼采用**反道德**代替了传统的道德，反道德就是非道德论的伦理学，也就是说，并没有什么普世的价值，用尼采喜欢的表述来讲，非道德论者在"善恶之外"寻求各种力量之间的和谐，这种和谐能够通过艺术的方式帮助人们拥有一种最具强度的生活。最后看尼采关于救赎，或者说关于好生活问题的解答。尼采再一次与宗教的、形而上学的、传统人文主义的智慧相对立，在尼采看来，它们无一例外地贬损着生活，这是它们的内在缺陷；因此，尼采用另一种智慧代替之，这就是"永恒轮回"的智慧，或者说命定之爱的智慧，或者说"生成的纯真性"智慧，这种智慧关心的是如何为当下的生命意志增肌。

对于哲学的这三大领域，尼采毫不犹豫地采取了与他的前辈完全相反的立场，尽管如此，尼采的论述是融贯的，是有理有据的。由此可见，尼采并不是我们通常以为的"疯狂的诗人"。即使说他是格言式或碎片化写作，即使说他付诸于笔端的是诗化的表达，缺乏论理的系统性（这种说理方式好像更有利于揭露那些危险的幻象，比如号称高悬于生活之上的理念等），但这并没有减损其论证的力量，反倒让尼采更有可能以完全理性的方式去重建他的思想。

反理论的知识观：偶像的谱系学

— 我们首先从尼采反理论的知识观开始讲起。这套用谱系学方法构建的知识观呈现出两个方面。一方面，这套知识观彻底批判了我们的所有信念，比如，意识对意识自身的显明性被摧毁了；客观的科学真理超越了人类的偏见，所以我们应该信服科学真理——这样的信念同样遭到尼采知识观的唾弃；道德价值是普世的，所以我们必须接受道德价值的指引——该信念与客观的科学真理观的命运一样，也被尼采的知识观否决了。另一方面，这套知识观开启了关于知识的一个新维度；这一新维度在某种意义上反映的是藏在世界表象背后的东西，那里隐藏着诸多需要我们探索的深层次的人类动机，它们关乎人类**无意识的生活策略**和**行为冲动**——两者支撑着我们与生活之间的关系，在这种关系中，我们或者征服生活，或者忌惮生活。这套知识观的批判性意义是，它揭露了我们曾经最笃定、最神圣、最不可置疑的信念的欺骗性和幻象本质；这套知识观的建设性意义是，它澄清了那些无意识动机的意义，让我们明白了为什么这些无意识的动机逼迫我们去发明和膜拜这些错误的理念。

一 实际上对于尼采来说，那些留守在传统知识论里，仍然在柏拉图传统上抱着笛卡尔所谓的"清晰且明确的理念"的人，都难以透过事物的表面看得更远。谱系学的工作就其本质来说是要发现更深刻的真相，有多深刻？就是深刻到深不可测。如同叔本华哲学，这是一个无底洞，没有终结的深渊，它开启了表象世界之后的没有根底的一个无意识世界，这样的无意识世界是一条不可见的暗道，我们在其中漫无目的地游荡，却永远找不到通往光明的出口。然而与叔本华有所不同，尼采并不认为深入谱系学内部毫无用处，即使我们的谱系学工作会前进得足够深入，深得让我们无法得出一个终极的结论。尼采认为谱系学恰恰值得这样不断地深入和精细下去，因为它是少有的手段之一，并借助艺术和行动的形式，让我们能如此切近生命的内在性，也就是生命本身——这是唯一称得上现实的东西。尼采的谱系学是没有尽头的，解释也不会终结，而这正是谱系学具有力量的原因。

从知识论角度来看，尼采认为唯一有意义的东西就是这种近乎疯狂的谱系学挑战。因为谱系学揭穿了那些躲藏在观念偶像之后的讳莫如深的真相。在尼采看来，真正的哲学家必然是孤独的，他游弋在群体的边缘，像一个"隐士"。这样的隐士带着罕见的勇气出发，去探索生命的真相，虽然他清楚这场探索会了无尽头。我们之前引述过尼采的一段话："所有哲学都是表层哲学——这就是一个隐士的判断……所有哲学里都还隐藏着哲学，所有看法都是藏身之处，所有言词都是虚假面具。"

任何判断都是一个病症

— 在这个意义上，我们就进一步理解了为什么说任何判断都是一个关于**无意识的恐惧**和**不可告人的冲动**的病症。任何判断都试图掩盖和维护那些恐惧和冲动，而只要有些价值观念能为这样的恐惧和冲动提供辩护，就会有捍卫这些价值观念的判断；同时，拥有这些价值观念的人也会得到奖赏。当然，谱系学方法在一些思想家中是很常见的，对于这些思想家来说，我们的判断和行动只是无意识过程的结果而已，然而，他们各自都有不同的谱系学理论形式和不同的理论目标。所有这些思想家都希望能够诊断这些病症并找到它们的成因：叔本华处理的是意志世界的病症，弗洛伊德面对的是心理无意识的病症，马克思要解决的是有关经济基础的病症，尼采则负责有关生命和权力意志的病症（我们过一会儿就分析尼采的这一点）。但是他们在病症来源这个问题上都保持着一致的看法，除此之外，他们共同认为"针对这些病症是否存在一个完整的最终的解释"这个问题是一个错误的问题。叔本华和尼采断言一切都是病症，就这点来看，他们要比弗洛伊德和马克思走得更远；他们认为从深渊般的暗道最终走到清晰正确的科学理论是绝对不可能的，这里所谓"清晰正确的科学理论"是指，传统意义上那些能完美地刻画现实并能与现实相统一的理论。与叔本华和尼采截然不同，马克思和弗洛伊德相信，为无意识现象建立一套充分的科学理论，对现象本身以及现象的成因加以解释，这是完全可能的（虽然弗洛伊德也承认有一些无意识现象无法被理论化）。因此，笛卡尔意义上的清晰且明确的理念，以及最终通向光明真理的科学理论都在弗洛伊德和马克思的理论建构中扮演了重要的角色（即使他们的理论告诉我们，日常生活中的普通人无法拥有这样的光明真理）！总之，马克思和弗洛伊德认为，关于无意识现象的科学是可能的，而叔本华和尼采出于更深刻的哲学考量反对这种可能性。

叔本华和尼采把科学当成一种与其他信仰相当的信仰之一，科学在他们眼中也是一种病症而已，但是科学的话语方式与其他非理性和无意识现象相比，善于更精巧地隐藏科学的病症。同时他们认为，科学与其他理念一样，不是掉进无底的意志深渊（叔本华），就是坠入权力意志的黑洞（尼采）。然而尼采不像叔本华那么极端，他承认科学的有效性，但在他眼里，就连"二加二等于四"也隐藏着一种评价生活的形式，一种解释世界的意志，一种体现光明的意志，或者一种真理的意志；无意识冲动多种多样，并在头脑深处鼓动着我们的生命，而科学体现出的这种意志就是要把无意识的冲动终结掉。尼采在《偶像的黄昏》中写道：

> 那些判断，那些关于生命价值的判断，无论是肯定式的还是否定式的，它们归根结底都不是真的：这些价值判断只是病症，并且只有作为病症时它们才重要——价值判断本身就是愚蠢的。我们绝对需要张开手臂，试着去抓住生命的非凡奥妙之处：生命的价值是不可以被评价的。不能被一个活人评价，因为这个活人只是一部分，甚至他自己都是一个争议的对象；也不能被一个死人评价，当然出自另一个理由。[1]

生命的强者与弱者

—— 无论我们从哪个角度来探讨尼采的思想，"权力意志"是我们绕不过去的话题。我们刚才有选择性地对这个概念做了

---

[1] 弗里德里希·尼采，《偶像的黄昏》——*苏格拉底的问题*。

分析，现在应该可以给它一个更完整的解释了。

一 尼采写道："权力意志是存在的本质。"——这是尼采最根本的思想。尼采的这一思想带领着他展开了一系列反思。

首先，尼采直接地把现实定义为力量之网，这里有大量的"本能"和"冲动"(德语词"Trieb"包含"本能"和"冲动"这两个意思)。结合起来的这些力量与尼采所谓的"生命"和"权力意志"相互重合；另外，在尼采那里，"生命"和"权力意志"这两个词可以互换。我们看到了尼采第一层的反思，在这一层面上，他的思考与叔本华及其"意志世界"概念都很接近。对于尼采来说，意志并不是一个有意识介入的意图，意志内没有"目的"这种东西，因为"目的"本身包含意识。同时，冲动并不只想长久地盘踞在存在之中，冲动还要**内在地扩张，最大限度地强化自身**。当我们能把握住这种有强度感的生活时，真正的快活和享乐才会到来。只有生命权力的感觉越发膨胀，我们才称得上真正地活着；尼采认为，刺激这种感觉使其膨胀就是艺术的使命。

每个人都想过上有强度的生活，然而权力意志为过上这种生活所贡献的策略是无意识的，也完全因人而异。生命力量之间无休止的冲突削弱了生命，使人们变成了"贫民"。这种

"生命的贫民"通常归顺于某种道德、宗教或者意识形态——这些东西会许诺一个光辉夺目的未来（富饶和平的世界、天堂、无阶级的社会等等）以此贬损当下的生活，并宣扬一种为理念牺牲的精神，告诉人们"真正的生活"总会姗姗来迟。"生命的贫民"是"弱者"，他们努力为那些理念高唱凯歌，当理念强迫他们过上因循守旧、波澜不惊的群居生活时，他们反倒欢呼雀跃；在尼采思想里的这种"弱者"总是试图把"强者"变得与自己一样（这是弱者第一次对自己存在感的强化），并且"弱者"会竭尽全力为以下信念辩护：为一个最美好的世界而奋斗，这会让生命具有神圣的意义（这是弱者第二次强化生命力量的膨胀感）。同理，对于"生命的富翁"来说，他们多样的生命力量之间不会互相拆台、互相残害，它们是彼此和谐的；"生命的富翁"想过上最具强度的生活，而什么样的生活方式能达到这种最具强度的生活呢？这就是能够最完整地呈现所有生命潜在性的方式，也就是艺术家在此刻、在当下的方式；严格说来，"生命的富翁"选择的生活只属于他们自己，也只由他们支配，因此，他们代表着一种贵族世界观，之后我还会回到这点上。

—— 以此观之，强者，诸如艺术家，他们只能是例外，是不可比拟的个案，或者准确地说，是独一无二的生命状态；相反，弱者希望聚集起来捍卫那些理念，在理念面前，他们感到彼此平等。表面上看，这种对强者和弱者的分析在粗暴地践踏民主，实际上，恰恰是强者的姿态在这里显得更加脆弱，而弱者则会享用到大众权力，这就是为什么尼采会发出惊世骇俗的警言："保卫强者，反抗弱者！"

一 现在是时候消除关于权力意志的误解了：我们经常把权力意志想象为对权力的垂涎，并把它等价于对领袖群伦、堆金积玉，或者蛊惑人心的欲望。这完全错误。实际上，尼采所谓的"意志"并不想要某种外在于意志的权力。从根本上说，意志只在乎意志自身：意志想自我繁殖，想内在地强化，想感受到更多的生活强度。我坚持认为，理解权力意志需要追溯到尼采所谓的"意志的意志"，即没有外在目标、没有对象、没有终极目的的意志。这种意志对权力没有兴趣，对幸福、进步，或者自由更没有兴趣：意志只在乎意志自身，仅此而已。在这里，我们还需要考虑到，驱动权力意志的力量在尼采看来有两种类型："反作用"力和"作用"力。

反作用力和作用力

— 就当时看来，这在哲学史上是一对全新的区分——尤其需要注意的是，叔本华的思想里并没有与这对区分相对应的东西。另外，这对区分还有一个重要之处：尼采可以**既**与那些为宏大理念（这些理念贬低着生活的价值）辩护的人展开永不停歇的战斗，**又**确信他所提出的"否定力量"决不可被丢弃（因为这些否定的力量与其他力量一样是生命的一部分），而这对区分能帮助我们理解为什么尼采能够同时做到这两个方面。

— 反作用力所产生的效应只会体现在否定和破坏其他力量的情况下，而与此不同，作用力的有效发挥并不需要消灭或对抗其他力量。这里需要看到一个容易混淆的地方，那些混乱错误的解读经常在此处产生：如果尼采是因为理念否定了生活才去激烈地批判理念，那么，他要想避免自相矛盾的话，就不能再以"生命力量是试图消灭其他力量的反作用力"为借口，去诟病生命力量（生命力量也就是生活本身）；因此，为了保持思想的一致性，尼采会去接受所有的生命力量，包括反作用力。

我们讲到过，只有在对抗其他力量的时候，反作用力才会呈现出来；因此在某种意义上说，反作用力减损了世界中生命的总和，因为反作用力会削弱生命。在尼采看来，反作用力的一个例子就是"真理意志"，该意志推动着哲学和科学的发展。为什么？因为真理永远都与之前的谬误相对立。整个科学史实际上就是不断怀疑的历史：科学并不是累积式进步，科学通过与传统观点的接连了断而前进。这一过程意味着，那些一直以来都行之有效的科学理论一旦被某个新的实验证伪，它们就失去了科学的地位。在落体运动问题上，伽利略推翻了亚里士多德关于物体运动的理论，牛顿物理学代替了笛卡尔物理学，而牛顿物理学又被爱因斯坦的物理学所质疑等等。

之前我已有所暗示的是，尼采认为柏拉图的对话录反映的就是真理意志的第一个范例：苏格拉底的所有努力都是为了推翻对方的看法，指出对方的矛盾之处，让对方明白他们的观点等于什么也没说。树立真理，一定意味着与谎言、邪恶的信念、幻象、谬误，总之与人类工作活动中出现的一切力量相对立。在《偶像的黄昏》关于苏格拉底的一章中，尼采控诉苏格拉底，说苏格拉底完全被纯粹的反作用力和完全消极的冲动所控制，也说他身上带有"佝偻病人的恶毒"："苏格拉底把三段论用成了一把刀，他很喜欢给他的反对者来上一刀。"尼采认

355

为，反作用力是弱者的完美武装，使用此等武装意味着弱者难以通过积极地树立价值而获得胜利，他们只能通过摧毁反对者来达到自己的目的。这就是为什么尼采会说，推动科学和哲学理论发展的真理意志根子上也是"平民"，本质上反映的仍是民主；显然，在尼采哲学里，"平民"和"民主"并不是对真理意志的溢美之词：**因为科学真理让世界变得均等化了，它是普罗大众的玩意儿，是反贵族制的东西。**由此可见，科学和民主之间的联系（人类历史也充分地说明了两者的联系）十分密切，它们都共同建立在反作用力之上，而反作用力只有通过否定其他力量才能出现。

—— 那么，什么是作用力呢？

—— 作用力意味着它只通过自身来实现力的效应，它不需要在这个过程中对抗其他力量。因此，作用力的典范不再是科学，而是艺术。至于政治领域，作用力的典范不再是民主制度，而是贵族制。尼采告诉我们，艺术家都是贵族，因为贵族是"毫不妥协地锻造价值"的人。美学史是一部充满口诛笔伐的历史，然而关于美学的争论与其说像平淡无奇的讨论会，不如说像"诸神间的战争"；前后的区别在于，前者要试图建立一个永恒唯一的真理，那些站在真理对立面的东西都会被统统抛弃，而后者的主角都是各执一词、毫不妥协的神。巴赫不会驳斥瓦尔第（Vivaldi）[1]和格里高利圣咏[2]；莫扎特和贝多芬用不着证明某某前辈有缺陷（在艺术上，这种证明毫无意义。）

贵族们从不讨论也从不证明，他们只发号施令；同理，艺术家只管创作，他们不需要论证。因此，《偶像的黄昏》里讲道："需要证明的东西不值得一提。"在民主制中，我们需要辩护，需要给出理由，需要永无休止的论战，为的就是击败对手，在观点上取胜。这五十年来有众多学者试图把尼采解释为一个左翼的思想家，一个民主主义者，或者无政府主义者，这些做法是完全荒谬的，因为尼采的所有著作都在表明这样一点：他为之辩护的永远是贵族价值观。

非道德论的道德

—— 上面的这些讨论自然而然地把我们引入尼采哲学的第

---

[1] 瓦尔第（Vivaldi）：闻名于世的巴洛克作曲家之一，其代表作是《四季》协奏曲。——译者注
[2] 格里高利圣咏：一种单声部、无伴奏的罗马天主教宗教音乐。——译者注

二大主题：伦理学。我们之前已经看到，尼采揭示了知识论的幻象本质，并成功地为知识论给出了另一种可能性。然而，当尼采最终把某些形式的价值和理念批判殆尽的时候，他将如何给出一套替代原有道德的方案呢？

一　实际上，尼采作为一个彻底的唯物主义者，他的"非道德论的道德"以及"非理念论的理念"到底是什么意思呢？我们必须把有些学者对这个问题的解释排除掉，因为他们认为，虽然身体解放、性解放和感官解放这些提法还未在尼采生活的时代出现，但是尼采可以说是一位享乐派无政府主义理论家。按照他们这种解读，尼采的伦理学要剔除"恶的力量"(也就是反作用力)，具体说来，就是指理性、基督教道德以及理智世界的力量；取而代之的，则是"善的力量"(也就是作用力)，具体说来，就是指无意识的冲动、性、身体，以及感性的力量等等。这样的解读是荒谬的，因为尼采著作中多达几十页，甚至几百页的内容都完全不符合这种解读。真相是，他最厌恶无政府主义和享乐主义，当然还厌恶浪漫主义——他反反复复地论述这种厌恶。没有看到这个真相，要么就是这些学者没读过相关文段，要么就是完全没理解尼采。

以下就是《偶像的黄昏》中的段落，尼采在多处谈论无政府主义，这是其中一例：

> 无政府主义者是衰落社会阶层的喉舌，当他们义愤填膺地要求"权利"、"公平"、"平等"之时，他们仅仅承受着融入社会的压力，这让他们不知道究竟为何受苦——他们其实缺乏生命……他们被追根究源的冲动所控制：他们堪忧的处境一定是某人的错误造成的……同样，"义愤填膺"本身就让他们自我感觉良好。辱骂对于穷鬼来说就是一件心旷神怡的事儿，他们从中找到了陶醉于权力的感觉。[1]

尼采对无政府主义的一贯敌视有深刻的哲学理由：无政府主义只是表达了一种泛滥成灾、四分五裂的激情状态，这种激情四射的状态本质上是消极的，它无非证明了生活和权力意志的颓败。无论无政府主义是什么，反正它肯定不是关于创造性和快乐的学说。如同浪漫主义（其也被刻画为激情澎湃的思想），无政府主义反映的是诸多力量之间的相互损毁，这些力

---

[1] 弗里德里希·尼采，《偶像的黄昏》——一个不合时宜的漫，p. 34。（此段译文参考了周国平先生的译本——译者注）

量最后将全部消失在最深重的不和谐之中。

对于享乐主义，尼采在《权力意志》的一段中这样描述："我们可以断定，享乐主义走到哪里，就会把煎熬、残缺、病态和堕落带到哪里。"因此，把尼采说成是穷奢极欲和无政府主义的卫道士完全是胡说八道！

尼采反对那些让激情放任无度的伦理学。他自己的伦理学需要在一个更宽泛的意义上加以理解，因为在尼采看来，伦理学解决的问题是：我们靠什么才能过上最美好的生活，这里的前提是我们不能再次坠入那些理念和超验价值的幻象陷阱里。尼采心中的伟大范例，就是希腊的古典艺术甚至是法兰西艺术所默默表现的东西：内在的生命力量必须被等级化，而这种等级化要在明晰的理性的主导下进行。我们控制、划分和统筹这些内在的生命力量，于是它们之间不再有攻击、分裂和你死我活。这样一来，我们能获得最大限度的权力，最大限度的快乐，以及最有强度的生命，我们会真正地感觉到：我们生活着。这就是尼采所说的"伟大风格"，即一种"自我掌控的"、"伟大的"、"战胜内在敌人的"道德（或者说反道德）。这种道德并不意味着我们要把那些反作用力从身体里扔出去：如果我们丢弃理性，丢弃给生活赋予意义的欲望，丢弃对观念偶像的需求，或者丢弃道德规范，那么这就意味着我们要丢弃力量，于是我们自己就会变成反作用力了！总之，要想避免生命的贫瘠，我们就不能丢弃那些反作用力，因为它们也是生命的一部分。

—— 现在我们有理由追问，尼采是否在他的伦理学里提出了一个矛盾的东西：他三番五次地说理念、价值和理性是危险的幻象，现在他又建议我们向这些幻象投降？

—— 可以肯定的是，尼采并没有陷入如此明显的矛盾之中。"伟大"之于尼采是单义词，它指的永远是对**所有**力量的控制，这种控制意味着在作用力的主导下，作用力和反作用力的统一与和谐，并且任何一种力量都不被偏袒。弄明白了这一点，我们才能很好地理解为什么尼采大费周章地赞美他的主要敌人，比如基督教。要知道，基督教被尼采视为虚无主义的顶点、反作用力战胜作用力的范例。虽然尼采讨厌基督教和柏拉图主义，但是他却一直强调我们要把两者融合进自我，就像古典主义所做的。尼采强调，我们尤其不能清除教会和基督徒，即使我们特别反对他们的理念，因为拥有一个这样的"好敌人"会给我们带来好处，把敌人几乎全部融合进自我当中，让它们变成"内在的敌人"，这样能让我们变得更加强大，当然，为此我们需要懂得如何内在地协调这些敌人（再重复一遍，这个过程是我们的作用力居于主导）。换句话说，当这些敌人内在于我们的生命之中并让我们变得更加强大的时候，那种对敌人的敌意就被理想化和高尚化了。这里并不牵涉到黑格尔辩证法里的"扬弃（Aufhebung)"(**有保留地超越**那些被否定的东西)，某种意义上讲，这个协调敌人（那些反作用力）的过程就是在作用力的主导下，安置和握住那些反作用力。《人性，太人性》中的一个段落刻画了"伟大风格"这一概念，很有启发性，而想理解这一段落，我们需要记得在尼采那里，艺术属于作用力而科学属于反作用力：

> 假设一个人既痴迷雕塑和音乐艺术，又痴迷科学精神，再假设这个人认为我们不可能通过抑此扬彼的办法消除艺术与科学的矛盾。那么他所能做的就只能是建造一个庞大的文化高塔，庞大到可能会有两种权力居于塔上，像是两个彼此相离的塔尖；两者之间存在着调解性的力量，这些力量会在这座文化高塔上选择自己的安身之处；同时，在必要的情况下，主导性的力量可以平息其他力量之间的斗争。[1]

---

[1] 弗里德里希·尼采，《人性，太人性》，亨利·阿尔贝（Henri Albert）与亚历山大—马西·德鲁索（Alexandre-Marie Desrousseaux）合译（法译本——译者注），口袋丛书《哲学经典》，1995，第一卷，p. 276

永恒轮回

—— 我们现在来到尼采哲学的第三大主题：关于拯救的学说。与之前的逻辑相当，尼采先是完全推翻了过去关于拯救的学说，有点悖论意味的是，他又成功地发明了一个有同样功用的替代品；在尼采关于拯救的学说中，我们不会再次落入号称能给生活赋予意义并具有某种超越形式的幻象当中。

—— 我们在"简明最美哲学史"里已经看到了这种生活智慧，永恒轮回学说就是这种智慧的巅峰：要想与当下和解并过上融洽和睦的生活，其最终标准就是我们能够期待生命的永恒轮回。如果我们真的能够期待永恒轮回，那么这份期待将成为生活得以拯救的标志，而被拯救的生活将具有两重永恒性：第一重永恒性出现在与自我、与世界的完全和谐的那些时刻，这是绝对完满的被救赎的时刻，在这个意义上，这些时刻是"永恒性的种子"；第二重永恒性出现在对永恒轮回的欲望之中，我们期待永恒轮回的全部经验促成了这种欲望。

尼采在《查拉图斯特拉如是说》中明确地说"我们需要用永恒轮回学说来替代形而上学和宗教的位置"。我们必须明白，在解构了虚无主义、砸碎了形而上学和宗教的观念偶像之后，永恒轮回将是一种没有幻象的关于拯救的学说。尼采的知识论采取了反理论的形式，伦理学采取了反道德的形式，与此类似，对于拯救生活的学说，尼采也采取了完全与宗教和超验理念相反的形式：这一学说不仅是赶走上帝的拯救学说，也是一套世界观；这一世界观告诉我们，当上帝已死、所有的观念偶像都被摧毁之后，世界是什么样子；这里所说的观念偶像就是那些纯粹由人类造出的观念（启蒙思想、人权观和进步观）。

马上需要澄清的是：永恒轮回的学说与古典希腊时代的"时间往复循环观"完全没有联系，同时，永恒轮回也不是一套宇宙论，它更多的其实是一种自我反思的方法，这种方法能让我们在自己的存在中找到那些"伟大的时刻"，就像是奥德修斯与佩涅罗珀重逢的时刻，这是值得无穷无尽地重演的时刻，我认为这就是拥有了永恒性的时刻。

永恒轮回的学说是一块试金石，它帮我们挑选出那些最有强度的存在瞬间，正因为如此，尼采用一种康德绝对命令式的口吻，如此说明了永恒轮回学说对我们行动的启示：我们的行动准则（也就是行动目标，或者说是我们想实现的目的）应该体现一种普遍的关怀，即行动准则不仅要体现特殊的个人利益，还要体现普遍的人类福祉。康德哲学告诉我们应该如何确立美德的标准：只有那些有利于大众福祉和人类普遍利益的道德行为（而不仅仅是利己的特殊的利益），才会被视为真正的美德。尼采故意效法康德，提出了一个属于自己的律令：永恒轮回的律令。关于这个律令，我们在尼采的 1881 年遗稿中看到了这一段：

> 我的学说教给大家的是："如果你现在的生活方式让你想把当下再活一遍，那么这就对了，这是一种义务——因为你无论怎样都会再活一遍！如果认为努力工作是最高的快乐，那就再去努力一把；如果认为休养生息最重要，那就再去休养生息；如果愿意听话、服从或者追随，那就再去这么干好了！但是需要明白的是你最喜欢什么并且在任何情况下都不后退！这样你就会获得永恒性！"这一学说对于那些不相信的人来说寡淡如水，因为这一学说里既没有地狱也没有恐吓。但是那些不相信这一学说的人只会觉得自己的生命是转瞬即逝的。

以上就是对永恒轮回的精彩总结。永恒轮回是一种不包含惩治和义务的生活智慧，它当然也是一个理念，但是它存在于现世，存在于人间，而不是在天上——尼采关于拯救的学说里既没有地狱，也没有天堂。于是，如果我们选择再过一遍无聊的生活，没人会对你说三道四；平庸的生活里也许很多时候都毫无意义，永恒轮回的理念在这样的日子里也显得苍白无力，但是如果我们乐意过这种生活，谁又能管得着呢。当然，如果我们选择拥有"当下之爱"的生活、具有"生成的纯真性"的生活、最有强度的生活，以及与世界和解的生活，那么我们就会到达一种极乐的状态。进一步说，我们将不再惧怕死亡，因为我们习惯了当下，一个不再被过去和将来纠缠的当下，这个当下把我们变成了"永恒性的原子"。

吸引人的智慧，却站不住脚

在本书的开头，我们已经看到了为什么"命定之爱"的哲学、毫无保留拥抱世界的哲学最终都是站不住脚的：首先，如果真理和普遍性价值存在的可能性都被彻底摧毁了，个体之间生命力量的关系也就没有了保证，也就无法继续存在；其次，为了提防那些观念幻象，我们需要彻底的相对主义，但是这种相对主义自身又将变成一个观念幻象，因为所有把道德价值视为陷阱的学说在反对无耻之徒、杀人犯和暴君的时候，从来都会毫不犹豫地重拾道德大棒；最后，大屠杀否定主义的案例向我们说明了一个尼采主义者到最后会走向何等无耻的境地，因为尼采主义者预设了与生命相关的两种代表性解释具有相同的重要地位，一种是对犹太大屠杀和毒气室历史真相的揭示，另一种是对历史真相精神病式的抗拒。

因此，我们也许能够成为一个尼采主义者，同时不去无耻地否认历史真相——这是最常见的情况，只是这意味着我们不得不背叛那些我们想去信奉的原则。现在，我们已经比较细致地探讨了尼采思想，我们可以对其进行批判了：为什么到头来我们不可能成为尼采主义者？

— 带着生命的强度而生活，带着对生活的爱而生活，在快乐中生活，谁会拒绝这样的生活呢？与康德的绝对命令、道德责任和功利的道德考量完全不同，尼采呼应着斯宾诺莎，建议我们无所保留地拥抱世界，并以爱的名义把悲伤的激情、内疚、懊悔、愤懑、罪恶感和自我惩处这些东西统统丢弃。我认为谁要是不同意尼采的这个思想，估计这个人也算是疯了，因为有谁不想生活得有强度，生活在爱和快乐中呢？

我很愿意停在这里不继续讨论尼采了，然而他关于拯救的学说的确令我心生狐疑，对他的观点也有诸多保留意见，我难以将它们藏起不论。我喜欢尼采，我觉得他是天才，但是我必须承认，他关于"命定之爱"的思想在我看来是十分荒谬的，让我对这个学说相信上一秒钟也绝无可能，并且，我也还从没见过有哪一个尼采或者斯宾诺莎的门徒能驳倒"刽子手论证"，即当现实里存在奥斯维辛集中营的时候，如何去爱现实里的一切？我们可以用一个三段论来概括这个论证：按尼采和斯宾诺莎所设想的，我们要热爱现实里的一切，也就是要**认命**；而现实中存在刽子手（奥斯维辛集中营）；所以我也要爱刽子手（纳粹分子们）。克莱芒·罗塞，是一位在其他方面让我很钦佩的思想家，他写的关于叔本华的小书让人赞不绝口，但是他认为"刽子手论证"是一个反斯宾诺莎、反尼采的荒谬论证，极度平庸，像是在胡说八道。和他相反，我倒觉得这个论证是非常精彩的，虽然平凡无奇，但完全公允。有人说我没有认识到，这个论证其实就是一个充满争议的普通论证而已，还说我并没有理解到这一点，即"命定之爱"并不妨碍我们反抗邪恶力量，这种反抗同样也是现实的一部分，因此我们不必非要爱那些刽子手。其实我非常理解他们的推理：抵抗与通敌都同样是现实的一部分，因此我宁愿选择前者而不是后者。但是这种辩护会最终导致很荒谬的结果。

比如，他们用尼采和斯宾诺莎的巧妙逻辑来反对我，告诉我必须要爱现实的全部，要与现实的全部和解，但是这又把我们推向了一个荒诞的境地：我们如何同时既抵抗又通敌？尼采主义者和斯宾诺莎主义者强调，我可以完全成为一个抵抗派，只要在现实中我喜欢成为抵抗派。好吧，我承认这一点，但是我还要问，"爱现实的全部"这条律令是否与其他任何道德律令有哪怕一点点区别？无论是与康德的道德律令比，还是与普通的基督教道德观相比。如果现实里包括对现实的拒绝，包括有明显矛盾的选择（抵抗与通敌的矛盾选择），那么为什么还要毫无保留地拥护现实的一切？尼采和斯宾诺莎认为"选择"这个概念没有任何意义，然而与这个观点相比，"爱现实的全部"这个论题更加矛盾重重。我实在看不出尼采主义者们的诡辩会把我们引向何处，要不然就得出一个大众观点：世界不值得爱的时候我们就不去爱，值得爱的时候我们就去爱！嗯，一个四平八稳的结论，但也足够矫揉造作了，谁会需要这么个东西呢？

在这种情况下，"命定之爱"的合法性已经告急，因为它完全没有用处（除非是疯狂的粉丝，否则没人会热爱让人难以忍受的现实）。更严重的是，"命定之爱"已然变成了一个"超越于生活"的理念——一个新的偶像，并重新坠入了尼采最为讨厌的虚无主义之中，因为"命定之爱"这一理念命令人们要

369

坚持按照高高在上、不切实际、不知所云的理念支配生活，然而悖谬的是，与其他理念相比，尼采的"命定之爱"会给人带来更多的负罪感。于是，悲伤的激情又被推向了最高峰，你们不幸福？这是你们自己的错！因为你们缺乏勇气、缺乏头脑、缺乏智慧！今天，有些尼采主义者仍然不遗余力地吹嘘他们内心保持的平静有多么伟大，还以此对我们的生活说三道四：他们宣称自己拥有把握幸福的力量，反观我们这些可怜的尼采主义软弱派，还会因为孩子的死亡和妻子的离别生活在恐惧和不幸之中；这些尼采主义者还说，整天无聊地唉声叹气是难以获得这种"快乐的科学"的，而"快乐的科学"会教给我们真正的智慧，让我们学会在波光粼粼的生活海平面上翩翩起舞。尼采创造的"命定之爱"让人们无不背上负罪感的巨石，然而这并不好笑，因为尼采本人就是一副负罪感深重的病人形象，他终其一生都是悲剧性的，无论与朋友、与爱人，还是与其他人，他的生活总是布满荆棘和不幸，然而这种不幸却是极端残酷的尼采传记中的唯一亮点。

之前说过，尼采的极端相对主义遇到了困难，同时他还走向了一种新虚无主义，然而尼采的困境不仅如此，他关于"命定之爱"的智慧隐藏着这样一种整体倾向，即倾向于对现实世界毫无担忧地彻底投降。但是，一旦摧毁了所有理念、所有超验价值，并毫无保留地拥抱现实世界，难道就不再有犬儒主义和遁世弃行的威胁了吗？如果我们脱离了所有理念世界，那么这些哲学的批评和论述又从何谈起？并且，在没有任何理念可言的情况下，我们要如何避免坠入只讲策略的政治之中，这样的政治没有任何思想和价值性的追求。再进一步，跟着之前提到过的第三种对于尼采哲学的解读，也就是海德格尔的解读，我们认为：如果我们向超脱所有价值、只求自我强度的权力意志致敬，那么我们会看到，作为道德替代品的权力意志将把我们推向一个"技术世界"；而"技术世界"的运行逻辑就是为了手段而创造手段，并且是无休止地增加创造手段的强度和力度，因此，所有的目的性也都消失了。

第十七章

海德格尔：技术世界

目的消失，只剩手段

—— 海德格尔（1889—1976）对"技术世界"的分析旨在揭露现代工业社会的深层机制和动力。在这样的社会里，生产只意味着为了手段而生产，在这个过程中没有任何更高的目的性为生活赋予意义。我们讲过，海德格尔认为尼采所谓的"意志的意志"就在这一具有盲目性的生产体系下实现了——如果尼采知道我们把他当作资本主义自由民主社会里最为杰出的哲学家，他会感到非常震惊，因为他自己想当的恰恰是哲学、宗教偶像的掘墓人！话说回来，"技术世界"准确地讲是什么意思呢？

372

— 海德格尔从哲学角度来看待"技术",对他来说,技术是所有现代社会的运行机制,就像尼采所定义的权力意志的动力或者意志的意志一样。由于我们把注意力主要投向了尼采哲学,而不仅仅是笛卡尔哲学,海德格尔才就此认为,我们必须要开始理解技术世界了。在尼采的权力意志哲学中,海德格尔看到了"主体形而上学"的终结——如果我们还记得的话,人类作为主体拥有独特的身体机能以及智力机能,而"主体的形而上学"为这种独特性提供了具有基础意义的辩护。

海德格尔对尼采思想的着眼点猛地看上去会吓到大部分尼采的后继者们,在他们看来,尼采根本不是一个形而上学家,完全相反,他是形而上学幻象最猛烈的抨击者。然而,如果我们想理解海德格尔,就必须仔细地研究海德格尔对"权力意志"的解释:启蒙运动掀起的人文主义和理性主义思潮把人类的目标设定为**进步**;到了尼采,他开始着手让人类的目标一个个的**消失**(这里我们避免说尼采**清除**了人类的目标),而海德格尔的解释就是要揭示尼采能做到这一点的方法是什么。尼采哲学里,掌控世界不再是为了人类的自由和幸福,掌控世界的目的就是掌控世界,增强生命力量就是为了追求生命的强度,增长力量的唯一乐趣就是增长力量本身,我们也许可以将此理解为,极端的工具理性代替了合目的之理性,或者可理解为纯粹技术意义下的命令取代了实践理性（实践理性也就是道德的理性）。我们尽量从这些高深莫测、异常抽象的语言过渡到他们的具体含义上。

通过权力意志的洗礼，所有那些解放人类思想、革新社会道德的企图和愿望都被统统丢弃，于是人类的意志返回到意志本身，并变成了对这种权力意志的追寻。海德格尔在一本关于尼采的宏著中强调，权力意志构成了技术世界的形而上学基础，它甚至是关于主体形而上学的封山之作。实际上，技术本身不包括目标和终极目的，技术只意味着计算、手段的繁殖、为了控制的控制、收益以及生产力——这些东西就被当成了目的本身。主张自由竞争的全球化席卷而来，这一背景下，现代资本主义从"技术世界"的角度看，就是脱了缰绳的**技术权力意志（Volonté de puissance technicienne）**的现实典型，并且，人类存在的所有领域都弥漫着这种技术权力意志的逻辑，无论在科学研究、医药产业，还是在媒体行当和政治生活中。

全球化的两个阶段

— 那么，到底什么是全球化？实际上我们必须要区分出全球化的两个阶段。第一阶段与第一次科学革命有所重合，也就是之前已经分析过的笛卡尔时期。现代科学让一种普遍性的理论模式第一次走进了人类历史，这种理论模式具有真正的世界性意义，在这个意义上，这种理论模式对于所有人类都是有效的，无论贵贱、贫富、强弱，还是种族、国别等等。如同第一时期的人文主义（主体形而上学的人文主义），在第一阶段的全球化期间，人类仍然在为一个宏伟蓝图而倾尽全力，这些宏伟蓝图都是外在于和超越于个体意志之上的：我们想得到自由和幸福，我们想要人性的解放和应得的生活福利。在这一点上，我们仍处于合目的之理性和追求理性主义进步观的阶段。

—— 投身人类进步和人性解放事业的启蒙运动，怎么会一步步导向一个技术世界了呢？按照我们之前的分析，除了对技术的不断革新和经济的增长之外，这个技术世界对其他人文目的毫无兴趣。

—— 用柏拉图主义或圣经的口吻来说，当人文主义的宏伟目标成为了堕落的牺牲品，第二阶段的全球化就开始了。二十世纪后半页，人文主义的目标实际上在竞争无处不在的时代坠落了。用管理学的术语来说，这就是一个"基准化分析法（benchmarking）"[1]的时代，长久的和多方位的竞争逻辑刻画了我们这个时代的特征。竞争不仅发生在企业之间，它还发生在国家之间、文化之间、大学之间、实验室之间等等。伏尔泰、雨果、饶斯勒、戴高乐、丘吉尔或者阿登纳（Adenauer）[2]他们还期待的那些人文主义目标，如自由、幸福和进步，以及他们对建造一个美好世界的愿望已经不再是人类历史的推动力了。资本主义全球化舞台上的每一个角色，其前进的动力只有生存的逻辑、适应的逻辑以及被竞争所胁迫的逻辑，竞争成为了一种义务。每一个角色也都是机械的、自动的、沉默的、盲从的，他们被竞争逻辑所控制，他们要永远地创新，为了创新而创新。所有这一切只为了继续存活，只为了不被淘汰，这幅图景有点像达尔文所说的自然选择的世界：任何物种要么适应自然界，要么在自然界里消失。"技术全球化"让每一个企业都不停地去追逐竞争力、经济效益和生产能力，

---

[1] 基准化分析法（benchmarking）也叫做标杆分析法，大致说来，这一方法旨在把本企业的所有活动与该行业的最佳企业进行比较，以提出行动方案，弥补企业不足。这一方法体现了企业的任何行为都要以竞争者为参考，竞争的逻辑已然成为企业展开行动的标准方法论。——译者注
[2] 康拉德·阿登纳（Konrad Adenauer，1876—1967）：德国公认最杰出的总理，领导德国从政治上和经济上走出二战战败国的阴影，并创造了德国的经济奇迹。——译者注

谁落后了，谁就死亡。

这一历史转向（这一点会在之后更详尽地说明）是决定性的，并且完全对应着海德格尔所谓的"技术世界的来临"。在这个意义上，为了完成无数"创新工程"的招标任务，所有的**人文主义蓝图**都变得模糊不清，甚至彻底消失了。推动我们的只有不断繁殖生产手段的义务，以及马克思所说的提高"生产力"的义务。人文主义的构划不复存在，宏伟的蓝图烟消云散，那么剩下的是什么呢？就是一个约束性极强的全球化框架，任何人都无法从中逃脱，如果你离开这个框架，你就进入了危险的社会边缘。这就是为什么我们说，现代政治生活的特点就是意义的逐渐丧失。

竞争无处不在的社会

—— 在这一大背景下，普遍的竞争取代存在的意义是不可避免的吗？竞争的压力会不会让我们逐渐把竞争作为一种标准，它将评价我们在所有领域的行动合法性？同时，人文主义的那些目标虽然曾经旨在提高人类存在境况，但如今在竞争逻辑中也失去了地位和效用。

一 完全是这样。技术对世界实现了完全的统治，因此也是权力意志，即"意志的意志"对世界实现了完全的统治。为了能够生存，企业领导永远有改革创新的压力，绷紧每一根弦，避免布尔乔亚式的享乐安逸，一心只想着提高生产力和经济效益，于是企业领导不得不在产品质量、人际关系、信息化管理以及人力资源管理等方面殚精竭虑。在所有行业，企业必须无休止地创新和改革，然而它们并不关心为什么要改革创新以及改革创新的意义在哪里，以致现代人都变成了"技术官僚"。海德格尔在《林中路》这本著作中用到"技术官僚"这一术语。

主体形而上学从第一时期到第二时期的过渡，准确地说也是从科学到技术的过渡，人类历史和人类生活的目的性在这一过渡中彻底昏暗不明了。因此，从二十世纪末以降，理性主义进步观的危机敲打着西方世界，而生态主义政党的创建也是这场危机的证明之一。如果我们问，人类的存在状况是否有进步？这当然会是一个不恰当的问题，因为科学在进步，技术在所有领域高歌猛进，这一点毋庸置疑。但是，生态主义者在批评技术世界的时候，他们所提出的问题是：在哪种意义上说，这样的进步真的是一种进步。当我们的手机越来越智能的时候，我们真的感到越来越自由和幸福了吗？这可不一定。技术的、去目的化的进步，以及"无主体的诉讼"(马尔都塞在评论资本主义时所用的概念，与技术的、去目的化的进步具有同一意义）真的能给我们带来自由和幸福吗？

　　技术世界这个概念[1]具有多种可能的用途，比如我们可以用它来解读金融市场、经济贸易的全球化，或者是现代媒体的运作。提到现代媒体，可以说他们是服务于这个技术世界的，因为他们按照收视率的逻辑而运作。他们崇拜速度，讲求信息的快速传播，然而事实是，信息在这个过程中却逐渐丧失了，大家仅仅是为了交流而交流。对于电视台和报刊的老板来说，败给竞争对手，败给那些行业龙头并不是关键问题。在这里，收视率的逻辑变成了世界的逻辑，这一逻辑涉及到的是读、听和认同。如果不能创下足够的收视率，上电视的艺术家、政客或者作家们肯定会把自己看作"被选中的人"，就像达尔文世界里那些难以适应环境的物种一样。当反全球化人士为"世界的交易化"忧心忡忡的时候，显然他们并不太清楚，自己更多的是海德格尔主义者，而不是马克思主义者。所谓

---

[1]　海德格尔在《技术问题》这篇文章中发展了"技术世界"这个概念，《技术问题》收录在《论文和会议集》(1958) 之中，后者于 1980 年由 Gallimard 出版社以名为《Tel》的合集出版；这一概念特别在以题为《超越形而上学》的一个小段落中得到了论述。

"世界的交易化"，即再也没有什么东西会逃脱技术和市场的专制。

当然，您在海德格尔的著作里找不到我所说的这些东西，海德格尔并没有像我这样讲，我用的都是自己的语言和例子。海德格尔把"技术"看成权力意志主导世界的方式，而我的上述解读能从他对"技术"的分析中轻松地推论出来。

我们同样看到，解构主义哲学家，至少其中有一部分，也在为减轻自由资本主义全球化社会的危机贡献着，虽然这种社会的结构、动因和运行机制都完全相左于这些哲学家的期待。海德格尔就属于这部分哲学家。他知道如何有力地说明尼采的权力意志概念，与寻常之见完全不同，在他看来，权力意志是打开技术世界之门的哲学钥匙。然而我们必须看到，海德格尔既为纳粹思想走台，又为泰然自若、听天由命（Gelassenheit）[1] 这类思想辩护，这两类思想可谓二十世纪产生的最有害的思想。海德格尔投身纳粹并为"听天由命"辩护，很有可能是因为他太过热衷于去解构和否定人们对真理、价值观和理念的拥有，他不想让人们受到这些思想之物的影响。于是，他的这种解构和否定一

[1] 此处作者用德语词 "Gelassenheit" 指涉一类思想，但是他用了两个法语词来对应这一类思想，分别是 "la sérénité（泰然自若）" 和 "le lâcher-prise（听天由命）"。——译者注

方面的确把我们从观念幻象中解放了出来；另一方面，海德格尔也走向了危险的境地，即对惨无人道的纳粹听之任之，甚至决心投身于纳粹。

第五时期

第二次人文主义爱的革命

第十八章

另一种现代性

崭新的意义观

—— 我们看到，五个伟大的哲学时代为生活意义的问题分别交上了答卷，那么如今的哲学家们向自己问道，是否还有新的可能性。这个问题的大背景是，一方面我们要知道，之前的解构时代已经把众多超验的观念偶像摧毁了，一直被压抑的人类的存在维度也被解放了出来；另一方面，我们也不要忘记第一次人文主义的那些"原始污点"：第一次人文主义的狭隘人性观导致了种族主义、帝国主义的殖民掠夺和新殖民主义，而除了狭隘的人性观，第一次人文主义还创造了理性、自由和进步这些超验的"形而上学"概念。

我要是去问不同的哲学家对生活意义问题的看法，我会听到众多不同的答案。但是我面前就坐着您，直接向您提问更方便一些。这是直击哲学家工作的好机会，而且我们也能进一步理解前面的那些分析，因为这些分析也都出自于您。我们知道，当我们深入阿里斯多芬（Aristophane）[1] 及其之后的所有哲学家的思想时，发现他们总显得谨小慎微，也就是"cum grano salis（用怀疑论的眼光看事物）"，因此，我尽量避免请他们来评论自己的哲学！

我们的时代有哪些新的特点，让我们必须换个视角来看待生活意义的问题？为什么我们不再相信过去遗留下来的那些意义观了？就您看来，我们这个时代的哲学应该是什么样子的？

— 在这场哲学之旅一开始，我就已经大致给出了自己的回答：如果传统的价值观念（宗教、爱国主义和革命）已经很难充分地为生活赋予意义，那么我所谓的"爱的革命"则重塑了我们的存在，而这场"爱的革命"之基础就在于以爱为目的和前提的自由婚姻取代了包办婚姻。这一革命悄声无息却异常

---

[1] 阿里斯多芬（Aristophane）：古希腊喜剧作家。他作为对话人物出现在柏拉图对话集的《会饮篇》里。——译者注

深刻，它带来了崭新的意义观。这种意义观告诉我们，通过对伴侣、对朋友、对孩子以及对父母的那份爱，一直被忽视的那些人类存在维度会像无价之宝一样呈现在人们面前。然而，这种变化不仅限于个人领域，我们的公共生活也会得到彻底的改变，因为我们想给我们爱的人，特别是我们的孩子，留下一个美好、宜居的世界。在这样的世界里，他们可以愉快地生活、成长，这种对未来的思虑和考量会成为我们的核心政治观。以启蒙运动和人权宣言为主要内容的第一次人文主义也会被第二次人文主义所取代，后者具有更丰厚的内涵。第二次人文主义是博爱和同情的人文主义，这样的人文主义不再让人们为了国家、革命，甚至进步（那些外在于和超越于人性的理念）而牺牲。另外，我们的目标是为后代打造一个人人都有机会自我实现的世界，这将是一个真实的理想世界。如果要找到这一真实的理想世界的思想源头，第二次人文主义会告诉我们，源头就在我们的存在本身以及我们对他人的感情里。

危险的科学

— 现在我想分析一下从第一次人文主义向第二次人文主义转变的原因及其意义，并说明为什么这一转变需要一种以新的意义观作为基础的新哲学，至少我坚信我们需要这样的新哲学。有一点是清楚的，第一次人文主义中的启蒙思想和高唱凯歌的科学在解构时代遭到了毁灭性的批判。这些批评不仅体现在学院哲学里，还体现在时代氛围和政治生活（包括环境保护运动）之中，可以说，这些批评在西方的日常生活里无处不在。如果我们能够说明人类与科学的关系自十八世纪以来发生了多大的变化，那么对科学的批评就有足够的说服力了。

1755 年，一场大地震摧毁了里斯本，成千上万的人命丧黄泉，我们看到了那一时代最杰出的精神领袖们的反应，他们团结一致相信人类能够战胜地震。他们相信，随着科学技术的进步，我们一定能够在未来避免这样的灾难。地理学、数学和物理学可以预测地震，帮助我们避免不幸，避免自然如此荒唐残酷地处罚人类。总之，科学精神会把我们从自然界的残酷暴政中解救出来。然而时代变了：无论怎么看，现如今自然倒显得宽厚仁慈，而科学则危险狰狞，更何况所有置我们于危险境地的东西都在威胁着我们。有的死亡，我们自以为能够避免，但是我们对它还是会恐慌，现在，恐慌的形式又有了无数新花样：酒精、烟草、车速、性、原子弹、手机、转基因、疯牛病、温室效应、克隆，各种新技术，以及潜在的恶魔般的发明创新，这一切都是具有世界意义的科学技术的创造者们给我们留下的东西。

科学怪人[1]和魔法师学徒的传说又重新找到了自己的价值。两则故事讲述了被创造出来的怪物不是奇形怪状，就是法力无边，他们不知不觉地脱离了创造者的控制，并扬言要摧毁地球。自打这两则故事被众人所知，科学研究本身渐渐被人们喻为这样的怪物：人类在不久前尚能引导和控制科学，而今天，科学这头怪物脱离人类的控制，以致任何东西都难以向未来的人们保证：地球的物种还会繁衍生息。这种对科学的看法在人类历史上还没有先例。

— 我们怎么走到这一步的？两个世纪之前，启蒙精神所倡导的那些理念被视作欧洲文明的支柱，现在我们为什么开始怀疑这些理念了呢？

— 这完全就是我们要面对的问题。这个问题是不是意味

---

[1] 科学怪人（Frankenstein）也译作"弗兰肯斯坦"。《科学怪人》原是英国人玛丽·雪莱写的科幻小说，小说描述了一个名叫弗兰肯斯坦的科学家在科学实验中创造了一个大怪物的故事。有学者认为，《科学怪物》应该被视为第一部真正的科幻小说。——译者注

着我们要否定之前对科学的膜拜态度？或者意味着那些启蒙理念（科学包含在内）遇到了始料未及的新局面？我们对科学大步向前的担忧和否定是骨子里"拒绝改变"的效应在作怪吗？或者说，我们根本没在否定什么，启蒙理念所受到的怀疑也许只代表了人类历史的新阶段吧（这种怀疑是现代性造就的结果并会在未来一直持续下去）？这是些关键的问题，因为不同的答案会给我们画出不同的未来图景。

为了能回答这些问题，或者至少让我们能清醒地认识到这些问题，我向大家极力推荐《风险社会》这本书，它是德国社会学家乌尔里希·贝克的重要著作。在我们之前的谈话中，我已经引用过本书的一些内容了[1]。这本书的核心观点与我们刚才对全球化两个阶段的分析有异曲同工之处，前者的研究方式不同，并在关键处完整了我们的分析。这本书告诉我们，第一阶段的现代性鼎盛于十九世纪，并于二十世纪继续占据统治地位，而如今它完成了使命。当下的西方社会已经进入了第二阶段的现代性。这一阶段的现代性的显著特点是：1. 现代性自身的问题在社会发展中暴露了出来；2. 科学和技术的全球化。

---

[1] 本书写于 1986 年，恰好就在切尔诺贝利核事故发生之后，在加拿大、美国和南欧都引起了巨大反响。法语版的《风险社会》由 Aubier 出版社于 2001 年出版，如今可以在合集 *Champs-Flammarion* 中找到这本书。

两次现代性既有正面的冲突又有隐秘的关联，对两者的理解有利于把握当下最发达的西方世界所处的全新局面。我们有必要在这个问题上多花些时间。

第一次现代性：不完整，太独断

— 第一次现代性的那些基本特征彼此都不可分割。

首先，独断专制的科学观：科学在面对其主要研究对象"自然"时显得自信和独断；科学不需要有任何自我怀疑，科学与人类的解放和幸福事业相得益彰。我们已经强调过，人类被科学力量所说服，并寄希望于科学把人类从过去几个世纪的宗教蒙昧中拯救出来；同时，人们也能从科学那里借道，成为笛卡尔所说的世界的"主宰者和占有者"，于是，为了在物质生活上得到满足，这个世界便成了被人类尽情利用和奴役的工具。

其次，进步的观念来自于这种乐观主义的科学观，同时，"进步"是通过自由和幸福来定义的，于是，进步的观念也就顺理成章地成为议会民主制和民族国家框架下的主流观念。如果科学和民主齐头并进，那么科学揭示的真理，除了能为民主奠定基础，难道不该贡献于全人类吗？科学真理像人权一样想拥有人类公认的价值。至少原则上，科学真理对所有人类都应该有效，科学面前没有种族、阶级和性别之分。

有了这样的科学观和进步观之后，这些奉行科学民主的新兴国家便把积累和分配财富立为中心工作。按照托克维尔所言，推动这项工作运行下去的其实是对平等的追求，或者用马克思的话来说，就是对不平等的反抗，因此这项工作是正当的。在这场追求平等的战斗中，虽然艰苦，但是决心已下，对未来赢得这场战斗的信心也不可动摇。就这样，发展的风险问题至少被放在了次要位置上。

最后，人们的社会和家庭角色固化了，甚至"被驯化了"。不用提种族差异，就拿阶级和性别的差异来说，法律上虽然在弱化这些差异，但原则上"区别对待"不可避免。从实际情况看，对不同阶级和不同性别的差别化对待在社会中仍然明显。同样，当我们在说到"文明"这个词的时候，好像它指的就是白种欧洲男性。我就不再回到第一次人文主义的"原始污点"这个主题上了，刚才对这个主题已经有了充分的交代。

关于上述三点，第二次现代性的观点完全不同。然而针对第一次现代性，第二次现代性并没有启用新的社会政治观对其进行外部批判；相反，它选择了进一步深化现代性本身的原则。

第二次现代性：从信仰进步到风险社会

—— 我们之前好像多次碰到一个很大的矛盾，可一直没明说，现在又碰到了：由启蒙思想生发出的第一次人文主义如何能导向一种颠覆第一次人文主义的新现代性？

—— 首先谈一下关于科学的问题以及科学与自然的关系问题。二十世纪的尾声敲起了真正的革命号角。具体说来，今天我们不再把人类面对的主要危险归咎于自然，而是归咎于科学研究，因此我们也不再希望去控制自然，而是想控制科学。原因在于，如今的科学向人类提供了太多毁灭人类自身的手段。新技术在工业上的应用会给现代社会内部造成危险，但是科学带来的危险不止于此；当使用新技术的人不是我们而是其他人的时候，另一重危险就来临了。在今天，恐怖主义比以往更困扰着我们，因为我们清楚地意识到，恐怖分子可以——或者在不远的将来可以——携带生化武器甚至可怕的核武器冲向我们。我们正在失去对现代科学的控制，它不受约束的力量越来越让我们担忧。

现在的情况是，面对全球化的"无主体的诉讼"，我们觉得不存在任何主导世界的力量可以控制科学技术全球化带来的危险。民族国家的框架以及议会民主制的各种传统形式显得势单力薄，甚至影响力微不足道。没有哪位神奇的共和主义者能阻止切尔诺贝利的乌云越过法国的边境线。在民主议会内，要求促进经济增长和发展贸易市场的高亢声音不会因为那些自搞一套的议员而有所减弱，今天的议员已经很难信守对选民的承诺了。当然，有些共和主义者卷土重来还是可能的，他们想说服我们，让我们相信，只要有"公民责任感"和"政治决心"，科学、国家和进步还是能像原来那样结合在一起。我倒是很愿意相信这些人真有潜在的政治激情；同时我也很愿意相信，他们的政治激情在真心实意地为那些满腹怀旧感的谏言而呐喊。

于是，面对最发达的国家之发展状况，财富分配的问题只好退居次席。这个问题当然还有待解决，只是社会风险问题已经被全球化了，单靠民族国家和一般的民主程序难以对抗这些风险，因此，全世界团结起来共抗风险的这项新政治议题则显得更加紧迫，而财富分配问题的重要性则相对减弱了。

最后，在自我批评之后，或者我们可以说，在已经相当普遍的**自我反省**之后，原来对社会角色的看法也受到了质疑。人们的社会角色不再被固化，不再被看作是一成不变的东西，我们可以从一些例子里看到这样的变化，比如全方位的女性解放运动，或者近年来争取同性婚姻权利的运动。

我们当然可以在第二次现代性的问题上再补充很多内容。毫无疑问，第二次现代性的确还有很多细节和故事值得继续深入。我们对第二次现代性的研究之所以兴趣不减，主要是我们发现有强有力的证据显示，第二次现代性虽然与第一次现代性有区别和对立，但不得不说它实际上只是第一次现代性的延伸而已。具体来讲，所谓"延伸"是指，如果科学和共和民主制的传统形象如今已遭到破坏，这并不是由非理性主义思潮导致的，也不仅仅是缺乏公民责任感的问题，而是因为**我们对启蒙思想的那些教义学说太忠心耿耿了**。这的确有些吊诡。关于这一点，最好的证明便是看看一些国家的生态主义政党的转变。在环境风险预防原则[1]以及可持续发展问题上，他们的辩论

---

[1] 环境风险预防原则 (le principe de précaution)：1992 年，联合国环境与发展大会在巴西里约热内卢召开，会议通过了《里约宣言》，其中第 15 条专门规定（实际上表述了"环境风险预防原则"）：为了保护环境，各国应按照本国的能力，广泛适用预防措施。遇有严重或不可逆转损害的威胁时，不得以缺乏科学充分确实证据为理由，延迟采取符合成本效益的措施防止环境恶化。——译者注

开始越来越多地诉诸于科学上的证据以及公开的民主决议。与法国的生态主义政党不同,这些国家(比如,加拿大和南欧)的生态主义政党在讨论生态问题上有着长期的传统。

一旦区分了这两次现代性,我们也就不能混淆两种反现代主义了。第一种反现代主义伴随着对抗启蒙思想的浪漫主义而来,它怀念那个在我们的观念中已经消失的理想天国,鞭挞民主世界的阴谋诡计;这种反现代主义重视人类内心丰富的情感和灵魂的激情,反对科学的冷酷无情;当代环保运动中那些值得称道的地方毫无疑问从这一种反现代主义中找到了思想资源。第二种反现代主义也跟着来了:如果说第二种反现代主义也在质疑科学和民族国家内的民主制,那么它质疑的动机则来自于另一种"科学性"和"民主理想",与之前的"科学"和"民主"不同的是,这另一种科学性和民主理想包含着**世界主义和内省实践**;换句话说,第二种反现代主义的批判原则取材于超越的现代主义而不是某种反抗逻辑。如果我们对反现代主义的探究是正确的话,那么就会得出一个重要的推论:以恐惧和自我反省为背景的风险社会并没有跟在我们之后,而是完完全全超前于我们;风险社会没在走复古路线,那些抵制进步的古老传统也没有借尸还魂。相反,风险社会是最新的进步之化身!

无目的的进步

— 您的上述分析和海德格尔对技术世界的分析之间有明显的交汇，虽然两者的理论动机和着眼点各不相同。然而无论怎样，你们汇合在了对科学技术和经济发展的分析上，你们认为这种无休止的发展的目的最终都变成了发展本身。

— 以此来看世界，世界像一个陀螺仪，它一直旋转就是为了不停下来，这里没有任何意识的东西。让我们沿着这个类比再走一会儿。全球化的经济竞赛让追求进步的逻辑几乎具有了一种生物学意义上的必然性。我们讲到过，如果一个企业不去攀比赶超其他企业，不想着天天进步，那么它的结局则简单干脆：迅速倒闭。换句话说，就如同一个陀螺仪，这样的进步是无目的的，而进步的过程也只是一个因果过程，这一过程机械地、简单地由竞争逻辑所推动，其中没有任何综合性的意图计划作为动力。由此，我们会感觉到世界是脱离我们而运行的，实话说，它甚至脱离了我们的那些经济领袖和科学家！这些感受为我们理解"风险"概念增加了一个维度。同样，这份感受也会引起我们的反思，一个全球化和风险社会的时代需要什么样的政治与之呼应？

单靠民族国家这一政治框架是不能充分地回答这个问题的——我这么说，新共和主义者们又要不乐意了。

资本主义的两个孩子：因爱而婚和现代家庭

—— 启蒙思想中的进步观念变得与我们的命运毫不相干，进步的观念体现的完全是一个为了创新而创新的盲目逻辑，我们也被推进了一个风险社会之中。揭示了进步观内涵的这种嬗变之后，另一个更令人惊讶的谜团出现了：如果我们很容易就能理解到，我们现如今沉沦在一个竞争无处不在且没有目的的世界，那些宏大的叙事（宗教的、爱国主义的、革命的，或者人文主义的）也因此失信于人；在这种情况下，我们要如何解释这样的世界也同时能够铸就那些过去绝无仅有的关于爱的价值？

—— 美国历史学家爱德华·绍特（Edward Shorter）在他的杰著《现代家庭的诞生》中给了我们最有说服力的解释。绍特是菲利浦·阿利埃斯（Philippe Ariès）[1] 的学生，法国史专家。

---

[1] 菲利浦·阿利埃斯（Philippe Ariès, 1914—1984）：记者，作家，法国史专家，其专著《儿童的世纪——旧制度下的儿童和家庭生活》令其名声大噪，其对人类的死亡观念史的研究也非常有名，相关专著有《向死的人类》。——译者注

在这本著作里，绍特指出，在欧洲出现因爱而婚（我们不要忘记，如今的诸种社会风俗特征，其历史源头都来自欧洲）的直接原因是现代资本主义。我们现在来讲讲他为何要这么说。

当资本主义登上历史舞台并从内部瓦解了封建制度的时候，资本主义的**雇佣劳动制**和**劳动力市场**同时建立了起来。这两项新兴事物带来的变化是，人们脱离乡野故土，到城市里去工作了。

我们可以设身处地地想一想：一个 14 或 15 岁的布列塔尼姑娘，离开家乡去一个中心大城市（比如南特）的沙丁鱼罐头厂工作。这位年轻的姑娘会马上拥有两重自由，这是她在之前完全无法想象的。

第一重自由很明显，就是她能与她的家乡保持距离，或者可以说，她拥有脱离熟人社会作为陌生人而生活的自由。这是她生命中的第一次，摆脱了其他人的目光，这些目光来自于田间地头，来自于三亲六故，来自于教堂神父，也来自于祖辈长老，他们喜欢躲在自家帷幔后面，透过窗户盯着别人的生活，还搬弄着别人的是非——我小时候在贝里（Berry）生活，那里的村落当时还是这番景象。另外，我们这位年轻的姑娘还有了工资，也许酬劳微薄，但是这保证了一定程度上的经济独立，这一点也是她生命中的第一次。这里要插一句，在那些反资本主义思想的影响下，现代社会对工资的关注点在于，工资只是一种"人剥削人的新形式"而已。然而这种看法显然是有问题的，它掩盖了一个重大事实：凭借自己的劳动获得报酬这个事实本身就能够表明，这位姑娘得到了前所未有的解放。无需怀疑，她曾经也是没日没夜，甚至更辛苦地工作，却时常受到压迫和虐待，并且根本没有任何报酬。

挣脱了乡野的枷锁，经济上也从此获得了独立，在这之后，我们这位姑娘还会发现另一重自由，就是她可以做自己的主人了，至少在一定程度上，她可以决定她要怎样去活。于是，她将逐渐从传统生活的束缚中解放出来，就像莫里哀的戏剧《吝啬鬼》里的年轻人一样，她与那些仍想强娶她的人展开了斗争，但是这一次，她有真正的胜算。那么她将做出怎样的选择来替代"因理而婚（mariage de raison）"呢？她自然而然地会寻找一个年轻的**优秀**男子与她成婚。在这男子身上，她**体味爱情**（éprouve du sentiment）。就这样，因爱而婚慢慢地变为了我们的社会风尚。

当然，因爱而婚成为社会风尚这个过程会花上好几个世纪，接受因爱而婚的速度也会由于社会阶层之别而各有快慢。在平民阶层，因爱而婚就更快地成为了主流，青年男女之间也会更早地达成共识，一道抵制"父母之命，媒妁之言"。中产阶层则对"因爱而婚"有更强的抗体，在这场新风尚里他们是落后的，显然，这种落后源自中产阶层存在遗产继承的问题。在今天，没有人再会为婚姻寻找除爱情之外的其他理由——当然也有例外，在崇尚"整体主义"的文明和大陆，资本主义要不还停留在萌芽阶段，要不就仍未诞生，在那里，人并不被看作是一个独立于故土乡情的个体。

马克思和托克维尔同样支持这种对历史的解释，虽然实际上两个人没比绍特说出更多的东西。如果我们和马克思谈"资本主义"，和托克维尔谈"民主"，他们两位都会首先定义"现代世界"，他们如此定义：现代世界＝个体的崛起。这样的个体是逐步地并最终都会从各种古老的社群主义中抽离出来的个体，或者像路易·杜蒙（Louis Dumont）[1] 所说，从各种形式的"整体主义"中抽离出来的个体。这样的个体摆脱了社群或团体对其施加的全部（"全部"的希腊语是"holos"）影响。

孩子是首要的

— 爱的革命会产生两个重要的结果。首先，当然是离婚

---

[1] 路易·杜蒙（Louis Dumont，1911—1998）：专于印度研究的法国人类学家，并用比较法研究现代性和西方社会。——译者注

的合法化（在法国，关于离婚的主要法案产生于1884年）。因为我们把婚姻建基在爱情上，爱情是一种爱恋的激情，就其本质来说，它是易变的、脆弱的。在今天，60%的婚姻（因爱而婚的婚姻）以离婚告终——这让人们产生了一个幻象，特别是一些右翼人士，他们认为"家庭成了兵营"。实际上，我们的家庭价值观比以往任何时候都要好。虽然离婚现象屡见不鲜，但是这并不是由于家庭价值观到了垂死的边缘，而是由于家庭价值观现在建立在爱情之上，这一点必须要非常清楚！我们要说的事实是（这肯定会让一些人不舒服）：爱情一般会持续三到四年；除了神奇的个例，现代夫妻双方的主要问题是，如何把婚姻之初的爱之激情转换成更容易获得持久性的情感状态上，比如充满爱恋的友情。很明显，这样做法并不自然。的确，孩子会在婚姻破裂的家庭里饱受痛苦，有时候是难以承受的痛苦，但这就是自由的代价，就是爱之勋章的背面。若是没有孩子，离婚率也许会高于60%，甚至到95%！

第二个结果，就是我们对孩子的爱更深更重了。与原有观念完全不同，其实在中世纪，"爱自己的孩子"这种情感并不真实存在。我们对母爱有着根深蒂固的观念，说母爱是天生的，是自然而然的，甚至被当成是永恒的，然而以菲利浦·阿利埃斯为首的最优秀的中世纪史专家们道出了不同的事实：除

402

了有鲜见的例外，在封建制度下，一个儿童的死亡甚至远不如一头猪、一匹马的死亡来得重要。即便到了十八世纪，只有50％的儿童能活到10岁。与大家平常所认为的完全相反，婴儿的夭折主要并不是因为公共医疗卫生的落后，而完全是由于不安全的哺育婴儿的习惯造成的。特别是代哺[1]现象，在那个时代，城市里的代哺现象非常普遍，而乳娘也经常是贫困家庭的女子，孩子被送到乳娘家代哺实际上等于送孩子去死。让-路易·弗朗德昂（Jean-Louis Flandrin）[2]就描述了这样一个绝非罕见的案例，一位乳娘在20年间哺乳了12个孩子，到最后没有一个活着回来！令人惊愕的是，她没有一丝担忧，因为这样的情况实在太普遍了，人们并不把代哺当作一件危险重重的事儿。弃婴比例也是出奇的高，在一些文学故事里，我们也会看到弃婴的情节，比如《小拇指》这篇童话故事。《小拇指》想要说的道理完全与精神分析的解读大相径庭，故事是有事实根据的，并没有什么幻想；我们还估算到，在十八世纪，

---

[1] 代哺（la mise en nourrice）："nourrice"是指为其他家庭的婴儿有偿哺乳的女人，也就是通常说的乳娘。这里将"la mise en nourrice"译作"代哺"，意思是乳娘代替亲生母亲哺乳婴儿的行为。——译者注
[2] 让-路易·弗朗德昂（Jean-Louis Flandrin, 1931—2001）：法国历史学家。他的工作极大地推动了家庭史、性别史，以及食品历史的研究。——译者注

被当作宗教祭品的婴儿至少达到了婴儿总数的30%。除了代哺和弃婴之外，第三种对待婴儿的情形来自于这一观念，不知道我能不能这么说，即要尽善尽美地做好工作这一观念（在这里，就是要尽善尽美地看护好孩子）。这第三种情形听上去简直匪夷所思：那个时代父母习惯和婴儿一起睡觉，这让婴儿冒着半夜被父母压得窒息而死的危险。其实父母是可以预见这种危险的。婴儿的夭折在十八世纪初期实在太平常了，以致教堂还把婴儿的夭折当作布道和讲经的永恒主题。然而，并不是因为孩子死得早，所以我们没机会更多地爱孩子，而是因为我们爱得不够，所以他们才死得早。今天，我们在孩子身上倾注的心血比以往任何时候都多，而孩子的夭折无疑是一个家庭里最残酷的灾难了。这一切对待孩子的变化都直接受惠于因爱而婚。

从"爱至亲"到"念他人"

— 眼下，爱的革命主要针对的是个人领域，虽然我们也看到，这场革命对社会生活的影响也是十分明显的：家庭作为社会的基本单位已经不再以社群传统作为其存在的基础，而是以情感作为基础；社会运行的状况也得到了改善，特别是在教育、医疗卫生和法律方面。然而留给我们的问题是，爱的革命对所有公共生活产生了什么影响？

—— 我们听腻了的陈词滥调有时候并不对。事实是，家庭的变革对个人领域根本没有丁点儿影响。这一变革实际上很大程度上根植于现代人道主义的诞生。因爱而婚的家庭与现代人道主义同属于一个时代的产物。在家庭中逐渐生长的爱其实促进的是人们对他者的关注和同情。比如，红十字会的诞生及其前期发展中所进行的救援项目，严格说来就是这种现代家庭观（先是普及在工人阶级的家庭，然后是中产阶级）的延伸。

有些草率和肤浅的研究认为，家庭观的这场变革和现代人道主义之间看上去好像是矛盾的关系，因为当我们提及家庭的时候，某些研究者的反应就如同巴甫洛夫条件反射一样，立马想到的都是"贝当（Pétain）"[1]、"道德避难所"、"自我反省和背离公民责任"这些东西。实际上，家庭观的这场变革与现代人道主义的产生和发展是齐头并进的，这一点非常容易理解。牵挂至亲

---

[1] 这里的"贝当（Pétain）"暗指二战时期法国傀儡政府总理亨利·菲利浦·贝当（Henri Philippe Pétain）。在法国沦陷时期，贝当对德推行合作主义政策，并试图用"劳动 家庭 祖国"取代"自由 平等 博爱"作为法国核心价值观。在法国人眼中，"贝当"就意味着投敌叛国、背离法国核心价值观的意思。——译者注

和同情他人并非相互矛盾，而是彼此协同；前者显然加固着后者。因此，人道主义与现代家庭的共生并非历史偶然。渗透在家庭关系里的爱，是让我们忘记"我"而走向他人的第一种情感，甚至是唯一的情感；这种情感扩展了我们的同情心，不仅让我们关怀亲人，还让我们去关怀"他人"、陌生人，关怀他们遭受的苦难。当看到在遥远的非洲或者伊拉克，一位父亲抱着死去的孩子哭泣的时候，我们会对自己说，如果惨剧发生在自己身上，我们与他内心承受的痛苦毫无疑问是一样的。

　　什么是人道主义？某次我以该主题演讲，罗伯特·巴丹戴尔（Robert Badinter）[1] 的评论竟让我发现，人道主义的思想源头其实是那句古老的名言：己所不欲，勿施于人（Ne fais pas à autrui ce que tu ne veux pas qu'on te fasse），然而人道主义在这一基础上还有所扩展，这就是：己所不欲，勿许人施于人（Ne laisse pas faire à autrui ce que tu ne voudrais pas qu'on te fasse）。人道主义拒绝冷漠，而它的这种态度生发于我们所说的"爱"，这份爱渗透在私人生活里，也显然影响着我们的集体生活。

---

[1]　罗伯特·巴丹戴尔（Robert Badiner，1928—）：律师，大学教员，随笔作家，法国政治家。他以反对死刑、支持失足者重返社会的政治观点而闻名于世。法国之所以会废除死刑，与他的奋力争取有很大关系。——译者注

第十九章

重获救赎的今生

国家和革命的没落

—— 现在我们知道了，为什么引领政治实践的那些价值观和伟大理念越来越难以满足公民的期待。这些价值和理念大都是第一次现代性（启蒙思想下的人文主义）的思想成果；现如今，第二次现代性下的社会已经很难再包容这些价值和理念，因为它们的背后泛滥着竞争的逻辑，因为它们愈发危险且难以驾驭。在这一背景下，爱的革命拉开了序幕。爱的革命也许能够为一种切近时代的政治观奠定基础，而这样的新政治观会是以未来为中心着眼点的政治观。

—— 事实上，爱的革命同样引发了公共领域的震荡，其中就包括政治领域。我们知道，政治在人们眼中一向是对一己私利嗤之以鼻的。爱的革命促使我们深入整合政治理念和政治实践，其背后的动因，就是希望我们的民主制可以很快得到彻底的改变。

上面我们已经看到了有多少国家观和革命观与启蒙精神联系在一起。我们甚至可以说，自法国大革命之后，两个观念构成了欧洲政治生活的两大焦点。我使用"焦点（foyer）"这个词，主要是为了类比平面透视图里的焦点。透视图里的各个线条，无论是比例还是位置都要与焦点保持着精确的关系，每一线条都有其正确的坐标值，而所有线条都可以从这一焦点处延伸出来。同理，从 1789 年法国大革命开始，围绕"国家"和"革命"的思想就延伸并渗透在各个具体领域，比如经济、社会、教育、文化等，在各届政府中，各领域的部长就是这些思想的捍卫者和实践者。右翼的政府更偏向民族主义和爱国主义；左翼政府更偏爱革命的理念。两者之间当然有桥梁可寻，这座桥梁便是：革命的理念可以带有民族主义和爱国主义的色彩。然而双方都会竭力捍卫自己的价值体系和自己对价值的解释，双方的逻辑在这个意义上是相互排斥的。

我还是学生的时候，持戴高乐主义立场的报纸的名字还叫

"国家报"。在 1968 年"五月风暴"中，我的左翼朋友们都是托洛茨基主义者、极端自由主义者或者共产主义者，由此可见，他们必然全是"革命主义者"。曾经我们无论是左翼还是右翼，都怀抱了一个伟大的"计划"和理想，就是共同持守戴高乐将军提出的所谓"法国观"。"法国观"表达了戴高乐支持者们的政治理想，即超越党派利益和党派之争。戴高乐的离世是一桩标志性事件，多家报纸用了同一个题目"法国成了寡妇"来报道。我不想说得那么冷酷，但是今天还有哪位政治家有如此殊荣，能让某份报纸的头条不带嘲讽地使用相同的题目？

—— 显然，这是传统价值被解构的结果。我们花了很长的时间分析了这场解构的原因和方式。

—— 的确是这样。被解构以后，我们所说的两个焦点（国家和革命）对于青年一代，甚至对于我这一代人，如果不是骨化形销，至少也是气数已尽了。当然也不可否认，在很长一段时间之内，还会存在少数的极端民族主义者和一些思维还停留在过去的革命者，比如那些只会打嘴仗的革命家们。民主本质上就是聚集异见者的广场，因此，在民主制下任何观念都不会彻底消失。然而这些极端的观念并不意味着会有实际的作为或者真实地代表了一种世界观，它们至多是摆姿态而已，而且不再有人相信极端派别的领导人有朝一日真会执掌大权。另外，西欧民族主义的坚挺派和空想革命家们现在一心只想通过选票箱来赢得同胞们的支持，而不再谋求暴力手段灌输他们的理念，这与 60 年代的左翼激进分子有实质的不同，那个时候，法国的左翼激进分子号召大家的标准口号是"用最后一个神父的肠子吊死最后一个资本家"。

人性化的救赎

在马塞尔·高歇（Marcel Gauchet）[1] 众多杰出的著作当中，有一本叫《祛魅的世界》，他以此标题向马克斯·韦伯致敬。如今，革命理想和民族主义愿景纷纷落幕，这是不是意味

---

[1] 马塞尔·高歇（Marcel Gauchet, 1946—）：法国历史学家，哲学家。在《祛魅的世界》一书中，高歇研究了西方世俗化进程。他指出基督教是一种"解脱宗教的宗教"，也就是说，在基督教内部就有世俗化的潜在动力。世俗化并不意味着个人信仰的终结，而只是表明了社会组织和社会运行不再以宗教作为原则和合法性依据。另外，高歇也是最先提出"社会断裂（Fracture sociale）"这个概念的人。——译者注（参考 Marcel Gauchet, http：//fr. wikipedia. org/w/index. php? title = Marcel _ Gauchet&oldid = 112756155 [Page consultée le mars 24，2015].）

着我们会迎来一个《祛魅的世界》？还是像吉尔·李珀凡斯基 (Gilles Lipovetsky)[1]所说，我们将开创一个《空时代》？或者我们借用帕斯卡尔·布吕克内 (Pascal Bruckner)[2]的表达式，我们将患上《民主忧郁症》？这三种论调实际上表达了相似的观点。首先，他们对时代特征的诊断都相似，即理想世界以及饱满的政治激情已经终结；其次，他们对未来的预言都相似，即我们会迎来一个没有"可持续的信念"的时代，或者说，这是缺少一个激动人心的共同政治愿景的时代。在这样的时代里，人们只会在两者之间犹豫不决，要么去三分钟热度地疯狂追捧一些东西，要么就消沉暗淡地拥抱疑神疑鬼的个人主义。

---

[1] 吉尔·李珀凡斯基 (Gilles Lipovetsky, 1944—)：法国随笔作家，哲学教授。在《空时代》中，他认为后现代社会的特征是公共领域的退场，公共体制的价值的丧失，以及体现以"酷 (cool)"为调节机制的人类关系的开放文化（宽容，享乐主义，社会化过程中的个性主义，放任的教育，性自由，幽默等）。——译者注（参考 Gilles Lipovetsky, http://fr. wikipedia. org/w/index. php? title＝Gilles _ Lipovetsky&oldid＝109441050 [Page consultée le mars 24, 2015].)

[2] 帕斯卡尔·布吕克内 (Pascal Bruckner, 1948—)：随笔作家，小说家。在《民主忧郁症》中，布吕克内认为，我们这个时代的主流基调是忧郁症式的，这源于民主模式的所有敌人都已消失，民主强行成为政治模式的唯一选项。然而这种民主的胜利并未给民众带来医学上所谓的欣快感，而是让他们陷入了精神淡漠的状况中。如果民主是唯一的可能性，那么人们就会很随意地接受民主的缺陷，并被这样一种观点所说服：民主是最差的制度，但比所有其他选项都好。——译者注

等待我们的果真如此吗？他们的论调我一个都不信。他们三个人的宏论的确非常有趣，但是，如果说"祛魅的世界"、"空时代"和"民主忧郁症"这三个表达式真真切切代表了他们三位揭示的一部分真理，那么我认为这些表述是不得要领的。我们所处的时代并没有放弃对生命救赎的努力，也没有丧失对好政治的追求，事实恰恰相反，我们的时代涌现了新的救赎方式，我称之为"人性化的救赎"，也就是**神圣化他者的救赎**。首先，这种救赎呼应的是新出现的公共议题；其次，某种程度上因爱而婚的模式为这种救赎埋下了种子；最后，这种救赎表达的是一种对后代子孙更深的从来没有过的关怀之情。于是，就像是个人生活折射进了公共生活一样，一个交汇点出现了，因为在今天，私人生活的小历史可谓"满血地"影响着政治的大历史。个人生活史里对未来子孙的关怀被逐步放大到了宏大的政治历史背景当中，这种对未来的关切就像是一个新的焦点，在多年之后，这一新的焦点将替代国家和革命曾经扮演的角色。

—— 于是个人生活领域的价值在公共领域满足了社会最强烈的期待，而这样一来，政治讨论和政治实践也以这些价值作为基础。在医疗卫生、教育、环境、就业、企业转型和危险预

412

防等方面，这种情况变得越来越明显。

一 对于那些我们至爱的人——我们的孩子或者所有年轻人，也就是我们之后的所有人类，我们要留给他们一个怎样的世界？这就是我们遇到的新政治议题，可以说，这是两个世纪以来在政治议题上的唯一创新，生态主义政党的创立见证了这唯一的议题创新，他们是第一支触及这个政治议题的政治派别，而他们本身也是法国大革命以来唯一的新政治派别。

从十八世纪初开始，自由主义和社会主义就统治了我们的政治观念。这一政治观念谱系里的两处端点，分别为反对革命主义的极右翼政治力量和持共产主义（阿贝尔派和巴贝夫派）或无政府主义立场的极左翼政治力量。换句话说，从法国大革命开始的第二天，法国的政治谱系实际上就已经完整了，而今天，生态主义政党敢前来挑战前面两个教条长期以来的垄断地位，这是因为该政党所代表的政治力量尽管有诸种不足，但是他们不只是提出了关于未来一代的问题，而且在面对这个议题的时候，他们表现出了两个基本特点，这些特点是所有生态主义政党的标签，也是他们的优势。第一个特点，他们的政治议题是社会的长期性议题；相比之下，全球化的资本主义和只看民调的民主制则像是短期投机派，两者对政治、金融或者社会媒体来说都将是灾难。第二个特点，他们都带有某种奉献精神，也就是说，他们提倡我们必须要不断努力，让我们爱的人过上**未来的好生活**，留下一个有利于子孙茁壮成长的世界。生态主义政党的崛起绝不是偶然：因爱而婚的革命让我们更加关怀孩子以及年轻一代，而这种关怀的升温直接促成了在政治生活领域生态主义政党的崛起。

因此，对后代们的关怀为个人领域（多指弥漫在家庭中的情感，这种情感滋养着家人，家人因此变得最为重要）和公共领域（关乎年轻人的未来，甚至是全部人类）之间搭起了一座桥梁。原因如下。一方面，我们留给孩子的世界与我们留给全人类的世界，这两个世界已经无法区分；另一方面，在我们制定政策方针的时候，我们一定会考虑哪一些政策方针是最有利于孩子的，于是，我们会从最值得信赖的政策标准出发，去寻找最合理、最圆满、最深思熟虑的政治方案。比如，当我还是法国教育部长的时候，我所推进的改革绝不会只为了我的三个女儿，自然而然是为了所有的法国孩子。政治改革属于公共领域而不是个人领域。但是我会不停地问自己这样一个问题：如果我推进的改革一定会惠及我最爱的人，那么我还是在以公共

性为标准做这项改革吗？这确实就是作为教育部长的我要选择
的改革方案吗？

爱的政治

—— 这让我想起了《现代人的智慧》一书里的“爱的政
治”。这本书是我和安德烈·孔特·斯蓬维尔（André Comte-
Sponville）[1] 同样以对话形式著成的，当时我就在他面前用
到了“爱的政治”这一概念。斯蓬维尔继承马克思和霍布斯的
衣钵，认为政治是被私利所主导的。我的看法正好相反，第二
次人文主义在政治领域中引入了，或者至少是呼吁了一种同情
和博爱，两者的现实性和重要性超出我们的想象。依我之见，
越是注重同情和博爱的政治家，就越会取得支持。

沿着这一思路，在我的《论爱》(de l'amour 当然是为了向

---

[1] 安德烈·孔特·斯蓬维尔（André Comte-Sponville, 1952—）：法国哲学家。
斯蓬维尔的哲学英雄有伊壁鸠鲁、斯多葛派、蒙田和斯宾诺莎，他试图用这些
传统哲学家们的答案来回应今天的诸多问题：“如何生活？”，“如何幸福？”，“生
活有意义吗？”，“如何自由？”，“美德还可能吗？”等等。他认为，唯物主义的形
而上学观，人道主义伦理观和无上帝的精神性价值，三者组成了“我们时代的
智慧”。——译者注（参考 André Comte-Sponville, http://fr. wikipedia.
org/ w /index. php? title = Andr% C3% A9 _ Comte-Sponville&oldid =
111338450 [Page consultée le mars 24, 2015].)

司汤达致敬[1]）这本书里，我提出了一个新的道德命令，它与康德的绝对命令相区别；当然，在尼采那里，康德的绝对命令已经被滑稽地模仿过了。但是我和尼采的想法不同，大体来说，我的这一命令可以表述为："要如此这般的行动，即你的行动准则也能够成为你的至爱的行动准则。"不过，如果我们这样表述并遵守这条准则，看起来那些陌生人和失业者则会受到不同的对待。想象一下如果是我们的孩子在他们的位子上，我们会怎么做？另外一种表述则是："要如此这般的行动，即你的行动准则能够推广到所有你爱的人，这样的行动准则不是康德意义上的自然规律，而是爱的规律。"如果以此标尺来衡量所有的政治决议，那么，如此得到评断的决议与现在的情况相比将会有很大不同。显然在我的这条命令里还有乌托邦的成分，然而它并不像那些我们二十世纪已经血洗掉的准则规范，因为这条命令完全是人性化的，是建设性的，完全不会招致杀戮。

　　—— 之前我们看到，无论家庭的构成有多大不同，爱都是

---

[1]　法国作家司汤达也有一本书叫做 *de l'amour*，一般译作《爱情论》，而与司汤达不同，费希在他的这本 *de l'amour* 更关注对他者的爱，而不仅仅是爱情，因此在此译作《论爱》。——译者注

416

现代家庭的核心要义，而现在，我们又发现，爱的政治和对后代子孙的关怀，两者与现代家庭的这种爱紧密相连，并且，两者不只是体现在环境议题上。我刚才讲到，个人生活领域的价值正在转变为诸多公共政治领域的议事、行动原则；那么在其他领域，这种对后代们的关怀和考量还引起了哪些重要变化呢？

——同样，减少公债也是我们关心的问题，因为公债会增加我们孩子的负担；再者，我们还要采取必要的措施避免"文明的冲突"，因为我们不想让年轻人在未来陷入与原教旨主义者们的战争当中；我们还要考虑在贸易倾销和货币战争（这就是如今全球化的状态）中增强未来的社会保障能力，因为我们要让我们的年轻人还能付得起养老金、失业和医疗保险等等。换句话说，关键点在于，不光是个人生活领域的问题，而是所有的重大政治问题，都将在新的焦点上得到重新的构划和统筹，而这新的焦点就是由这份对后代们的思虑而生发出来的。新的焦点与之前的国家和革命完全不同，它不再抽象，不再枯燥乏味，不再纸上谈兵。

围绕未来世代的政治议题完全改变了政治的面貌，而在公共领域里，这种改变就意味着我所说的"第二次人文主义"。

家庭领域掀起的革命颠覆了中世纪以来的家庭状况，在这场革命里，诞生了爱的人文主义，而爱的人文主义又推动了我所谓的"第二次共和主义"，它扩展并彻底重建了第一次共和主义。我们知道，第一次共和主义不仅是人权宣言和启蒙思想下的共和主义，由于它还代表着一种为祖国而奉献的精神，因此它也是革命主义（或者改良主义）和民族主义的共和主义；这第一次共和主义首先体现在雅各宾派身上，然后体现在诸如茹费理和克列孟梭这些大人物那里。我们已经看到茹费理是怎样一位殖民主义者和种族主义者，也看到了克列孟梭不分左右翼地倚仗着分裂主义政治家们。

爱的智慧

—— 实际上，第二次人文主义之后，"民主政府"在历史上第一次变得名副其实了，不仅是民治，**而且**是**民享**、民有。民主政府的伟大，并不在于它以"国家"和"革命"为名要求公民为之牺牲，而是尽其所能为每一个人创造"自我实现"的条件。在我们的哲学故事里，每一个伟大的哲学时代都对应着一种对存在本身独一无二的理解、一个关于生活意义的学说以及一个关于拯救人生的观念。第二次人文主义，也就是爱的人文主义会给人们提供怎样的智慧呢？

— 为了回答这个问题，我们必须从历史和政治——这是人类精神生活的两个重要方面——中回过神来，然后走向哲学，"哲学"在我看来永远是重要性排位最高的表达式之一；哲学对于生活意义的问题也会给出更与众不同的答案。在我们讲述的这段哲学故事里，我试图解释爱是如何成为生活意义之源头的；故事背后，关于生活意义问题的答案渐渐不言自明。作为最后的回答和结论，我想引用维克多·雨果在《沉睡的布兹》（*Booz endormi*）这首诗中的一个段落：

> 布兹是良主慈父
>
> 他慷慨解囊，无论贫寒富足
>
> 女人们望的是他，而不是年轻的男子
>
> 年轻固然俊朗，沧桑尤显崇高
>
> 老者总会走向源头之源头
>
> 在永恒和不居之间
>
> 年轻的眼睛燃着火
>
> 而年迈的深眸闪着光

就我来看，雨果在这首诗里表达的思想再恰当不过了。他要告诉我们，开拓视界的机会就在每一个人的眼前，在我们眼前，也在"他者"的眼前。我们游历，我们学习外语，我们探索他者的文化，我们深入他者之中，我们历经风霜最终苍老。然而视界的开拓却为这一切赋予了意义和价值，原初的小"我"于是走了出来，不再画地为牢。如果在圣经中"理解"和"爱"是同义词，这绝非偶然。人们总想保护自己的那份特殊，于是常常闭上自己的眼睛，然而与这种"画地为牢"不共戴天的是视界的开拓，我们能够从视界的开拓中更好地理解他者，更好地爱他者。开拓的视界让人之所以为人。之前我已经暗示过，比雨果更早的康德同样表达了这首诗中的观念。康德用"扩展的思想"来指涉这场爱的革命。这场爱的革命促使人们通过交流去正视他者，去倾听他者的思想。

我愿意为"扩展的思想"创造更广阔的应用空间，因为在我看来，"扩展的思想"不再仅仅是理性的要求，它还意味着一种赋予生活意义的新方式：我们在"扩展的思想"这一理念中受到了激励，于是我们从自己的世界走出来；而在此过程中，这一理念又给我们的存在赋予了意义和价值，不只关乎我们的存在，"我们会衰老"这一事实本身也因此有了意义和价值——就像布兹，这位老人会娶上一位迷人年轻的太太。

"饱经风霜最终苍老"到底能为我们带来什么？也许带不来什么，也许就是为了能让自己的视域更接近这个世界的全部而已。主体间性包括各种形式，比如真理、公正、美和爱，这些都是具有永恒意义的"地方"，而只有到了这些地方，一个人才会成为独一无二的自己，一个人才会成为一个人。

本书涉及的哲学家和思想家 （按年代顺序排列）

赫西俄德（Hésiode，公元前八世纪—公元前七世纪）

米利都的泰勒斯（Thalès de Milet，公元前七世纪—公元前六世纪）

赫拉克利特（Héraclite，公元前 576—公元前 480）

巴门尼德（Parménide，公元前 544—公元前 450）

柏拉图（Platon，公元前 428—公元前 348）

亚里士多德（Aristote，公元前 384—公元前 322）

奥古斯丁（Augustin，354—430）

鲁世德（Averroès，1126—1198）

迈蒙尼德（Mimonide，1135—1204）

托马斯阿奎那（Thomas d'Aquin，1227—1274）

让·皮科·德拉·米兰多拉（Jean Pic de la Mirandole，1463—1494）

米歇尔·德·蒙田（Michel de Montaigne，1533—1592）

勒内·笛卡尔（René Descartes，1596—1650）

约翰·洛克（John Locke，1632—1704）

巴鲁赫·斯宾诺莎（Baruch Spinoza，1632—1677）

戈特弗里德·威廉·莱布尼茨（Gottfried Wilhelm Leibniz，1646—1716）

伯纳德·曼德维尔（Bernard Mandeville，1670—1733）

孟德斯鸠（Montesquieu，1689—1755）

伏尔泰（Voltaire，1694—1778）

大卫·休谟（David Hume，1711—1776）

让-雅克·卢梭（Jean-Jacques Rousseau，1712—1778）

德尼·狄德罗（Denis Diderot，1713—1784）

亚当·斯密（Adam Smith，1723—1790）

伊曼努尔·康德（Emmanuel Kant，1724—1804）

弗里德里希·海因里希·雅各比（Friedrich Heinrich Jacobi，1743—1819）

格奥尔格·威廉·弗里德里希·黑格尔（Georg Wilhelm Freidrich Hegel，

　　1770—1831）

大卫·李嘉图（David Ricardo，1772—1823）

弗里德里希·卡尔·冯·萨维尼（Friedrich Karl von Savigny，1779—1861）

亚瑟·叔本华（Arthur Schopenhauer，1788—1860）

亚历西斯·德·托克维尔（Alexis de Tocqueville，1805—1859）

卡尔·马克思（Karl Marx，1818—1883）

弗里德里希·尼采（Friedrich Nietzsche，1844—1900）

西格蒙德·弗洛伊德（Sigmund Freud，1856—1939）

埃德蒙德·胡塞尔（Edmund Husserl, 1859—1938）

路德维希·维特根斯坦（Ludwig Wittgenstein, 1889—1951）

马丁·海德格尔（Martin Heidegger, 1889—1976）

麦克斯·霍克海默（Max Horkheimer, 1895—1973）

汉斯·格奥尔格·伽达默尔（Hans Georg Gadamer, 1900—2002）

狄奥多·阿多诺（Theodor W. Adorno, 1903—1969）

让-保罗·萨特（Jean-Paul Sartre, 1905—1980）

汉娜·阿伦特（Hanna Arendt, 1906—1975）

伊曼纽尔·列维纳斯（Emmanuel Levinas, 1906—1995）

西蒙·德·波伏娃（Simone de Beauvoir, 1908—1986）

克劳德·列维-斯特劳斯（Claude Lévi-Strauss, 1908—2009）

吉尔·德勒兹（Gilles Deleuze, 1925—1995）

米歇尔·福柯（Michel Foucault, 1926—1984）

尤尔根·哈贝马斯（Jürgen Habermas, 1929—）

菲力克斯·加塔利（Félix Guattari, 1930—1992）

雅克·德里达（Jacques Derrida, 1930—2004）

马塞尔·高歇（Marcel Gauchet, 1946—）

安德烈·孔特·斯蓬维尔（André Comte-Sponville, 1952—）

图书在版编目(CIP)数据

最美的哲学史/(法)吕克·费希,(法)克劳德·
卡佩里耶著;胡扬译. —上海:上海书店出版社,
2021.2

ISBN 978 - 7 - 5458 - 1973 - 1

Ⅰ.①最… Ⅱ.①吕… ②克… ③胡… Ⅲ.①哲学史
—世界 Ⅳ.①B1

中国版本图书馆 CIP 数据核字(2020)第 214351 号

特约编辑 杨英姿 **责任编辑** 张 冉
装帧设计 汪 昊 **技术编辑** 丁 多

Original title:La plus belle histoire de la philosophie by Luc Ferry & Claude Capelier
ⓒ Editions Robert Laffont, S.A., Paris, 2020
Current Chinese translation rights arranged through Divas International, Paris
迪法国际版权代理(www.divas—books.com)
版权合同登记号:图字 09 - 2020 - 663

最美的哲学史

[法]吕克·费希 [法]克劳德·卡佩里耶 著;胡 扬 译

出 版 上海书店出版社
　　　　 (200001 上海福建中路 193 号)
发 行 上海人民出版社发行中心
印 刷 上海盛通时代印刷有限公司
开 本 889×1194 1/32
印 张 14
字 数 200,000
版 次 2021 年 2 月第 1 版
印 次 2021 年 2 月第 1 次印刷
ISBN 978-7-5458-1973-1/B · 96
定 价 78.00 元